U0604021

欧盟的创新与
区域增长

Innovation and
Regional Growth in the
European Union

[英] 里卡尔多·克雷申齐
（Riccardo Crescenzi）

著

[西班牙] 安德烈斯·罗德里格斯-波塞
（Andrés Rodríguez-Pose）

任建辉等 —— 译

经济管理出版社
ECONOMY & MANAGEMENT PUBLISHING HOUSE

北京市版权局著作权合同登记：图字：01-2024-4733号

First published in English under the title

Innovation and Regional Growth in the European Union

by Riccardo Crescenzi and Andrés Rodríguez-Pose

Copyright © Springer-Verlag Berlin Heidelberg, 2011

This edition has been translated and published under licence from

Springer-Verlag GmbH, part of Springer Nature.

Simplified Chinese edition by Economy & Management Publishing House

All rights reserved.

图书在版编目（CIP）数据

欧盟的创新与区域增长 ／（英）里卡尔多·克雷申齐，

（西）安德烈斯·罗德里格斯-波塞著 ；任建辉等译.

北京 ：经济管理出版社，2024. -- ISBN 978-7-5096

-9991-1

Ⅰ．F150.41

中国国家版本馆 CIP 数据核字第 2024W5D944 号

组稿编辑：申桂萍

责任编辑：赵亚荣

责任印制：张莉琼

责任校对：王淑卿

出版发行：经济管理出版社

　　　　　（北京市海淀区北蜂窝 8 号中雅大厦 A 座 11 层　100038）

网　　　址：www. E-mp. com. cn

电　　　话：（010）51915602

印　　　刷：北京市海淀区唐家岭福利印刷厂

经　　　销：新华书店

开　　　本：720mm×1000mm/16

印　　　张：16

字　　　数：278 千字

版　　　次：2024 年 11 月第 1 版　　2024 年 11 月第 1 次印刷

书　　　号：ISBN 978-7-5096-9991-1

定　　　价：98.00 元

序　一

　　创新不仅仅是一个流行语，更是经济发展、社会进步和福祉提升的驱动力。在当今全球化的进程中，创新与经济增长之间的关系比以往任何时候都更加紧密。创新是一个依赖区域创新系统和社会过滤而存在的充满活力且不断发展的生态系统，它揭示了区域增长动态的新维度，为政策制定者和利益相关者带来了机遇和挑战。

　　《欧盟的创新与区域增长》是我与里卡尔多·克雷申齐合著的，旨在揭示创新与区域增长之间的复杂联系。通过综合分析，我们揭示了欧洲乃至全球的创新与区域增长是如何紧密相连的。大学、研究中心、产业和政府机构等组织间的网络共同孕育了区域创新。这些系统表现出显著的地区异质性，德国的高科技集群和意大利的工业区作为两大典型代表，得益于存在更多易于创新的"社会过滤器"，它们能够将研发投入转化为经济增长。地区的繁荣发展离不开紧密的社会网络、高的受教育水平和具有活力的劳动力市场，而这些因素共同营造了有利于创新的环境。

　　"社会过滤"——或促进新技术吸收和扩散的本地条件——在将研发转化为经济活动中发挥着关键作用。那些劳动力市场灵活、受教育水平高、社会网络健全的地区更有可能促进创新。相反，青年失业率高或社会结构僵化的地区往往难以吸收创新。人口迁移模式会进一步影响这一动态，充满活力的区域更易吸引熟练劳动力，并通过多样化的社会互动培育创新文化。而未能吸引和留住人才的地区创新往往较落后，这凸显了社会流动性和制度支持对推动区域增长的重要性。

　　尤其当强调地方知识溢出和制度框架在塑造创新成果方面的作用时，最近的研究进一步证实了这些发现。区域生态系统明显地影响着创新战略，这表明区域内创新网络会促进知识扩散和经济增长。

此外，当创新易发地区面临气候变化和环境可持续性等挑战时，它们的创新驱动力更强。向低碳经济的转型正在推动全球绿色技术和循环经济模式的发展，解决环境问题为可持续产业的增长和创造就业机会开辟了新途径。地区重视绿色转型不仅有助于实现全球的可持续发展目标，而且有助于在生态友好产品和服务的新兴市场中占据领先地位。

当比较全球不同地区的创新过程时，受地理、社会和制度动态塑造的独特创新模式和路径开始显现出来。在美国，受益于本地的研发投入、有利的社会经济环境和高技能人才的流动，创新通常以自给自足的方式发生。相比之下，欧洲地区的创新更多地依赖于区域间的知识溢出和对外部创新的吸收。相较于美国，印度的创新结构与欧洲更相似。这些差异有相当一部分是由经济一体化和劳动力流动性差异造成的。

考虑到本地创新生态系统和社会过滤的重要性以及世界各地创新过程的普遍差异，促进创新需要考虑本地的社会和制度背景，因地制宜实施政策，"一刀切"的做法难以促进差异化地区的创新。政策实施应突出强化本地优势、解决特定短板，以推动本地和外部知识网络的协调。同时，投资教育、支持本地研究机构以及促进劳动力流动也至关重要。此外，促进大学、产业和政府机构之间的合作可以产生协同效应，进而推动区域创新和经济增长。全球范围内"智能专业化"战略的兴起正朝着这个方向迈出重要一步，鼓励各地区识别和培育独特优势和竞争优势，而不是简单地复制其他地方的成功模式。通过将资源集中在独特的专业领域，各地区可以发展有助于整体经济增长及其韧性的卓越利基。

在《欧盟的创新与区域增长》中文版出版之际，我们考察了中国独特的创新动力，强调了大量研发投资的变革力量和对技术驱动型增长的关注。通过开创性的政策举措，如"构建国内国际双循环新发展格局"，平衡国内创新能力与全球市场一体化或共建"一带一路"倡议，中国创新已经实现了蓬勃发展。共建"一带一路"倡议彰显了中国致力于促进国际合作、加强贸易和基础设施建设以及促进跨地区的知识转移和创新协作。该倡议通过连接不同地区和促进跨境伙伴关系创造了新的创新路径，具有重要意义。

与欧洲经验和其他全球背景相比，这些投资和举措展现出惊人的相似性和差异性，改变了中国的创新格局。中国经济的快速增长离不开大量创新的驱动，但也面临着区域间创新能力差距日益加剧的问题，这让我们想到欧盟和其他地区的类似问题。然而，中国独特的制度背景——以强有力的中央政府领导和覆盖广泛的区域政策试验为特征——与欧洲模式形成了鲜明对比。

中国的政策试验影响使得区域创新体系能够以各不相同的方式迅速发展。深圳和杭州等城市蓬勃发展的科技中心证明了此类创新政策和充满活力的生态系统所具有的潜力。这些地区受益于紧密的社会网络、高的受教育水平和具有活力的劳动力市场，以及不断突破现有知识的边界，能够充分挖掘其发展潜力。在这方面，中国的经验强调了符合本地优势和需求的适应性政策的价值，同时强调了全球合作在创新领域的重要性。

《欧盟的创新与区域增长》中文版的出版将为创新政策的跨文化对话开辟新途径。本书能够出版，得益于任建辉及其杰出团队的辛勤努力。他们的奉献确保了我们的创新研究能够被越来越多的读者所了解，促进了全球思想和知识的交流。在此，我向他和他的团队致以最诚挚的感谢，感谢他们尽心竭力将我们的著作翻译成中文。

本书中文版的出版将使我们能够比较欧洲和中国促进区域创新的方法，为两个地区的政策制定者和研究人员提供有价值的见解。这种思想交流丰富了我们对创新动态的理解，有助于在不同背景下制定更有效的战略，以增强创新的驱动力。这为进一步探索中国独特的创新环境奠定了基础。

理解和促进区域创新的研究仍在继续。在我们共同努力建设更具创新、更有韧性和更加繁荣的社会过程中，本书所提供的见解为进一步探索和合作奠定了基础。通过理解区域多样性、促进跨境合作，并应对新出现的挑战，我们可以挖掘创新的最大潜力，进而推动经济可持续增长。本书中文版的出版见证了知识交流的力量，有助于我们在日趋紧密联系的世界中增进对创新和区域发展的理解。

诚挚欢迎读者批判性地接受本书中的观点，考虑如何根据中国独特的区域动态和发展目标应用、更新或挑战书中的观点。通过将欧洲和中国对区域创新的看法联系起来，并将其与全球趋势进行比较，我们可以在创新如何驱动增长问题上形成更丰富、更细致的认识，最终目标是加强创新，确保其能够提高世界人民的生活质量。

2024 年 7 月 25 日

序 二

甲辰新春，山西财经大学任建辉博士将他的译稿《欧盟的创新与区域增长》发给我看，并请我作序。据我所知，任建辉博士是本书作者之一安德烈斯的社会过滤理论的主要追随者、耕耘者和传播者。安德烈斯是伦敦政治经济学院经济地理学教授，是国际上著名的经济地理学家和区域科学家。我与他相识多年，是学术上的好朋友。我曾邀请他访问过北京大学三次，并为我的英文著作 *Environmental Economic Geography in China* 亲自撰写过序言。我很乐意接受建辉的邀请为《欧盟的创新与区域增长》中文译著作序，也为在中国传播安德烈斯的社会过滤理论做点贡献。

社会过滤的概念和思想最早可以追溯到 1999 年安德烈斯发表于 *Growth and Change* 的《创新易发和创新厌恶社会：欧盟经济绩效》一文。该文认为，每一个空间单元都存在唯一的社会过滤器，由影响区域创新系统成功演化的保守性和创新性要素构成，是区域创新产生、扩散和吸收的前置条件。卡佩罗教授在 2011 年发表于 *Tijdschnift voor Economische en Sociale Geografie* 的《地域资本和区域增长》及 2018 年发表于 *Journal of Economic Geograpy* 的《区域学习范式及其轨迹的动态》两篇文章中，正式将安德烈斯的社会过滤思想命名为"社会过滤理论"，并将其与创新环境、区域创新系统、学习型区域以及工业区理论并列，作为区域创新理论的分支之一。社会过滤理论指出，各区域的社会经济条件对区域内部 R&D 投入和外部知识溢出产生阻抗和渗透作用，并最终影响将这些知识转化为创新和经济增长的能力。当阻抗效应大于渗透效应时，会产生强过滤作用，进而削弱 R&D 投入和知识溢出的经济回报；反之，当阻抗效应小于渗透效应时，会产生弱过滤作用，进而增强 R&D 投入和知识溢出的经济回报。总之，社会过滤理论为解释区域创新与转化能力的异质性，以及区际知识溢出的不对称性提供了新思路。2020 年，卡佩罗教授在其《区域经济学（第二版）》一书中多次以"过滤"和"渗透"等词汇来描述知识空间扩散的机制，社会过滤理论走进教材是非常可喜的。

任建辉博士于 2014 年开始跟踪并研究社会过滤理论。在此期间，他与覃成林教授合作于 2016 年在《经济学动态》发表文章《社会过滤与经济增长关系研究进展》；2017 年，他完成了博士论文《创新、社会过滤与区域经济增长》，并于 2021 年由山西人民出版社出版；2021 年，教育部项目和国家自然科学基金项目资助探讨社会过滤对于区域创新的影响机制和社会过滤影响区域创新及成果转化的机制。2023 年，他在《区域经济评论》发表了综述文章《社会过滤理论：一个区域创新理论的述评》，对国内外关于社会过滤理论的研究进展进行了系统性的溯源和评述。

本书是社会过滤理论和应用研究的经典之作。任建辉博士等翻译《欧盟的创新与区域增长》将有助于国内学者系统了解和传播社会过滤理论，对服务中国区域创新研究和区域高质量发展具有重要理论价值与实践价值。

贺灿飞

北京大学博雅特聘教授

2024 年 1 月 13 日

目　录

第1章　绪论

过去的三十年，技术变革已经成为世界经济增长的动力源泉。"当今世界从文化到犯罪、从金融到精神的相互联系不断地快速扩大并加深"（Held 等，1999，第 2 页），这便是全球化的力量。全球化时代，资本和劳动力的流动更加自由，国际和洲际旅行成本大幅降低，"全球"文化模式逐渐走向趋同。特别是，信息的无摩擦传播似乎预示着地理距离和地区条件对经济互动的束缚越来越小。信息和技术的获取更加便捷，商业活动在世界范围内进行重组，经济活动不再专属于某些地区。这些变化似乎暗示着：当今世界，经济参与者之间的距离和所处的地区条件变得不再重要；信息"已经不再被少数人独有，大多数人都可获取，且成本低廉"（Cairncross，1997，第 4 页）；不管地理位置和地区条件如何，每个经济体都有相同的机会参与全球互动。由此可见，更多的人将有机会从信息中获取价值，并意识到作为个体参与到一体化世界并进行竞争的意义。

然而，事与愿违，并非所有人和地区都能在全球化进程中同等获益。全球化进程正在催生出一个输家和赢家共存的世界；当中的赢家正是那些能够有效利用实时信息，获得创新、经济活动和增长机会的地区。信息革命打开了新的机会窗口，有些行动者抓住机会登上全球舞台，而另一些行动者却错失机遇，甚至还有一些曾经处于领先的区域走向衰落。更为糟糕的是，一些经济体在世界经济格局中始终处于边缘位置，停滞不前。新的技术体系正重塑世界经济格局，全球各地区的发展水平没有因经济生产性知识（Economically Productive Knowledge）的无处不在而趋于一致。

过去三十年里，技术在世界经济格局中发生了巨大变化。那些在旧技术体系下蓬勃发展的地区和区域，其知识基础已经过时，世界经济格局发生了深刻重组。例如，在美国，高科技集群远离克利夫兰、底特律和代顿的制造业带，开始向西南部和西部转移（Acs，2002）。在欧洲，英国的英格兰南部（而不是中部）、法国的南比利牛斯山脉（而不是北加莱海峡）以及德国的巴登-符腾堡州和巴伐利亚州（而不是莱茵-鲁尔）等新的地区主导者居于经济领先地位。可见，技术变革（以及相应的社会经济结构调整）促生了一种输赢家共存的格局。在欧盟，由各国"大都市地区和围绕中间地区研究中心建立的'新工业中心'，其增长率高出平均水平，而传统工业区和边缘地区的增长率较低"（Rodríguez-Pose，1998a，第22页）。此外，技术范式的变化（在一系列复杂的非技术因素[①]的冲击下）导致生产从传统工业区向新的增长空间扩散（如意大利东北部地区），研究密集型公司的就业和创新产出在过去几十年里稳步增加（Cicciotti 和 Rizzi，2003；D'Antonio 和 Scarlato，2004）。

本书旨在通过对欧盟的考察，并将其与美国进行比较，探究技术变革与地区发展关系的变化规律，为观察到的核心—边缘格局起源提供一些新线索。在此背景下，本书研究的目的是分析哪些地理和社会经济因素会促使一些地区从信息革命中获益，却使得另一些地区的发展举步维艰。此外，本书还探讨了当前信息和通信技术的进一步发展如何影响这一格局，是带来了新的发展机会还是加剧了已有的差距。深化对这些特征规律的认识，对欧盟15国多数落后地区以及其新成员国绝大多数地区的未来发展具有至关重要的意义。我们了解到，随着信息和通信技术的发展，如果 R&D 投入本身就足以提供经济上的生产性创新（即利用"新经济"的好处），加上知识"无处不在"且易于获得，边缘和落后区域理应能够充分受益于知识经济。以此推测，只要发展政策激励地方的创新投入对核心区域和边缘区域、"发达"区域和社会经济弱势区域的经济增长是同样有利的，未来落后区域将与"核心"区域的福利趋同。

本书对上述推理以及实证结论对于欧盟25国区域增长动力的适用性提出质

---

① 例如，D'Antonio 和 Scarlato（2004，第283页）在分析意大利地区过去30年的增长动力时，突出显示"将生产从大公司扩散到小公司，从老工业区扩散到意大利东北部和南部。此过程的发生一方面是由于寻求更高的劳动力灵活性，以降低大都市地区因拥挤产生的相关额外成本，另一方面是由促进意大利西西里岛地区发展的政策所引起的"。

疑。实际上，我们更倾向于认为，每个地区自身的一些内在特征会深刻影响将内部创新投入和外部知识溢出转化为经济增长的能力。特别地，在知识经济时代，地理边缘化（区位劣势）和创新厌恶的社会经济条件（不利的内部条件）共同作用，可能会持续限制这类区域的增长和发展潜力。从本项研究的视角来看，边缘化和社会经济弱势的区域将持续处于结构性竞争劣势的处境，从而很难实现追赶。可见，仅通过增加创新投入（R&D 投入）可能不足以促进内生的经济发展。有效的经济发展政策不仅要关注创新投入不足的问题，更应将重心转向改善社会经济劣势的因素。

本书将探索欧盟区域技术变革和创新对差异化发展模式影响的理论基础，并提供解释的实证依据。具体而言，本书旨在回答以下问题：

- 创新投入强度（以 R&D 支出表示）的不同是否可以解释区域增长绩效的差异？

- 哪些地理因素会影响上述关系？边缘地区与核心地区的创新过程是否呈现出不同的特征？

- 在吸收外部产生的知识和将内部创新投入转化为经济增长的过程中，本地社会经济条件起着什么作用？

- 作为最重要且大规模实践的区域政策之一，欧盟的区域发展政策是否能够提高边缘地区和劣势地区的能力，以满足自身的需求？

为了回答上述问题，我们需要建立一个统一的理论框架来处理现实世界创新过程的复杂性。

现有文献一致认为，技术变革是经济长期增长最重要的单一力量（Abramovitz，1956；Solow，1957），也被视为世界经济中各个领域发生变革的关键引擎。创新（即新工艺和新产品的探索、开发和采用）作为竞争优势的持久源泉得到普遍认可，这一点对于评估信息革命的长期经济影响及分析其轨迹至关重要。

然而，当考虑传统生产因素的作用时，技术进步（作为公共产品，即具有非竞争性和非排他性①）对经济增长的作用称作"索洛余值"（Solow，1957；Borts

---

① 公共产品是具有非竞争性和非排他性的商品。非竞争性是指一个人对商品的消费不会减少可供其他人消费的商品数量。排他性是指排斥他人消费的可能性（Stiglitz，1986）。

和 Stein，1964）。外部且免费可得的技术知识会立即扩散给固有的和潜在的受益者，从而引起（伴随资本报酬递减）各经济体长期趋同。相比之下，当知识的积累（连同其创造和积累所需的投入）内生时，知识的产生便与经济主体自身的投入相关（通过现有知识和人力资本）。尽管知识作为准公共物品（由于其部分的，至少是暂时性的排他性），但由于各参与者的吸收能力①不同，创新便成为一些地区竞争优势的源泉，继而决定了不同的经济发展模式。新增长理论虽然以更接近现实的方式将创新和增长之间的关系模型化，但依然没有脱离对创新过程的线性认识，无法刻画创新主体与外部社会经济和制度环境之间的复杂互动和反馈。而这种互动在创新理论中起着关键作用，这是各地区在将创新投入转化为经济增长时表现出不同能力的主要原因。

当将这种系统互动引入分析（即摆脱创新线性模型）时，创新过程的地理和区域特征变得尤为重要。由于知识嵌入在地区组织的人和制度中，距离和空间导致的局域知识溢出影响着创新的创造和扩散，进而决定了知识创造是集聚的。此过程的系统互动和空间维度是密切相关的：尽管邻近性可以通过社会制度的人际互动网络增强知识交流，但本地仍需建立适宜的社会制度环境，以便更好地利用外部知识流动。

尽管创新过程（及其经济影响）的综合分析是必要的，但前述系统互动和创新过程的空间维度却很少与内生增长模型的方法相结合，也很少与创新投入和经济增长关系的规范分析相结合。基于此，本书将创新投入、局域知识流动（溢出）和社会经济条件（作为本地创新系统的代理指标）综合在一个实证模型中，以丰富这一领域的研究成果。鉴于内生增长理论"规范"方法和具有"定性"特点的创新系统方法的局限性，在保持普遍认可的基础上，我们亟须构建一个理论框架来融合创新系统方法，以及经济地理学、区域发展文献所强调的相关因素。

我们的贡献是在一个"综合"框架内整合现有文献，结合了与创新过程相关的各种因素，尝试将增长模型与其他创新理论相融合。

---

① 先前的相关知识赋予了识别新信息价值、吸收并将其应用于商业目的的能力。这些能力共同构成了企业的"吸收能力"（Cohen 和 Levinthal，1990，第 128 页）。

这需要我们构建一种能够揭示它们相互关系的模型，以将不同背景的理论整合到同一框架。正如区域发展和经济地理学的现代理论所强调的，社会经济结构、制度以及知识创造和扩散之间的互动一般发生在区域中。所以，区域尺度也许是研究创新最合适的尺度。

因此，本书分析的重点不再是单个企业、部门、"集群"或"环境"和制度网络，而是以上因素产生互动的区域，其增长轨迹受地理区位影响。

正如本书证明的，一个创新的"综合"区域导向方法对分析经济的结构性前置条件是最有效的。在这种情况下，除其他条件外，一个区域地理的边缘化（即可达性低）本身就是一个不利因素。可达性低不仅降低了区域对外部知识流动的暴露，而且还会影响社会经济结构的塑造（尤其是其网络层面），进而影响创新投入转化为经济增长的效果，当然还需要仔细考察各种机制。正如前述讨论的，一个区域在竞争中是否能取得成功，不仅取决于其在地理空间中的位置，还与那些促进或阻碍区域主体之间发展良好系统互动的内部社会经济条件息息相关。

在对欧盟的经济结构和发展政策演变的讨论中，我们认为探究不利因素的影响尤为重要。自里斯本战略①提出以来，欧盟已明确将知识经济作为经济发展的主要导向。因此，欧盟的发展政策旨在激发欧盟落后地区的创新能力，进而提升经济绩效。然而，这种政策导向可能忽略了应充分重视竞争劣势的结构性来源。如前所述，探究这些来源对从创新型经济模式中获益至关重要。目前，大量实证研究指出，欧盟发展政策的作用效果有限，这可能与过去发展政策不够重视前述指出的地区因素有关。

本书将回答绪论中提出的理论问题，然后通过实证研究检验这些理论在欧盟背景下（以及从与美国比较的角度）的应用。后续实证分析将以前面提出的理论框架作为基础，与创新研究、经济地理学、区域研究和区域经济学领域采用的

---

① 欧洲理事会于 2000 年在里斯本举行会议，其目标是使欧盟成为"世界上最具竞争力和活力的知识型经济体，能够实现可持续的经济增长，提供更多更好的就业机会和更强的社会凝聚力"（主席结论，第 5 段）。区域层面的社会凝聚力与充分就业一起被明确提及为该战略的最终预期成果。至关重要的是，里斯本战略的成功取决于将知识转化为增长的能力，进而实现经济发展。此外，通过将政策实施聚焦于知识的创造和扩散，增长不仅限于数量的增加，还体现在可持续性、就业质量与（社会和区域）凝聚力方面得到质的改善。

大多数分析方法一样，使用"标准"计量经济学方法进行分析。结果的可比性对于检验我们的概念框架，并从结论的讨论中得出政策启示尤为重要。

本书将通过以下章节展开论述：

第2章提出理论分析的框架，为后续的实证研究奠定基础。本章在同一个理论框架下融合了研究创新过程的三支文献：①R&D投入、专利和经济增长间关系的分析；②区域创新系统的基础与效率研究；③区域知识溢出的地理扩散范围。理论分析试图克服各文献分支在实践和方法上的主要障碍，这些障碍阻碍了这些研究分支之间融合的机会。在建立理论框架的基础上，接下来的三章从理论和实证两方面阐释相关创新过程，即地理和空间如何塑造每个区域产生创新并将其转化为经济增长的能力。其中，第3章分析地理可达性的作用，边缘地区可能会因"区位劣势"限制增长潜力。本章检验区域创新活动（以不同方式测量）在塑造区域增长格局中发挥的作用；此外，还揭示了地理可达性和人力资本积累如何通过调节区域创新系统与本地创新活动的互动，决定了这些活动如何更有效地转化为经济增长。本章将根据欧盟25国的实证结果，检验增加创新投入是否会带来相同的增长效应。

在第3章检验基本关系的基础上，第4章将具体地确定一组社会经济条件，这些条件使一些区域比另一些区域更偏好创新。在系统全面定量分析欧盟25国的区域创新系统后，多元线性回归分析纳入R&D投入和区域创新系统的代理变量，以揭示内部创新投入和社会经济条件对创造经济上的生产性创新和区域增长的重要性。此外，该模型还纳入邻近区域的创新投入和社会经济条件，以评估由知识溢出的高暴露和与邻近"创新易发"区域所构成的潜在区位优势。

第5章进一步通过实证研究分析"本地"因素和"外部"知识流动对欧盟地区创新过程和增长的影响。该分析不仅检验来自邻近区域的知识流动是否会提高区域增长绩效，还检验了这种知识溢出在地理上是否存在边界，以及距离衰减效应。此外，该模型还进一步测量了知识溢出的空间范围。该章还通过实证研究检验知识溢出及其空间溢出的范围，揭示了地理距离在创新过程中的作用，特别是两种力量的对立关系：标准"编码"知识的同质可得性以及"隐性"知识的空间有界性。

分析全球（"编码"知识）和本地（"隐性"知识和社会经济条件）因素之

间的互动对经济活动空间组织的影响，将使我们能够从信息和认知的角度，依据更普遍的"地方"经济发展与"全球"进程和市场之间的关系，为解释欧盟区域增长动力做出贡献（Becatini，2000；Dicken，1994；Guerrieri 等，2001）。

在前面章节的基础上，第 6 章进一步扩展了"综合"框架，以考察集聚和专业化类型的影响，并应用于欧盟和美国的创新动力比较分析。基于两地区域层面的数据，采用实证研究揭示两地的创新地理及其解释欧盟和美国创新差距的能力。

在构建区域创新和增长动力的综合分析框架的基础上，本书接下来的两章将对现有区域发展政策进行分析，阐明"综合"框架的好处，并考察区域政策可能会产生的更广泛的固有和潜在影响，包括各种政策目标之间的权衡。基于此，第 7 章探讨了基础设施禀赋和投资在欧盟区域增长中的作用，依据其与创新过程和本地社会制度条件的相互作用，评估交通网络基础及其改善的经济影响。第 8 章将前文实证研究得出的结论应用于欧盟区域政策结构的分析。各种影响创新和增长的社会经济因素的空间分布（在前面的章节中）将与用于补偿劣势地区的欧盟基金空间分布进行比较。该分析旨在揭示欧盟区域政策与欧盟区域结构性劣势的一致性，并在此过程中确定政策目标（有利于劣势地区）与基金援助者之间是否存在错配。结构性劣势与欧盟基金之间的错配将为欧盟区域政策作用效果有限提供一个替代性解释。

第 9 章简要介绍本书各章的结论，并讨论先前分析中一些更一般性的含义。特别指出，在本书中进行了理论拓展和实证检验，区域增长动力分析的"综合"方法可以同时作为将自上而下政策的中观基础和自下而上的地方经济发展政策统一协调的手段。

第 2 章　理论框架：创新与区域增长的空间视角

2.1　引言

技术变革使创新更加"全球化"的同时，也更具"地域属性"。创新依赖于正式编码知识的"全球"知识流动，但随着知识流动变得越来越容易，创新和学习的地域属性自然成为地区竞争优势的关键来源。为了理解这一过程，我们有必要重新思考创新线性模型。正如本章中讨论的，依托于隐性知识和"非贸易相互依赖"，创新实际上是一个集体学习和社会嵌入过程。如此看来，创新与空间是相互密切关联的。地区及其社会、文化和制度体制对成功创新至关重要，反过来，创新又是地区和区域竞争优势的重要源泉。不同的文献分支揭示了这一过程中涉及的特定因素和"条件"，但没有将它们放在同一分析框架中进行讨论。

通常，创新以及吸收创新的能力被看作区域经济活力的两个关键因素（Feldman 和 Florida，1994；Audretsch 和 Feldman，1996；Cantwell 和 Iammarino，1998；Furman 等，2002）。然而在这一共识下，学者们却以截然不同的方法探讨研发、创新和经济增长之间的关系。第一种是"线性模型"（Bush，1945；Maclaurin，1953）。该模型认为，基础研究促进应用研究和发明，然后转化为创新，进而带来更快的增长。从实证研究的角度看，这类分析基本上先关注 R&D 与专利之间的关系，然后是专利和增长之间的关系。这类分析主要由"主流经济学家"推动，尽管备受诟病（例如，Rosenberg，1994），但仍受到学者和政策制定者的青睐。第二种为"创新系统"（Lundvall，1992）或"学习型区域"（Morgan，1997）。这些理论与演化经济学（Dosi 等，1988；Freeman，1994）相结合，专注于研究有利于或阻碍创新产生的地域嵌入式制度网络。这些网络发挥着创新催化剂的作用，由每个区域的社会和结构条件相结合，即所谓的"社会过滤"（Rodríguez-Pose，1999）。这种方法主要以定性分析为主，由地理学家、演化经济学家和一些经济社会学家推动。此外，还有一大部分学者关注创新的扩散和吸收（Jaffe，1986；Audretsch 和 Feldman，1996a；Cantwell 和 Iammarino，2003；Sonn 和 Storper，2008）。对知识溢出的研究由经济学家和地理学家推动，通常采用定量和定性方法。

尽管这些丰富的理论从根本上提高了我们对创新过程以及创新与经济发展之间关系的认识，但这些相互关联的文献所讨论的理论机制很少被结合在一起考虑。目前，对这些文献进行融合的困难，不仅源于应用和方法上的限制，而且源于学者们学科背景和研究方法的不同，以及一些概念难以量化。

本章试图将线性模型、创新系统和知识溢出理论融合到一起，构建了一个区域增长动力的"综合框架"，以弥补上述缺憾，为后续章节的分析奠定基础。

为实现这一目标，本章整合了一系列有关知识及其扩散导致增长绩效差异的基本理论机制。首先，正如创新线性模型所强调的，由于地方创新能力存在门槛效应（如演化经济学和新熊彼特学派所提出的），因此地方创新活动对新知识的"生产"和现有知识的有效利用至关重要。这些活动不均衡的空间分布成为某些地区竞争优势的地域源泉。其次，信息并不会自动与经济上有用的知识相等价（Sonn 和 Storper，2008）。正如创新系统（Lundvall，2001）、区域创新系统（Cooke 等，1997）和学习型区域（Morgan，2004；Gregersen 和 Johnson，1996）理论所指出的那样，创新过程的成功依赖于"特定地理条件下创新能力的局部结构和制度因素"（Iammarino，2005，第499页）。最后，"通信基础设施"的技术进步并不会以相同的方式影响各种信息传播。尽管"编码信息"可以进行长距离传播，但"隐性"知识在地理上是有界的，最终决定了创新和知识溢出也是有界的（Audretsch 和 Feldman，2004；Cantwell 和 Iammarino，2003；Sonn 和

Storper，2008）。

通过整合这些文献，我们不仅能够评估创新活动如何影响区域经济绩效，还能够揭示地方知识溢出的暴露以及本地社会经济条件如何影响一个区域将创新投入转化为经济增长的能力。

本章接下来共七节。前六节主要是理论分析，以剖析促进和抑制创新投入转化为增长的机制。在此基础上，最后一节提出一个实证模型，该模型拓展了新古典线性增长模型，当中的每个变量都具有合理性，并以前文提出的理论框架为基础。

2.2　创新与区域增长

以创新活动解释区域增长，需要探究知识创造并转化为增长的机制。基于传统新古典主义的观点，技术进步独立于资本积累、规模经济和人力资本，更重要的是，它被视为纯公共物品，它的产生与经济体系的其他部分无关，其对增长率的影响被视为考虑传统生产要素后的一个"残差"（Solow，1957；Borts 和 Stein，1964；Richardson，1973，以地区而言）。因此，从长远看，外生和免费技术知识，以及资本边际报酬递减会促使各区域增长率自动趋同。

与新古典主义假设相反，当技术和人力资本积累被认为完全是经济主体明确决策的结果时，经济增长就成为"经济体系的内生结果，而不是外部冲击的结果"（Romer，1994，第 3 页）。技术、技术进步和人力资源——被认为是促进"生活水平不断提高"的主要力量（Grossman 和 Helpman，1991，第 24 页）——变得内生，并随着人力资源的质量以及用于研究和开发的人力与物质资本的数量，在不同地区发生变化（Romer，1986；Lucas，1988；Rebelo，1991）。创新发生在人力资本和物质资本禀赋充足的地方，同时创新产生经济活力，吸引更多的人力资本和物质资本。因此，在内生增长框架下，创新和人力资本往往同时位于相对集中的同一地区。

当"人均收入持续增长的潜在源泉，即知识积累"通过"正规教育、在职培训、基础科学研究、干中学、工艺创新和产品创新"内生时（Aghion 和

Howitt，1992，第 1 页），本地创新活动的相关性完全发生变化。当"内生增长模型"完全接受创新是自身努力的结果这一观点时，理解创新对增长动力的贡献就有了全新的认识。新知识不再是纯粹的公共产品，而是由现有知识和人力资本通过 R&D 投资"产生"的，其报酬是创新成果独占权（部分且至少是暂时的）提供的临时额外租金（Romer，1990；Grossman 和 Helpman，1991，在垄断竞争框架下）。然而，由于知识溢出，创新型企业、国家或区域并未完全独占创新投入的收益，且它们也会从其他企业的创新活动中受益，使已有知识库得到积累。

通过知识库的积累，与依赖外部技术（从其他地区购买新资本设备的形式）、禀赋较差且无法自行生产技术的区域相比，知识和人力资本禀赋较好的区域将具有"持续的优势"（Armstrong 和 Taylor，2000，第 87 页）。可见，将创新投入纳入增长的决定因素中，这一理论便能够解释增长率中永久性的区域差异。

在这种情况下，知识从"生产者"向所有潜在（有意或无意）受益者扩散的方式成为关键。技术知识在使用后不会耗尽，而是形成累积。基于已有的知识库，知识很少能被拥有其产权的所有者完全独占。溢出效应为发展格局的形成提供了另一个重要解释。特定行业的溢出效应表明，每个地区不同的专业化模式可能导致完全不同的增长绩效，而地理集中的溢出效应 [如 Audretsch 和 Feldman （1996a）所分析的] 在本地形成知识积累，通过累积因果机制，促进了经济活动的聚集（Maurset 和 Verspagen，1999）。

以创新为例，人们通常认为，对基础 R&D 的更多投资将导致更多的应用研究和发明数量的增加，当发明被引入生产链时，便成为促进增长的创新。这种对创新过程的线性认识将本地化的 R&D 投入视为技术进步及最终经济增长的主要原因。本质上，这种方法的含义是 R&D 投入越高，创新能力就越强，经济增长也就越快。尽管备受质疑（例如，Fageberg，1988；Verspagen，1991；Rosenberg，1994；Morgan，1997），但线性模型仍然因其简单且强大的解释力受到学者和政策制定者的青睐：那些在 R&D 上投入更多的国家和地区往往会产出更多的创新，并实现更快的经济增长。但是，关注本地 R&D 的线性模型完全忽略了创新产生的关键因素，而这些因素与创新发生的环境以及地区吸收其他地区创新的潜力直接相关。

当考虑 R&D 的门槛效应和技术独占权等问题时，经济活动集中和分散的潜力变得更加明显——这一点由内生增长理论的新熊彼特学派强调。R&D 投入产生效率需要一定的最低投入门槛，因此 R&D 投入与经济增长之间的关系不再是线性的。此外，与 R&D 投入和回报相关的外部经济具有很强的门槛效应，关键在于参与研究的劳动力素质、R&D 中心的空间集中以及当地人力资本的质量（Audretsch 和 Feldman，1996a；De Bondt，1996；Engelbrecht，1997），最重要的是投入规模（Scherer，1983；Dosi 等，1988）。因此，落后地区有限或分散的 R&D 投入可能无法产生预期回报，因为大多数 R&D 项目可能难以达到开展竞争性研究的规模，当地科学家和研究人员也可能更为孤立。此外，正如下文将进一步详细讨论的那样，当地经济结构可能缺乏成功地实现从技术进步到创新和经济增长的能力（Rodríguez-Pose，1999）。

2.3 广义视角的创新过程：创新系统方法

如前几节所强调的，知识和创新是区域增长的重要力量。然而，还需要考虑其他因素，因为在其他条件不变的情况下，各区域在吸收可用知识并将其转化为（内生）经济增长上表现出了不同的能力。通过强调制度因素对经济活动的作用，许多制度理论的观点强化了内生增长理论的集聚效应。尽管这些理论的起源不同，但它们对制度在促进经济活动集中过程中所发挥的作用不谋而合。

诸多研究发现，"良好"的制度条件或强大的社区与经济活动集群存在着密切关联。有关集群和工业区（例如，Piore 和 Sabel，1984；Kristensen，1992；Semlinger，1993；Burroni，2001）、"学习型区域"（Gertler 等，2000；Henry 和 Pinch，2000；Bathelt，2001）及区域创新系统（Cooke 和 Morgan，1998）的定性研究强调复杂的制度和治理安排如何为经济活动的繁荣创造条件并最终使其聚集（因为良好的制度条件很难复制）。地方政治主体、运作良好的民间社会、地区行政部门、雇主组织和工会之间的密切互动等因素有利于经济发展和集聚，这便是 Trigilia（1992）称作的"制度化市场"。良好的传统、与雇主合作的强大工会以及全国制度也朝着同样的方向发展。相反，集体行动的缺乏将导致低增长的恶性循环。社会中集体组织的忽视甚至缺失、庇护主义横行、社会活动由简单的社会结构支配（通常发生在相对偏远和落后地区），会导致人口流出，阻碍经济活动。

许多定量分析得出了类似的结果。Putnam（1993）关于意大利社会资本的研究指出了意大利北部和南部制度水平的差异如何导致南北方巨大的收入不平等。其他研究也发现，社区不同的制度（如群体参与）有助于解释更高的经济绩效（Knack 和 Keefer，1997；Zak 和 Knack，1998；Beugelsdijk 等，2004；Guiso 等，2004）。相反，社会内部的过度分裂限制了增长潜力（Easterly 和 Levine，1997；Rodríguez-Pose 和 Storper，2006）。

一些学者指出，在地理上非常接近的情况下，高密度、紧密联系的制度网络是经济发展的关键条件。制度网络被 Amin 和 Thrift（1995）称为"制度厚度"，而被 Healey（1998）称为"制度资本"。制度网络中的"智力资本"（知识资源）、"社会资本"（信任、互惠、合作精神以及其他社会关系）和"政治资本"（集体行动能力）的结合决定了发展潜力。特定地区内复杂的制度网络密度越大，增长和发展的潜力就越大（Amin 和 Thomas，1996；Morgan，1997；Cooke 和 Morgan，1998）。

这些理论如何与前一节讨论的创新和增长理论相融合？实证研究结果表明，"适应新技术的能力取决于制度基础、教育、地理和 R&D 资源"的水平（Maurseth 和 Verspagen，1999，第 152 页）。通过融合各种相关理论与方法，这些因素能够被纳入对创新过程的分析（正如我们将看到的）。

根据新古典主义"技术差距理论"的观点（Abramovitz，1985；Fagerberg，1988；Verspagen，1991），"吸收"能力的差异——取决于不同的经济和制度基础——是影响经济活动集群和地理集中的关键。一方面，"制度主义"认为创新过程不是线性的，制度环境直接成为创造性协同效应和外部性的发生器（Dosi 等，1988；Freeman 和 Soete，1997；以及其他学者）。另一方面，"演化方法"（例如，Nelson 和 Winter，1982）关注一系列突变将新思想（基因）转化为技术进步的过程，且突变的"成功演化"由自然市场选择决定。

上述不同的（但仅在一定程度上①）观点可纳入"创新系统"的共同概念框架："由公共和私营部门开展、引入、改进和扩散新技术所组成的制度网络"（Freeman，1987，第 1 页）。

Lundvall（1992）扩展了这一系统性观点，将影响学习过程的经济及其制度基础的所有方面都囊括在内，并建议将历史和理论结合起来考虑，以识别在分析案例中应包括哪些内容（或不包括哪些内容）。因此，从这个角度来看，创新的定义不仅包括熊彼特的"新组合"式创造，还包括它们的"扩散"（如 Nelson）、"新的组织形式"以及"制度创新"。

将系统概念应用到具体部门②或空间（国家或区域），便产生了部门、国家和区域创新系统的概念。接下来，我们将侧重于地理方法，由于存在互补性（Edquist，1997），因此可以在同一框架内考虑部门和地理方法。

2.4 区域视角：区域创新系统和社会过滤

在国家创新系统中，创新活动的地理格局呈现出一定程度的不均衡性。这一现象归因于各国家地域的集中度，因为"创新水平相近的国家，可能会掩盖地方或区域层面（就创新系统而言）的显著差异"（Howells，1999，第 69 页）。对这种差异的分析引出一种假设，即在国家系统的框架内存在"独立"的区域系统。Howells（1999）指出，从"自上而下"的角度看，作为国家系统的组成部分（治理结构和制度安排、区域行业专业化、教育政策等）或源于国家制度和监管框架在地方一级的实际运作方式，区域系统存在根本性的"不连续"和区域不均衡特征。相反，从"自下而上"的角度看，由于面对面交流和隐性知识的作用是地方化的，区域系统不再是低层次（从全球到地方）的原型系统，而是创

---

① 根据 Edquist（1997）的观点，当互动学习被视为演化过程中的一种选择机制时，演化和互动学习方法可以很容易地调和。

② 在这一领域，文献中没有一致的最令人信服的方法。一些作者（Nelson 和 Rosenberg，1993；Lundvall，1993）甚至质疑研究国家创新系统的理由，更希望令人信服的全球系统的出现。

新过程的关键组成部分和引擎，因此，创新过程并不独立于整个社会经济功能环境，而是嵌入每个对经济空间经济绩效产生影响的各种地域化过程中。因此，需要将创新与经济的集群结构联系起来，并根据创新系统本身各个参与者和各部分之间的关系及流动来理解区域创新系统（Cooke，1997）。从这个意义上讲，区域创新系统方法与经典的区域发展理论有着千丝万缕的联系。社会文化环境、层级和网络（与层级关系相反）、隐性知识和嵌入式企业间组织的概念是共同体系的组成部分（Cooke，1998），可以称为"网络"或"关联"范式（Morgan，1997）。Storper（1997）的区域发展（技术、组织和地域）"反射性转向的经典三位一体"的观点被融入了系统的理论观点。"因此，与建立不同创新系统相关的区域发展问题基本上可以归结为建立反射性集体行动的能力，以及与每个世界（生产）所需行动相一致的协调形式。①"（Storper，1997，第 126 页）每种"基本生产类型"都与不同的创新系统相关联，从而解释了世界经济的"根本多样性"。然而，这一理论框架太过庞大，无法在这里进行分析，它不仅将创新完美地"嵌入"其社会经济背景当中，而且有效地整合了部门和区域创新系统。

与这些方法密切相关的一些研究发现了邻近性、地方协同和互动（Camagni，1995a；Camagni 和 Capello，2003）以及"组织间网络、金融和法律机构、技术机构和研究基础设施、教育和培训系统、治理结构、创新政策"（Iammarino，2005，第 499 页）在塑造创新上的重要性。然而，这些方法的解释力在一定程度上受制于各地区相对同质的对待方式，而嵌入地区的网络、社会经济结构和制度恰是这些方法的核心。另外，（本地）参与者之间的系统性互动本质上是独特的，因此很难在不同的系统之间进行测量和比较。一种解决方法是"区域创新系统的演化综合观"（Iammarino，2005），即通过比较国家（宏观层面）和区域创新系统（微观层面，即企业和本地化制度网络），出现一个以"过去知识积累和学习的地方结构规律"为特征的中观层面（Iammarino，2005，第 503 页）。这意味着存在一系列可以在创新系统中被识别的"外部化学习和创新发生的外部条

---

① "每一套公约都描述了一个行动框架，每种基本产品都不同，我们称之为生产的世界。"（Storper，1997，第 112 页）

件"（Cooke，1997，第485页），创新战略以这些条件为依托。而这些条件是"使某些行动比其他行动更容易发生的条件"（Morgan，2004）或"社会过滤"，换言之，是"创新性和保守性成分，即促进或阻碍区域创新系统成功演化的因素"的独特组合（Rodríguez-Pose，1999，第82页）。

2.5 R&D、创新系统和知识溢出

区域不仅可以依靠自身能力产生创新（要么直接进行 R&D 投入，要么在当地环境中建立创新易发系统来孵化创新），还可以依靠自身能力吸引并消化其他地方产生的创新。在前几节概述的框架中，创新不再是线性的过程，而是创新主体（企业内部的 R&D 部门、大学、研究中心等）与外部环境之间通过区域经济的"网络"结构进行一系列复杂互动的结果。

这种互动以"知识溢出"的形式引起了知识的扩散（Jaffe，1986；Acs、Audretsch 和 Feldman，1992），这些知识被本地参与者获取。知识溢出的范围通常是局域的，但也可以产生在被分析的局域或区域对象之外，"没有理由仅因为存在边界（如城市边界、州界或国家边界），知识便停止溢出"（Audretsch 和 Feldman，2003，第6页）。假如溢出存在内部和外部源泉，有以下三个问题需要考虑：第一个问题涉及内部产生的创新和外部扩散的知识之间的平衡，以及一个地区可以在多大程度上依赖外部产生的知识进行创新；第二个问题涉及那些使知识扩散最大化的本地和外部条件；第三个问题涉及知识溢出的扩散能力和距离衰减效应。为了解决这些问题，我们首先要在理论层面区分可编码信息和隐性知识的不同传播技术。"可编码信息的传输成本较低，因为其底层符号系统可以通过信息基础设施来传播。"（Leamer 和 Storper，2001，第650页）然而，由于一些特殊性，信息不总是可以被完全编码的，在此情形下，编码变得不可能或过于昂贵。"当信息不可编码时，仅通过符号系统或硬件设施是不足以使信息成功传输的（Storper 和 Venables，2004，第354页）。"在后一种情况下，我们可以将"面对面"交流作为通信方式。面对面交流至少表现出两个与所分析过程相关的特

征：其本质上是一种"空间"通信方式，并且由"社会"塑造。这种交流的空间敏感性是地理和距离对创新过程产生影响的机制。自然地理、通信和运输基础设施以及城市化模式共同决定了这种交流的难易程度和密集程度，从而影响其作为通信技术的"潜力"。然而，面对面交流作为一种沟通方式使创新扩散成为可能，也寻求有效沟通的其他功能。Storper 和 Venables（2004）列举了关系中的信任和激励、筛选、社交和激励等功能。这些功能显然受到其所处社会制度环境的影响。因此，不仅创新"生产"本身是由当地经济的"社会过滤"塑造的，同时后者还影响创新和知识扩散的范围和效率。因此，除非考虑社会经济条件，否则根本无法理解地区之间的相互联系以及知识流动的作用。

可以预测，邻近性以及共同的社会制度基础和网络会促进面对面交流。与此同时，地区的部分"不可编码"知识可以克服"制度定义"地区边界的束缚，"流入"相邻的连通地区。与可编码的信息相比，隐性知识扩散过程的成本高昂，还会受到距离衰减效应的强烈影响。在范围相对较小的地区内，面对面交流的机会较多。因此，在该区域内获取知识溢出的潜力将被放大。由于区域间交流存在不同的形式，其中一些知识将扩散到该区域边界之外或流入邻近地区。区际知识流动是重要的创新源泉，其影响效应可能会随着距离的增加而减弱（Anselin 等，1997；Adams 和 Jaffe，2002；Adams，2002），此时面对面和其他互动形式的潜力会减弱。

因此，本地的创新投入不仅影响着创新产出和经济绩效，还影响着获取外部"未编码"知识来源的能力。反过来，"对外部创新的可达性"无法回避内部社会过滤条件，因为这些条件使沟通更加有效，并决定着知识在多大程度上可以转化为经济增长。知识溢出空间有界性的证据不仅与"在任何地方都可以同等获得外部知识"的观点相矛盾，而且有助于解释当控制本地创新投入时，边缘性如何持续阻碍区域创新能力：知识溢出的空间范围越小，边缘区域对外部产生的知识的暴露越低。虽然高可达性的核心地区可以从其邻近区域的创新活动中受益，但知识溢出的空间有界性阻止了知识到达边缘偏远地区。因此，溢出效应的空间衰减越强，就越凸显出在核心地区累积本地化知识库的趋势。

2.6 知识溢出的扩散：制度因素和全球网络 如何塑造知识流动

毫无疑问，正如 O'Brien（1992）、Cairncross（1997）和 Friedman（2005）所言，电信以及在线存储和能够传播大量信息的技术进步极大地降低了地理邻近性对经济活动发展的束缚。然而，距离或地理上的邻近（前几节的重点）只是邻近性的一个方面。Boschma（2005，第 62 页）确定了其他四个维度的邻近性：认知、组织、社会和制度。认知邻近性与这一事实有关，即"知识和创新往往是有着高度隐性知识的公司内部搜索过程的累积和本地化结果"（Boschma，2005，第 63 页）。组织邻近性是指促进互动学习的组织实践和相互依存性。而社会邻近性强调了经济活动嵌入社会环境的事实（Granovetter，1985；Grabher，1993）。最后，制度邻近性是指相似制度的存在，如"共同的语言、共同的习惯、所有权保障和知识产权的法律体系等"（Boschma，2005，第 68 页），这些制度为经济协调提供了支持。虽然 Boschma（2005）严谨地指出，各种不同类型的邻近性不一定与地理邻近性有关，但我们认为，"核心—边缘"格局的出现正是由于各类邻近性之间相互依存，并在大城市地区和集群区中融合。

我们的观点是，高可达性"核心区位"的城市群（频繁的面对面交流）为经济和社会参与者提供了可以从认知、组织、社会和制度层面与其他地区建立联系并从中受益的环境，为思想交流、Jacobs 外部性、创新以及最终的经济活动和增长创造了理想的条件（Duranton 和 Puga，2001）。集群（城市和工业）为信息和知识社会产生的各种流提供了温床。不可否认，与过去相比，世界上发达的经济活动现在可以发生在更多的地区，但即使在这些地方，创新活动也会越来越集中在一系列聚集的核心节点上。换言之，地理邻近性是其他邻近性形成的基础：地理邻近性（至少暂时）是当前知识交流和新思想产生的必要条件（尽管不充分）。基于此，国家和地区的创新绩效不仅由创新投入所决定，还受到创新主体空间格局的影响。空间格局不仅影响内外部知识流动的暴露，而且通过与本地社会制度条件的互动影响邻近地区的发展。

随着不同尺度（从地区到跨国）的各种复杂创新网络关系的出现，创新产生良性循环所需的一系列邻近性进一步塑造了世界经济地理的"核心—边缘"格局。就此而言，"创新系统是地区内、地区间和跨国网络连接的结合"，"不仅仅是公司内部或公司间的特征［如 Faulconbridge（2006）所强调的］，还可能包括其他形式的社会网络"（Coe 和 Bunnell，2003，第 454 页）。这些网络形成了世界经济中多层次的地理关系，系统地强调了一些参与者（那些与最具创新性的行为者在各种接近性之间享有最佳平衡的参与者），同时削弱了那些处于地理、认知、组织、社会和制度边缘的参与者的地位。

2.7 "核心"地区的成功：邻近性、关系网络和制度产生局域"蜂鸣"

上述机制为我们理解发达城市和产业集群的成功提供了一个清晰的框架。在一个紧凑的地理环境中，认知、组织、社会和制度邻近性协同，营造了一个良好的社会制度环境，促进了本地"蜂鸣"。如前文所述，地方创新活动的集中提高了"核心"地区的经济绩效，但也产生了局域知识溢出，其有益影响不仅取决于邻近关系，还取决于地区制度（或社会过滤）的存在，并能够使区域吸收知识并进一步转化为经济增长。此外，通过面对面的交流和未编码或隐性知识的扩散——通常与所在（实体的和虚拟的）全球网络关系中的主要节点相结合——经济"核心"的"蜂鸣"地区得益于累积因果循环机制，不断获得与其他地区相比更持久的竞争优势。

"蜂鸣"地区的成功还依赖于其他本地化因素，如专业化和多样化之间的合理平衡。虽然专业化的提高可能会促进同一行业的 MAR（Marshall、Arrow 和 Romer）外部性，但当地通过开展多样化经济活动可以使参与者能够从互补的知识库和跨行业的思想交流中受益（Jacobs 外部性）。实证文献表明，MAR 外部性（Glaeser 等，1992；Henderson，1999）和 Jacobs 外部性（Andersson 等，2005；

Carlino 等，2001；Feldman 和 Audretsch，1999）可能在不同的产业[①]或产品生命周期的不同阶段[②]对创新具有重要的促进作用。城市繁荣和成功的关键取决于有效利用 MAR 外部性和 Jacobs 外部性的能力。在任何时候，只要其他力量（历史、制度、政治）阻止集群在两类外部性之间达到最有效的平衡，那么整体经济绩效可能会受到干扰。多样化城市的规模往往较大，而专业化城市的规模通常较小。尽管多样化城市和专业化城市理论上都可以表现得很好，但专业化城市实际上面临更大的潜在风险。这些风险与它们较低的创新能力以及更容易被城市内特定部门兴衰所左右有关（Duranton 和 Puga，2000）。从长远来看，需要鼓励劳动力流动（主要是流向更大的多样化城市）的政策干预，以解决专业化城市的衰落问题。因此，正是在大城市地区社会、制度、认知和组织的独特组合，使联系更加紧密，专业化与多样化的绝佳组合才得以出现。

这一进程一旦启动，就会产生巨大的累积潜力：当上述条件满足时，当地创新活动的生产力显著提高，从而产生促进投资的经济激励。反过来，对创新的新增投资不仅会产生局部溢出效应，还会直接和间接地提高当地的吸收能力，并刺激当地社会制度环境不断更新。有利的社会制度环境反过来容易发展外部的、相互依存和全球的网络关系。

最著名的"蜂鸣"城市（如伦敦、纽约、洛杉矶）是国际商业、金融和文化网络的节点，也是许多跨国公司的总部所在地，还是全球旅游和会议活动的中心。此外，"最高级别的国际业务需要融入当地政府及其网络，以便实现高效运作"。尽管"面对面交流与合作等活动的最佳组合将发生变化，但它们（……）将继续在高成本城市中心形成高技能个人、企业和官僚机构的聚集中心"（Storper 和 Venables，2004，第 366 页和第 368 页）。这在 Bathelt 等（2004）的"本地蜂鸣，全球管道"模型中得到体现，该模型明确揭示了区域外部的动态：外部集聚的知识流动通过对通信渠道（管道）的投资来填充本地"蜂鸣"。如果学习"越来越多地嵌入各种形式的网络及（区域、国家和国际层面）创新系统中"

---

① Henderson 等（1995）发现，Jacobs 外部性主要在高科技行业，MAR 外部性主要在资本密集型行业。

② Duranton 和 Puga（2001）认为，企业在多样化的创意城市开发新产品，随后迁移到专业城市进行大规模生产，以利用其成本优势。

（Asheim 和 Coen，2006，第 171 页），城市便成为知识经济的中心，这归因于它们既提供了"蜂鸣"环境，又作为虚拟、空间或临时网络的核心节点。这一嵌入过程不仅涉及几个主要的世界中心，而且产生了一个复杂的城市联盟，其中"蜂鸣"城市通过不均衡的世界城市系统在功能上相互连接（Beaverstock、Taylor 和 Smith，1999）。此外，城市的重要性日益因高科技卓越中心的出现及高度专业化而增强，在这些中心，全球互联的重要性可能会补充甚至超过本地"蜂鸣"（Moodysson 等，2005）。

这一股经济力量正在不断地改变和重塑世界经济地理格局。然而，整个系统是极具动态的，技术前沿的重大根本转变会为一些地区打开新的机会之窗，从而在全球范围内涌现新的城市和城市群，同时也会引起其他地区的经济衰退。

2.8 解释"核心—边缘"格局：综合实证框架的基础

截至目前，我们已经分析了不同理论方法中创新过程与区域经济绩效联系的各种机制。对这些机制的探讨揭示了创新影响区域增长的复杂性，并指出了线性新古典主义对这一过程解释的不足。然而，从同一角度来看，尽管纳入熊彼特思想（Fagerberg，1988）的增长理论为创新过程提供了更现实的观点，但仍未能解释在处理创新过程的空间或地域维度时出现的问题。因此，在区域层面分析创新投入和经济绩效之间的复杂关系，需要一个合适的分析框架。这个框架应具有许多重要特征，使其成为实证分析和政策指导的合理基础：不仅是探索发达地区（例如，本地蜂鸣理论或"全球管道"）成功因素的工具，也是核心地区和边缘地区的增长决定因素的全面概念化。

我们简要地阐述这个框架的主要特点。首先，实证框架以本地创新投入与经济增长之间的线性关系为出发点。一方面，可以将我们的模型与内生增长理论（Romer，1990；Cheshire 和 Magrini，2000）和知识生产函数（Griliches，1986；Audretsch 和 Feldman，1996；Audrertsch，2003）直接联系起来，为我们的定量分析提供坚实的基础；另一方面，要确保与区域增长和趋同的研究具有可比性。其次，当将创新投入与新思想、新知识之间的关系看作基准时，我们的概念框架将成为定量分析（如"主流"经济学文献）和定性分析（如大部分关于技术发展和创新系统的文献）的合适基础。通过纳入其他文献所论证的"定性"因素（如制度、地理因素和距离在创新过程中的作用），R&D、创新和经济增长之间的线性关系（经典的定量分析）将逐步被拓展。

因此，该框架将以折中的方式融合不同分支文献的见解。本书的其他章节将逐步拓展创新投入和经济绩效之间基本的线性关系，并以更合理的方式纳入其他文献关于空间和社会制度条件的复杂作用的内容。

概念框架将线性和非线性、定量和定性方法相融合来刻画区域经济发展的动力，也将缓解因自上而下和自下而上的视角差异产生的矛盾。从相对的两个视角评估各种影响区域增长差异的决定因素作用：自上而下的分析旨在捕捉宏观发展动力。例如，评估创新投入对各地区经济绩效的总体平均影响，突出共同和"总体"趋势。因此，模型把一个地区区别于另一个地区的所有独特因素视为"残差"。相反，自下而上的分析重点关注一组具体的区域特征，捕捉其独特的内部动力，但忽视了区域间的权衡和总体趋势。虽然观点的缺陷由采用不同的逻辑所致，但它们严重限制了模型提供真实世界情况的准确性和作为发展政策的支撑性。为丰富现有的研究成果，本书构建的实证框架依托具有包容性的中观视角，融合自上而下和自下而上对地方和区域经济发展过程的观点，将主流分析中通常被视为独特性（遗漏在残差中）的因素纳入宏观量化的框架中。通过以定性文献为基础，选择用以定量分析的变量（例如创新系统），我们能够检验这些因素作为创新和增长驱动力的普遍性。为了在定量框架中处理重要的定性概念，过去仅限于案例研究的定性概念将得到应用：重要的概念需要更深入的理论阐述，以说明这些因素的"非特殊"性，并选择最合适的代理变量。例如，区域经济绩效如何受到外部跨地区因素的深刻影响，需要考虑这些因素和区域间不同的远距离互动方式。基于宏观视角，恰当地选择覆盖多个区域的空间权重（而不是孤立地关注一个区域样本），捕捉邻近区域的因素如何通过溢出效应和外部性影响本地的创新绩效。尽管流的影响在很大程度上取决于一系列本地化社会制度条件，但中观综合方法可以有效地捕捉上述条件，使我们对区域经济运行有更真实的了解。

然而，与宏观区域理论的定量实证模型相比，折中综合方法所提供的现实主义是以较低程度的内部一致性为代价的。但这也意味着，本书以下章节将通过综合方法展示更多定性影响因素的实证证据。此外，最后一章论述这种方法如何能够成为地方和区域发展政策所需的中观基础。

　　遵循这条推理路线，我们把目前所讨论的各种理论观点放在一个综合框架中，从而推出接下来章节中设定的实证模型。换言之，我们尝试将不同的理论视角综合成一种折中的方法来研究创新的区域源泉，目的是找出区域增长动力中"起作用的因素"，而不是检验一种创新理论对另一种的解释力。

　　我们以 Fagerberg（1988）的方法作为分析的起点。这种方法尝试克服以往方法（如"追赶"分析、"增长核算"和"生产函数"研究）对跨国增长率差异研究的局限性。首先，"追赶"文献（例如，Abramovitz，1986）似乎无法解释开放中所观察到的技术差距的力量，这些差距一旦形成，就会成为模仿、扩散、创新的动力。这一系列文献中主要的描述性贡献过于强调扩散过程，而忽视了创新对先发国家发展的重要性和落后国家的持续劣势。其次，就其自身而言，"增长核算"方法未能区分"主动"和"被动"增长因素，即真正的决定因素和支持过程，以及未能将创新纳入这些决定因素中。最后，基于均衡假设的"生产函数"方法不仅在方法上与"不平衡"因素（即失业）的引入不一致，而且无法解释"各国技术水平和创新绩效的差异，我们认为这种差异是世界经济中最基本的不平衡机制之一"（Fagerberg，1988，第 438 页）。在先前研究的局限性和不平衡条件前提假设的基础上，Fagerberg（1988）提出了经济增长的"技术差距理论"，作为熊彼特资本主义发展动力理论的应用，该理论明确假设两种"相对"力量（即创新，产生技术差距；而模仿或扩散，倾向于缩小技术差距）的相互作用是"增长的引擎"。Fagerberg 的模型对我们找出促进经济增长的这两种基本力量尤为重要。

　　生产函数采用以下形式：

$$Q = ZD^{\alpha}N^{\beta}C^{\tau} \tag{2.1}$$

　　式中，Q 是一个国家的产出水平，Z 是常数，D 是从国外转移的知识水平，N 是该国创造的知识或"国家技术活动"的水平，C 是该国利用知识（来自 D 和 N）收益的能力。

根据 Fagerberg（1988），通过对 Q 进行微分和除法，用小写字母表示增长率，我们得到：

$$q = \alpha d + \beta n + \tau c \tag{2.2}$$

根据这一步，Fagerberg（1988，第439页）假设，"按照文献中扩散的惯例，（……）国际可用知识的扩散对经济增长的贡献（d）是国家（T）和技术前沿国家（T_f）知识水平之间距离（T/T_f）的增函数"。因此，用所得方程代替式（2.2）中的 d，我们得到了 Fagerberg 模型的最终设定：

$$q = \alpha(T/T_f) + \beta n + \tau c \tag{2.3}$$

方程（2.3）是我们设定实证模型的基准，该模型仅部分遵循 Fagerberg 的设定。我们的模型与"技术差距"文献之间的主要联系点是假设人均 GDP 作为模仿潜力的代表（T/T_f）。由于该国的知识水平（T），即所使用的一整套技术，无法直接衡量，因此必须考虑对包含这些技术过程的产出进行衡量。生产力水平（Q/L）用人均 GDP 来度量。因此，我们假设一个地区的生产力水平（人均GDP）越低，离前沿技术就越远，因此模仿的可能性就越高。然而，正如Fagergerg（1988）指出的，一个国家缩小这一差距的过程并不是自动进行的（正如通过不同机制、基于均衡的模型所假设的那样），而是取决于国家的创新绩效（n）。这种对创新投入的强调是"技术差距"方法与"内生增长"理论贡献之间的主要共同点，这些文献更明确地假设熊彼特的创新思想是解释经济生产力增长的内生因素（Romer，1990；Grossman 和 Helpman，1991；Aghion 和 Howitt，1992）。

因此，"模仿的范围与投资或教育相结合，都能很好地解释各国增长的差异"（Fagerberg、Verspagen 和 von Tünzelmann，1994，第10页）。这一观点很好地体现了"规范分析"文献视角的变化，这些文献以不同的方式试图将熊彼特的思想（"技术差距"和"内生增长"）与传统的柯布—道格拉斯生产函数相结合（见图2-1），也被纳入了我们的实证模型中，如上所述，该模型旨在通过将"创新系统方法"、本地化知识溢出和创新过程空间维度的文献纳入分析来克服其局限性。

因此，我们提出的模型与 Fagerberg 的模型有很大不同，认为资本投资不是"创新和扩散的经济开发能力提升的指标"（Fagerberg，1988，第447页），因为

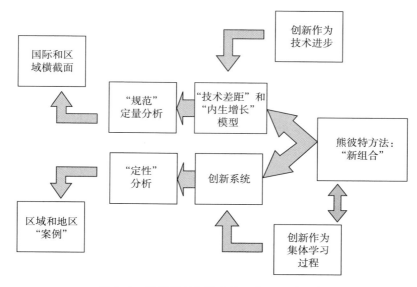

图 2-1　关于创新和增长的现有文献的概念

资料来源：作者自己绘制。

资本投资应该被视为增长的结果而不是原因。为此，我们引入"人力资本积累"作为创新扩散机制的更好代理变量。我们还提出了一个简单的模型，试图将前几节中提及的三支文献中的关键因素结合起来（见图 2-2）：内部创新投入、社会和地域嵌入因素以及知识溢出的空间范围。该模型旨在理解——并在一定程度上区分——不同文献分支提出的不同创新因素在促进经济动力方面的作用。

创新系统方法为这种动力提供了根本见解，但缺乏"理论边界"[1]，意味着它不是一种创新理论，而是与创新过程相关因素的"聚焦装置"（Edquist，1997）。因此，这一概念与"创新环境"的概念类似，不应被视为一个完整的解释模型，而应被理解为一个能够显示一些特定因素与更广泛现象的相关性[2]的

---

[1]　"……当前，以这种方式（因为包括所有决定因素）定义创新系统的边界面临着'困境'。（……）我们暂时将其定义为包括所有重要决定创新因素的系统。（……）在这种方式下，其中的方法充当了'聚焦装置'（……）：有趣的猜想需要详细论证，然后通过进一步的研究来验证或反驳。"（Edquist，1997，第 15 页）

[2]　Cantwell 和 Iammarino（2003，第 5 页）明确指出，"标准的区域创新系统只存在于少数能够被明确定义的地区：在大多数地区，相关行为者之间的系统性互动和知识流动太过稀疏和薄弱，以致无法表明创新系统在起作用"。

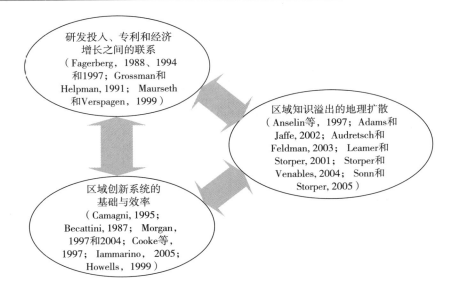

图 2-2　相关文献分支在实证分析模型中的结合

资料来源：作者绘制。

"元模型"（Camagni，1995）。

　　然而，创新系统方法的特殊性并没有妨碍我们将这种模型的"理念"纳入更广泛的理论框架，从而能够用于更一般的实证分析（见图 2-1）。

　　创新系统方法挑战了在内生增长框架下发展起来的创新投入、生产力和增长之间的线性关系，开拓了创新研究的理论视角。然而，正如我们上文所强调的，在经济地理和区域发展的定量分析中，将更广义解释因素纳入增长绩效的分析中并不是新鲜事（例如，Rodríguez-Pose，1994、1998a 和 1998b；Cheshire 和 Carbonaro，1996；Cheshire 和 Magrini，2002）。在这些贡献的基础上，我们支持这样一种观点，即创新系统方法引起"关注"的各种因素，虽然在用作预测创新绩效的线性因素时不易被概括，但可能会作为"支持性"变量发挥（统计上显著的）作用，其解释力依赖于它们与创新投入的相互作用。

　　同样的推理也适用于知识流动的空间扩散的相关文献。通常，这些文献仍然是理论性的（Storper 和 Venables，2004），与区域增长分析无关（Sonn 和 Storper，2005）或仅限于案例研究（关于本地"蜂鸣"的文献）。即使为了捕捉空间调节知识流动的实证相关性而进行了深入分析（Adams 和 Jaffe，2002），但知识流动与潜在吸收条件的相互作用仍未得到探索。共同理论视角的缺乏及各文献分支观点的不同，阻碍了将空间知识流动及其制约区域经济影响的因素的结合。在不同文献分支共性基础上建立实证框架，纳入正式的创新主导的区域增长模型，使我们能够直接了解创新系统作为吸收本地知识流动并将其转化为经济活动的催化剂作用。

我们将以上所有概念和深入的理论分析引入增长模型，并在后续的章节中对这些因素进行更详细的讨论，以分析创新动力和区域增长。

结合上文所述，公式的一般形式［式（2.3）］通过纳入区域创新系统的指标［式（2.4）中的变量 c］和创新过程空间维度的指标［式（2.4）中的变量 g］得到以下模型：

$$q = \alpha(T/T_f) + \beta n + \tau c + \gamma g \tag{2.4}$$

以下章节中估计的基准模型为：

$$\frac{1}{J}\ln\left(\frac{Y_{i,t}}{Y_{i,t-J}}\right) = \alpha + \beta_1 \ln(y_{i,t-J}) + \beta_2 innovation_{it} + \beta_3 innovation\_system_{it} + \beta_4 geography_{it} +$$

$$\beta_5 D + \varepsilon \tag{2.5}$$

其中，$\frac{1}{J}\ln\left(\frac{Y_{i,t}}{Y_{i,t-J}}\right)$ 是分析期（$t-J$，t）区域 i 期末和期初人均 GDP 之比的对数变换；α 是常数项；$\ln(y_{i,t-J})$ 是分析期初始（$t-J$）的人均 GDP 的对数；$innovation_{it}$ 是创新投入的衡量指标；$innovation\_system_{it}$ 是地方制度创新的衡量指标，包括人力资本积累水平；$geography_{it}$ 是空间和地理距离影响的指标（例如可达性、创新投入和邻近区域社会经济条件的综合衡量标准）；D 是一系列国家虚拟变量；ε 是误差项。

以下章节中关于该模型的各种设定，将创新过程中的投入（R&D 支出）与本地社会经济因素——良好区域创新系统存在的前置条件——相结合，同时控制欧洲区域的经济水平。若在本地考虑这些因素，则研究目标区域的 R&D 和本地条件；而从非本地考虑邻近区域的条件，则以溢出的形式检验这些因素的地理重要性。最后，我们控制了国家因素的影响，例如，国家创新系统的存在。然而，对创新过程可行性设定的需求，不可避免地要做一些简单处理和假设，但这绝不意味着要掩盖系统方法所代表的现实世界的复杂性。因此，我们应该拒绝对实证分析结果进行"线性解释"①，而是要充分考虑结论背后潜在机制的复杂性。

　　本书后续章节中采用的实证检验模型是基于这一基准模型的不同设定。特别是，在第3章中，通过可达性指数来检验边缘化在解释创新转化为经济增长的能力差异中的作用。第4章和第5章将扩大分析范围，分别对区域创新系统和知识流动的空间范围进行更深入的定量分析。在第6章中，该方法将通过考虑专业化和集聚类型进一步被扩展，并应用于欧盟和美国创新动力的比较分析。第7章分析欧盟交通基础设施政策对区域增长绩效的影响。

---

　　① "（……）仅仅将一组社会和政治变量引入线性增长模型，这并不能解决社会政治环境与经济增长之间存在何种关系的问题"（Rodríguez-Pose，1998，第46页）。

第 3 章　地理可达性与人力资本积累

3.1　引言

本章对第 2 章提出的关键概念之间的联系进行了初步的实证分析。实证模型详细考察了地理区位和特定社会制度条件对创新和区域增长之间关系的调节作用。覆盖欧盟 25 国的横截面数据分析探究了区域创新活动如何影响区域增长。本章分析旨在检验地理可达性和人力资本积累如何塑造区域创新系统，并与本地创新活动互动，进而促进（或阻碍）经济增长。该分析证实了这一观点：创新投入增加并不会在欧盟 25 国的所有区域产生相同的作用（与线性模型的预期相反）。实际上，两者关系会受地理区位和人力资本积累的调节，本章将对其进行详细阐释。这也是上一章提出的第一个理论假设的实证证据，同时，我们会在第 4 章和第 5 章分别对创新系统条件和地理区位的影响进行更深入的探讨。

本章共 5 节。第 2 节分析了相关变量之间的逻辑关系，以解释可达性和人力资本积累对创新投入转化为增长的调节作用。第 3 节介绍实证模型，并提出相关概念的关键代理指标，第 4 节讨论了实证结果，第 5 节给出一些初步的结论。

3.2 逻辑关系：可达性和人力资本积累

3.2.1 可达性如何影响创新过程

许多实证研究关注"知识流动"的特征，并试图测量其扩散范围（参见 Jaffe，1989；Anselin 等，1997；Fischer 和 Varga，2003）。这为经济地理学领域的许多重要成果提供了支持，例如 Storper（1995）的突破性研究和 Camagni（1995a）基于这一概念的产业区和创新环境研究。

在此背景下，"局域技术溢出"主要表现为"本地"互动，通常依赖于共同技术语言和隐性知识的面对面交流及本地网络。然而，"知识溢出不会（……）在地理空间中无成本地扩散"（Audretsch 和 Feldman，1996b，第 256 页）。因此，在模型中，我们引入了"可达性"概念，即"位于某个特定城镇或区域，家庭、企业或行业之间进行互动和交流的相对机会"（Keeble 等，1988，第 2 页）。它不仅适用于衡量"本地"的互动水平，还适用于衡量更大空间尺度发生互动的概率（例如，欧盟背景下的区域间甚至国际的互动）。显然，以这种方式衡量知识流动时，厘清各种"扩散机制"将变得更为困难（Breschi 和 Lissoni，2001）。在更大地域尺度上，当"市场调节"流动开始占主导时，自由和自发流动发生率可能变得不再相关。基于此认识，如果要摆脱辨别这些"机制"的定性研究，"可达性"是反映距离对创新影响的良好代理指标，不仅可以反映（区域内）本地互动"密度"代表的局域溢出，还可以体现远程（非本地，区域间）互动的成本和机会壁垒。

我们可以借助创新过程不同理论包含的各种机制来阐释这种效应，并赋予"知识流动"不同的含义：

（1）以新古典主义来检验创新主体间的距离在产生和扩散创新过程中的作用是很难的（正如第 2 章所讨论的）。然而，在线性模型的限定框架下，可以通过考虑由于市场潜力扩大而降低了新产品引入相关的风险，探索可达性对创新绩效的

（某种程度上间接的）影响。换句话说，可达性将通过最小化风险来影响创新，因为创新型企业接触（远距离）的潜在买家越多，创新产品成功的概率就越大。

（2）从内生增长的视角，我们可以假设，高可达性可以增加企业和个人与不同主体进行交流的概率，进而产生新想法。Romer（1990）将这种概率与人口增长联系起来。

（3）知识密集型区域网络是区域发展的关键。然而，这些网络也可能因"锁定效应"阻碍企业创新能力的发展。从长期来看，地理上封闭的网络可能会阻碍而不是促进创新（Lundvall，2001，第281页）。从这个意义上说，我们需要与本地网络之外的其他创新企业建立联系或间接邻近。

（4）从演化经济学的视角，高可达性可以使企业获得更广泛的知识来源，这对（演化的）成功创新（即互动学习）是不可或缺的（Cooke，1997）。

当将这些不同的机制联系在一起时，我们可以假设可达性对创新的影响与"对不同类型知识的暴露"有关，即接触外部不同的想法、组织、产品的可能性、概率或频率。更好的"接触多样性"可能会通过提供额外的知识来源直接影响增长，或者在与本地创新投入互动时产生间接影响，使得增长得到强化。我们的实证模型将会验证这两种情形。

当把可达性纳入经济增长的分析时，可能会产生一定的内生性问题，因为可达性变好可能是经济绩效提高的原因和结果。然而，我们认为，一旦对这种关系的机制做出明确的假设，这个问题不会影响我们分析的稳健性。

我们认为可达性无疑依赖于地理区位，地理区位会影响经济增长但不会被经济增长所影响。因此，一些地区可能仅因区位优势从更高的可达性中受益。但"第二自然地理"也很重要，其弥补或强化了自然优势。由于基础设施的改善和交流激励，一个地区更好的经济绩效可能会影响"第二可达性来源"。然而，我们必须考虑到：

（1）可达性改善（由于经济绩效的提高）与其发挥作用（以基础设施为例，在决策、规划和执行方面需要大量的准备时间）之间存在一定的时间滞后，显著降低了内生性问题。

（2）可达性的巨大变化（至少在欧盟的实践中）不是出于观察到的增长率，似乎更多地取决于政治因素，如欧盟东扩所产生的跨境交流障碍的减少；或取决于经济政策目标，如跨欧盟交通网络项目。

（3）无论因果关系的方向如何，我们的实证研究结果不支持可达性和增长绩效之间线性关系的假设（与现有文献一致）。

一旦假定可达性是一个外生因素，就必须对实证结果进行一致的解释，这使我们无法从因果关系的角度来考虑可达性的作用，因而也无法将其作为一种可行的政策工具。我们的研究结论否定了可达性作为区域经济绩效直接预测因素的假设，更倾向于强调其与创新活动互动的间接作用。

3.2.2 教育：创新"易发"和创新"厌恶"区域的"初步"代理指标

根据 Rodríguez-Pose（1999）对区域创新过程提出的理论观点，将本地创新活动转化为创新和经济增长的能力差异取决于不同的"社会过滤"，即一系列复杂的经济、社会、政治和制度特征相互交织，使一些区域"偏爱"创新，另一些区域"厌恶"创新。由于所涉及的影响因素错综复杂，而且数据稀缺，因此对一个区域创新"偏爱"的特征进行实证定义比较困难。这一任务将在下一章得到解决，尝试确定一组区域结构条件，并从理论上加以论证，这组条件能够系统地提高本地生产和吸收创新，并将其转化为经济增长的能力。

在这一分析的过渡阶段，我们逐渐偏离了关于创新过程的内生增长视角，借助可达性将地理区位纳入分析，分析的注意力集中在描述本地社会经济条件的一个关键因素：人力资本积累水平。

许多可观测的因素（如青年迁移）和不可观测的因素（如本地教育机构的质量、教育的社会回报以及区域政策等）都可能会因影响人力资本而间接地影响到创新。

由于种种原因，本章将人口受教育水平作为衡量一个区域利用和扩散创新能力的第一个代理变量。与资本投资相比，人口的技能创造是一个长期过程，因此其不太受当前增长率的影响，所以出现与这一变量相关的反向因果关系的风险似乎要低得多。此外，我们的方法将所谓的"人力资本学派"（Lucas，1988；Mankiw 等，1990）的思想［即强调人力资本"体现"正式（和隐性）知识的能力］应用到具有内生的区域创新活动的增长模型中。我们认为，教育与创新的互动机制在创新系统方法中得到了明确的体现，该方法强调了教育对本地社会"学习能力"的影响。此外，正如 Lundvall（1992）所指出的，人口的受教育水平对创新型组织形式（即学习型组织）的创建至关重要。

因此，借助人力资本这一变量，我们的模型能够反映社会过滤对创新绩效在统计上显著的解释能力。

3.3　实证模型

3.3.1　模型说明

根据第 2 章提出的理论框架，完整的模型如下：

$$\frac{1}{J}\ln\left(\frac{Y_{i,t}}{Y_{i,t-J}}\right)=\alpha+\beta_1\ln(y_{i,t-J})+\beta_2 innovation+\beta_3 education+\beta_4 accessibility+\varepsilon \quad（3.1）$$

其中，$\frac{1}{J}\ln\left(\frac{Y_{i,t}}{Y_{i,t-J}}\right)$ 是分析期（$t-J$，t）期末和期初区域人均 GDP 之比的对数；α 是常数项；$\ln(y_{i,t-J})$ 是分析期初始（$t-J$）人均 GDP 的对数；$innovation$ 是创新指数（如下文定义的）；$education$ 是人力资本积累的代理指标；$accessibility$ 是地理可达性指数；ε 是误差项。

第一个实证模型是为了检验每个变量的直接作用。我们还引入了创新投入（创新）与可达性和教育的交互项，以考察它们在知识生产决定增长绩效中的间接作用。

（1）纳入创新与可达性的交互项：

$$\frac{1}{J}\ln\left(\frac{Y_{i,t}}{Y_{i,t-J}}\right)=\alpha+\beta_1\ln(y_{i,t-J})+\beta_2 innovation+\beta_3 education+\beta_4 accessibility+$$

$$\beta_5 innov*accessibility+\varepsilon$$

在保持所有其他变量不变的情况下，考察创新投入对增长的边际效应，我们得到：

$$\frac{\Delta\left(\dfrac{1}{J}\ln\left(\dfrac{Y_{i,t}}{Y_{i,t-J}}\right)\right)}{\Delta innovation}=\beta_2+\beta_5 accessibility \qquad (3.2)$$

这意味着，当 $\beta_5>0$ 时，在其他条件不变的情况下，对更高可达性的区域来说，创新投入增加将在更大程度上转化为经济增长。

（2）纳入创新与教育的交互项：

$$\frac{1}{J}\ln\left(\frac{Y_{i,t}}{Y_{i,t-J}}\right)=\alpha+\beta_1\ln\left(y_{i,t-J}\right)+\beta_2 innovation+\beta_3 education+\beta_4 accessibility+$$

$$\beta_5 innov*education+\varepsilon$$

边际效应是：

$$\frac{\Delta\left(\dfrac{1}{J}\ln\left(\dfrac{Y_{i,t}}{Y_{i,t-J}}\right)\right)}{\Delta innovation}=\beta_2+\beta_5 education \qquad (3.3)$$

这意味着，当 $\beta_5>0$ 时，在其他条件相同的情况下，创新投入对增长的变动的影响与人力资本积累水平成正比。

在下一节中，我们将进一步详细分析每个变量影响经济增长的机制。

3.3.2 变量

3.3.2.1 欧盟区域的创新指数

为构建一个能够包含创新过程各个组成部分的指数，学者们已经进行了诸多研究。这方面最重要的贡献之一当属"技术能力的 ArCo 指标"（Archibugi 和 Coco，2004），它基于技术能力的三个"主要维度"：技术创造、技术基础设施和人类技能发展。由于我们只针对"创新投入"的衡量，而创新过程的其他维度在我们的模型中是单独表示的，因此我们的创新指数参照 Archibugi 和 Coco（2004）的"技术创造"分指数。该指数以"专利数量"和"科学论文数量"为基础，但"R&D 数据可以很好地补充技术创造的衡量"（Archibugi 和 Coco，2004，第13页）。与跨国分析相比，在处理区域问题时面临着不一样的数据约束，我们可以将 R&D 支出和 R&D 人员纳入我们的指数，但我们不得不放弃期刊论文数量，因为这一信息在区域层面无法获得，而如果脱离国家背景，可能会削弱其解释力。此外，这一指数结构在概念上与《欧洲创新记分牌》中的"知识创造"部分一致，欧盟委员会（2001）也推广了类似的做法。因此，我们的创新指数包括"R&D 支出占国内生产总值的百分比""R&D 人员占劳动力总数的百分比""每百万劳动力拥有的高科技专利数"，其中，每个变量的标准化①是通过如下公式处理得到的：

$$标准化指标值 = \frac{观测值-最小值}{最大值-最小值}$$

在经济文献中有关创新的"测度"（如，Archibugi 和 Coco，2004）以及欧盟委员会制定的类似测度中（如《欧洲创新记分牌》），由于没有先验的理论依据，因此不同组成部分采用相同权重是一条经验法则。然而，必须注意的是，不同的分指数衡量的是不同的过程，因此，我们分别对每个组成部分以及总指数进行了单独估计。

我们的指数除了能简单地衡量技术"生产"能力，以便进行排名，还能更好地减小与各区域不同部门的"创新生产力"差异相关的偏差。该指数同时包括资金投入（R&D 支出）、人力资本投入（R&D 人员）和产出（专利），从而避免了诸如仅考虑"资本密集型"R&D 活动所产生的扭曲——因为这些活动可能会导致测量 R&D 支出的结果虚高，或是不同部门对不同专利偏好所带来的影响②，从而使仅基于该变量的创新衡量出现偏差。总体而言，该指数在纳入回归分析时，在拟合度和显著性方面都比用于计算该指数的单个变量表现得更好。

3.3.2.2　可达性测量：边缘化指标

在我们的实证模型中，可达性采用"可达性指数"来衡量。我们采用了 IRPUD（2000）为欧盟委员会地区政策总司构建的指标之一。该指标以传统的"潜在"结构为基础，根据"到达这些地点所需的投入、时间、距离或成本"对"活动"或"机会"进行"加权"（Schürmann 和 Talaat，2000，第 2 页）。我们选择的指标是"标准化可达性指数"（又称边缘化指数 2），它用所有区域平均可达性的百分比来表示区域的可达性，指数值越高，则该区域的相对"可达性"

———————

①　标准化是一种常用的去量纲的方法，即每个变量的观察值减去最小值，然后除以该变量的变化区间（最大值减去最小值）。最后得出每个地区的指标值，大小在 0 到 1 之间。

②　我们只考虑高科技专利，目的是进一步减小由于不同部门的不同专利偏好所带来的偏差。

就越高。这一指数（而不是基于 GDP 和作为替代交通方式卡车的"市场潜力"可达性）作为我们模型对"机会"的衡量似乎是最合适的，因为它反映了人与人之间交流的概率（见第 3.2.1 节）。

3.4　实证结果

3.4.1　估计问题

在本节中，我们通过异方差一致普通最小二乘法（OLS）对上述模型进行检验。然而，参数估计存在一些计量问题，我们试图将这些问题的影响降至最低。其中，最严重的问题是空间自相关，即相邻观察值的误差项之间缺乏独立性（Armstrong，1995；Quah，1996）。为了尽量降低这一问题对参数估计扭曲的影响，我们采用了与其他区域过程分析类似的做法（例如，Rodríguez-Pose，1999；Rodríguez-Pose 和 Fratesi，2004），通过相对于各国家的平均值对因变量和自变量进行"国家加权"。为了检测可能存在的空间自相关性，对实证模型的每一个设定都进行了回归残差的 Moran's I 检验（Cliff 和 Ord，1972）。检验统计量证实不存在空间自相关。

另一个主要问题是内生性。为了解决这个问题，我们（在可能的情况下[①]）在模型中加入了解释变量在（$t-J-5$）至（$t-J$）期间的平均值，同时计算了（$t-J$）至 t 期间的平均增长率。为了利用现有数据回答我们的研究问题，我们分两步进行。首先，我们检验了一个"简化"模型，只将增长率与创新投入和初始人均 GDP（对数）进行回归。变量数量的减少使我们能够考虑一个时间跨度（1990~2003 年），以克服经济周期对变量的影响，并捕捉到所分析关系的结构部分，同时在样本中保留合理数量的地区（1990~2003 年的时间跨度使我们能够将

---

① 就新成员国而言，数据的可得性使我们无法计算五年期（$t-J-5$，$t-J$）内解释变量的平均值，因此我们采用了较短的时间跨度。对于欧盟 15 国中的一些国家，根据各变量数据的可得性，使用了略微不同的时间跨度。由于篇幅有限，无法逐一说明。

·36·

八个欧盟国家纳入分析：奥地利、比利时、法国、德国、希腊、意大利、西班牙和葡萄牙）。其次，在对完整的实证模型进行估计时，我们缩小了回归的时间跨度（1995~2003 年），从而可以将"扩大后"的所有欧盟成员国都包括在内，并可以获得这些国家的区域数据（数据可得性和变量说明见附录 A）。

3.4.2　欧盟 25 国的区域创新活动和经济绩效

扩大后的欧盟在创新方面表现出显著差异。在计算欧盟 25 个成员国的创新指数（及其各个组成部分）时，我们可以看到这种差异（见表 3-1）。该排名与 Archibugi 和 Coco（2004）的排名相近，可将国家分为领先（创新指数在 0.40~0.92）、中等（0.20~0.39）和落后（小于 0.20）三类。第一类国家几乎包括欧盟 15 国中的所有"核心"国家，而创新能力相对较弱的现有成员国，加上欧盟新成员斯洛文尼亚[1]，则属于第二类国家。然而，这些数据并不能全面地反映欧盟的创新地理状况。当考虑到区域因素，并根据全国加权区域数据计算创新指数时，区域创新差异仍然显著。图 3-1 描绘了创新指数的分布情况，清楚地显示了区域创新投入的差异化效应格局：一些区域比其他区域"产生了"更多的创新。

此外，创新投入与区域增长之间的关系是显而易见的，这可能会导致决策者低估其他因素在这一过程中互动的重要性。

欧盟 25 国区域的全国加权年均增长率（1995~2003 年）的对数与创新指数各组成成分的散点图（见图 3-2）显示出相似的关系特征。这似乎支持了创新活动的不同衡量标准与地区增长绩效之间存在相同的正相关关系。此外，为了解散点图中描述的关系的相似程度（即相同的地区是否在每个散点图中占据相同的位置），我们计算了创新指数各组成部分之间的秩相关性斯皮尔曼的 Rho（Kendall，1990）。不出所料，创新指数的各成分是相互关联的（见第 3.2.1 节），它们衡量的是同一过程的不同方面。然而，这种相关性既不完全，也不具有相同的强度。虽然 R&D 支出（ln_ Exp）和 R&D 人员（ln_ per）这两个衡量 R&D 投入的分指数显示出高度的秩相关性，但它们与高科技专利（衡量产出）的相关性却不那么明显（尽管在统计上仍然显著）。

---

① 根据 Archibugi 和 Coco（2004）的指数，斯洛文尼亚在 162 个国家中排名第 26 位。

表3-1 欧盟25国创新指数排名

国家	2001年 高科技专利（每百万劳动力）	2001年 高科技专利引用	2001年 R&D支出（占GDP的百分比）	2001年 R&D开支指数	1999年 R&D人员（占总劳动力的百分比）	1999年 R&D人员指数	创新指数
芬兰	320.33	1	3.41	0.785	2.53	1	0.928
瑞典	211.07	0.658	4.27	1	2.45	0.968	0.875
丹麦	86.06	0.267	2.4	0.533	1.89	0.744	0.514
德国	107.15	0.333	2.51	0.56	1.59	0.624	0.506
荷兰	142.27	0.443	1.89	0.405	1.54	0.604	0.484
法国	72.41	0.224	2.23	0.49	1.51[a]	0.592	0.435
比利时	59.32	0.183	2.17	0.475	1.52	0.596	0.418
奥地利	43.02	0.132	1.9	0.408	1.38[a]	0.54	0.360
英国	75.31	0.233	1.89	0.405	0.74[b]	0.284	0.307
斯洛文尼亚	15.79	0.047	1.57	0.325	1.28	0.5	0.291
爱尔兰	75.56	0.234	1.17	0.225	0.95	0.368	0.276
意大利	17.7	0.053	1.11	0.21	0.92	0.356	0.206
匈牙利	13.47	0.039	0.95	0.17	1.03	0.4	0.203
希腊	5.23	0.014	0.64	0.093	1.28	0.5	0.202
西班牙	9.23	0.026	0.95	0.17	1.04	0.404	0.200
捷克共和国	1.53	0.002	1.22	0.238	0.91	0.352	0.197
爱沙尼亚	4.94	0.013	0.78	0.128	1	0.388	0.176
立陶宛	0.96	0.000	0.69	0.105	0.89	0.344	0.150
斯洛伐克共和国	2.44	0.005	0.64	0.093	0.89	0.344	0.147
葡萄牙	1.31	0.001	0.85	0.145	0.71	0.272	0.139
波兰	0.87	0	0.64	0.093	0.74	0.284	0.126
拉脱维亚	1.13	0.001	0.44	0.043	0.55	0.208	0.084

译者注：我们在原书基础上对表中数值进行四舍五入，精确到了小数点后三位，全书做了统一处理（余同）；注：a表示1998年的数据，b表示高等教育部门不包括在内。

资料来源：根据欧盟统计局数据自行计算。

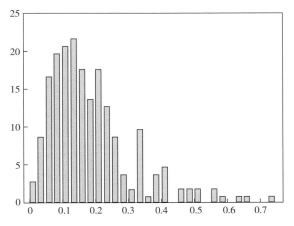

平均值：	0.192647
中位数：	0.156695
极大值：	0.733604
极小值：	0.007349
标准差：	0.131206
偏度：	1.458452
峰度：	5.360039
雅克—贝拉：	118.4908
P值：	0.000000

图 3-1　欧盟 25 个地区创新指数分布

资料来源：根据欧盟统计局数据自行计算。

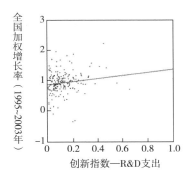

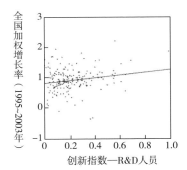

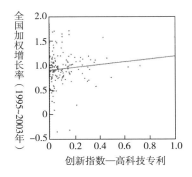

图 3-2　全国加权增长率（1995~2003 年）与创新指数各组成部分

（R&D 支出、R&D 人员和高科技专利）的散点图

资料来源：基于欧盟统计局和剑桥计量经济数据自行绘制。

因此，虽然在增长率与 R&D 支出和 R&D 人员的散点图中，相同区域往往占据相同的位置，但在增长率与高科技专利这一分指数的散点图中，这种情况就不那么明显了。我们认为，这从数据上证实了我们在理论分析中提出多维衡量标准（创新指数）的必要性，而且创新指数在下面的回归中的拟合优度与单个组成部分相比也有所提高。图 3-3 是增长率与创新指数的散点图，证实了它们之间的正相关关系。

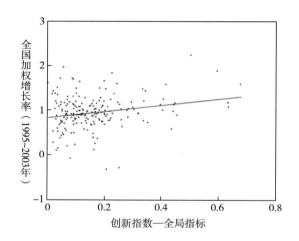

图 3-3　全国加权增长率（1995~2003 年）与创新指数的散点图

资料来源：基于欧盟统计局和剑桥计量经济数据自行绘制。

然而，图 3-3 显示，许多区域位于回归线的上方或下方，这表明相同水平的创新投入可能会转化为截然不同的经济绩效。

在表 3-2 中，各区域的全国加权平均年增长率按创新指数值进行了分类。虽然创新指数类别的值越高，平均增长率也越高，但每组的标准差也很高，这表明具有相似创新能力的地区的平均增长率存在很大差异（与以往的研究一致，如 Fagerberg 等，1997）。

通过使用异方差一致 OLS 对"简化"和"完整"模型进行估计，我们可以更好地理解创新投入与区域增长之间的关系，以及与相似创新投入相关的经济绩效差异。

表 3-2 以创新指数值对 1995～2003 年的全国加权平均增长率进行分类

创新指数	平均增长率	增长率的标准差
[0, 0.2)	0.900	0.377
[0.2, 0.4)	1.021	0.302
[0.4, 0.6)	1.187	0.444
[0.6, 0.8)	1.286	0.270
全部	0.962	0.369

资料来源：基于欧盟统计局数据自行计算。

在表 3-3 中，我们列出了"简化"模型的估计结果，为将周期性因素的影响降至最低，该模型考察了 1990～2003 年这一时期，但这也使我们可考察的变量和区域数量减少。

表 3-3 对"简化"模型的异方差一致 OLS 估计：

创新与地区增长绩效之间的关系（1990～2003 年）

	1	2	3	4
因变量：全国加权地区增长				
常数项	0.930*** (17.998)	0.883*** (12.93278)	0.972*** (15.36617)	0.925*** (17.924)
$\log(y_{95})$	−0.511*** (−3.067)	−0.551*** (−2.752)	−0.331 (−1.433)	−0.534*** (−3.117)
In_EXP	0.281* (1.763)			
In_PER		0.334*** (2.080)		
In_HPAT			0.149 (0.709)	
In_INNOV				0.266* (1.837)
调整 R^2	0.10	0.09	0.013	0.1
F 统计量	10.13***	6.40***	1.30	6.52***
Moran's I	−0.014	−0.018	−0.018	−0.019

注：括号内数字为 t 统计量，$n=101$；*、**和***分别表示 10%、5%和 1%的显著性水平。

资料来源：基于欧盟统计局和剑桥计量经济数据自行计算。

表 3-3 显示，初始人均国内生产总值的对数显著为负，这表明生产结构远离技术前沿的区域能够利用这一潜力，实现比其他区域更快的增长。然而，在解释区域经济绩效差异方面，模仿只是故事的一部分，因为本地创新投入也发挥着重要作用。在衡量创新投入的三个指标中，有两个指标（由创新指数的各个组成部分表示，表中第 1~3 列）显示出正向显著的系数——R&D 支出和 R&D 人员，然而高科技专利指数不然。但采用更广义的创新指数来衡量创新投入时（第 4 列），回归分析证实了地区经济增长与本地创新投入正相关的假设。创新指数的回归系数显著为正，F 统计量证实了模型的稳健性（与其他情况一样），调整 R^2 证实了变量间存在一定的联系。然而，在以更广义的创新指数来衡量创新投入时，我们必须注意，与国际层面经济绩效的横截面分析相比，区域层面对应的结果反映程度不同。在解释国家间经济绩效差异的作用时，创新可以解释总变异的份额更大（R^2 一般较高，但样本明显较小）（Fagerberg，1988），从而更容易将创新投入归为"主要驱动因素"。

正如我们在第 2 章中强调的那样，当这种方法被应用到区域层面时，有必要重新仔细考虑完整过程。因此，在这种情况下，鉴于经济地理学文献已经证明了各种因素的复杂性，我们的目的并不是要解释区域差异本身，而是要说明创新投入（"里斯本战略"和"欧洲 2020 战略"的基础）的影响受到当地社会经济环境各种特征的影响，从而对区域增长绩效做出不同的贡献。尤其是和我们面临一样的情况时，通过一组相对较少的解释变量分析欧盟地区的大样本横截面，必须从这一角度来评估 R^2 的解释力。

此外，我们还检验了模型是否存在多重共线性，方差膨胀因子（VIF）检验排除了这种可能。

下一步检验这些结果是否在估计"完整"模型时同样成立。根据 1995~2003 年欧盟 25 国几乎所有区域的数据，表 3-4 显示了"完整"模型的估计结果。初始人均收入的对数再次与平均增长率显著负相关，证明了模仿潜力对欠发达区域的影响。欧盟新成员国（较落后）的区域现在也被纳入了分析，第一个结果的确认是这些区域增长潜力的一个重要指标。此外，创新指数及其各个组成部分也显示了预期的（正）符号，而且都很显著，这证实了本地投入在创造和利用创新方面的作用。即使在"扩大后"欧盟样本中，创新活动也有利于经济绩效，但（正如"完整"模型设定使我们能够研究的那样）区域创新系统的结构在使这种投入有利于（或更不利于）增长方面产生了至关重要的差异化影响（这一点将在后续的章节中进一步详细讨论）。

表 3-4 "完整"模型的 H-C OLS 估计结果（1995~2003 年）

	1	2	3	4	5	6	7
常数项	0.885 *** (20.095)	0.740 *** (12.747)	0.888 *** (24.650)	0.753 *** (13.746)	0.726 *** (5.220)	0.516 ** (3.572)	0.607 *** (5.219)
log（y_{95}）	-0.162 (-1.129)	-0.485 *** (-0.096)	-0.435 *** (-2.807)	0.440 *** (-2.900)	-0.488 *** (-2.737)	-0.489 *** (-2.956)	-0.469 *** (-3.262)
In_ EXP	0.668 *** (2.465)						
In_ PER		0.929 *** (4.401)					
In_ HPAT			0.613 *** (3.389)				
In_ INNOV				1.207 *** (4.416)	1.342 *** (4.913)	1.011 *** (3.446)	0.876 *** (2.988)
Educ_ LLL					0.060 (0.553)		
Educ LF						0.379 *** (2.717)	
Educ_ POP							0.381 *** (3.089)
Accessibility					-0.053 (-0.678)	-0.090 (-1.185)	-0.153 ** (-1.976)
调整 R^2	0.042	0.11	0.07	0.11	0.12	0.15	0.16
F 统计量	5.15 ***	13.22 ***	6.71 ***	13.37 ***	7.53 ***	9.87 ***	10.01 ***
Moran's I	-0.021	-0.020	-0.020	-0.022	-0.020	-0.019	-0.018

注：括号内数字为 t 统计量，$n=181$；*、** 和 *** 分别表示 10%、5% 和 1% 的显著性水平。
资料来源：基于欧盟统计局和剑桥计量经济数据自行计算。

拥有高等教育学历的劳动力比例作为人力资本积累的代理变量，与平均增长率显著正相关。这一结果支持了区域"学习能力"在决定经济绩效方面的作用，它们有助于提高创新投入的生产率，促进创新的产生和扩散（如上一节所述）。与此相反，现阶段，可达性指数在统计上并不显著，这让人怀疑边缘化在创新转化为增长的过程中是否存在"直接"影响。下一节将进一步讨论这种关系。F 统计量拒绝了所有回归系数均为零的原假设。R^2 给出了模型的总体拟合优度（与"简化"模型估计结果的注意事项相同）。同时，对模型的这一设定进行了 VIF 检验，排除了多重共线性。

我们还用"受过高等教育的人口百分比"和"参加终身学习的成人百分比"代替"受过高等教育的劳动力百分比"，对人力资本水平的其他衡量标准进行了检验。前者显著，后者不显著。我们认为，人口教育成就系数的显著性可以解释为整个教育环境对创新过程的重要性，是与该区域的人力资源储备高度相关。而第二个变量不显著，可能与成人教育计划（所谓的终身学习计划）通常被作为解决长期失业问题的社会政策措施，而不是被作为切实更新技能和提供与创新过程相关知识的工具相关。

3.4.3 将创新转化为增长：创新投入与可达性和教育的交互作用

第 3.3.1 节中，我们介绍了在模型（3.1）中加入交互项而形成模型（3.2）和模型（3.3）。这一变化要求我们在解释参数及其显著性时需谨慎。交互项系数的目的是识别因变量（平均增长率）相对解释变量（创新投入）的边际效应取决于另一个解释变量（可达性或教育水平）的大小。从模型（3.2）和模型（3.3）中可以看出，相关系数为 β_5，当该系数为正时，意味着可达性更好［模型（3.2）］或劳动力受教育程度更高［模型（3.3）］的区域，创新投入的增加会带来平均增长率的更高增长。表 3-5 显示了模型（3.2）和模型（3.3）的估计结果。我们可以看到，在这两种情况下，交互作用系数的参数均为正。F 统计量再次让我们拒绝了所有回归系数都为零的原假设，R^2 也给出了模型的拟合优度。我们在解释系数的显著性时需要更加谨慎，因为我们不必分别检验 β_2 和 β_5 的显著性，而是要检验联合显著性 $H_0: \beta_2 = 0$，$\beta_5 = 0$（Wooldridge，2003）。为了检验这一联合显著性，我们采用了 Wald 检验，其结果如表 3-6a 和表 3-6b 所示，在 1% 的水平上拒绝了 H_0，从而得出结论，估计系数在两种情况下都是显著的。此外，Wald 检验并没有受到两个变量本身较低正交性的影响（VIF 检验已检测到），这反而会降低每个 t 值，使其变得不可靠。

表 3-5　对模型（3.2）和模型（3.3）的 H-C OLS 估计：交互项

		模型（3.2）	模型（3.3）
常数项	α	0.737* (2.991)	0.622* (2.554)
log（y_{95}）	β_1	-0.560* (-3.211)	-0.549* (-3.041)
ln_ INNOV	$\boldsymbol{\beta_2}$	**0.053****	**0.822****
Educ_ LF	β_3	0.210 (1.079)	0.196 (0.701)
Accessibility	β_4	-0.191 (-1.351)	-0.048 (-0.603)
ln_ INNOV * Accessibility	$\boldsymbol{\beta_5}$	**1.056****	
ln_ INNOV * Educ_ LF			**0.247****
调整 R^2		0.119	0.111
F 统计量		6.123*	5.755*
Moran's I		0.023	0.019

注：括号内数字为 t 统计量；* 表示 1% 的显著性水平，** 表示 Wald 检验中 1% 的显著性水平。
资料来源：基于欧盟统计局和剑桥计量经济数据自行计算。

表 3-6a　对模型（3.2）中系数 β_2 和 β_5 的显著性进行 Wald 检验：

创新（In_ innov）与可达性（Accessibility）的交互项

Wald 检验：

原假设：	β（2）= 0		
	β（5）= 0		
F 统计量	6.883	Probability	0.001
χ^2	13.766	Probability	0.001

表 3-6b 对模型（3.3）中系数 β_2 和 β_5 的显著性进行 Wald 检验：创新（*In_ innov*）与人力资本积累（*Educ_ LF*）的交互项

Wald 检验：			
原假设：	β（2）= 0		
	β（5）= 0		
F 统计量	6. 171001	Probability	0. 003
χ^2	12. 342	Probability	0. 002

实证分析证实了我们关于可达性在创新转化为经济增长中作用的假设。我们的研究结论与其他研究结论一致，因为可达性并没有直接进入增长方程 [见模型（3.1）、表 3-4]。然而，我们不能断定，可达性的作用完全是由与"边缘区位"相关的其他因素调节的，而这些因素无法独立衡量（例如，Richardson，1973）。

尽管如此，由于交互项系数，我们能够直接测量可达性的作用及其对创新过程的重要性。当考虑到可达性与本地创新投入的相互作用时（如上一节所述），可达性发挥了重要的、可量化的作用。通过风险最小化、增加接触新想法的机会、建立外部网络和获得广泛的多样性等机制，可达性提高可促进创新投入在经济增长方面的生产率。从模型（3.2）中可以看出，在其他条件相同的情况下，创新投入（$\Delta innovation$）的增加会导致平均增长率 $[\Delta(1/J\ln(Y_{i,t}/Y_{i,t-J}))]$ 与区域的可达性成正比（$\beta_2 + \beta_5 accessibility$）。

在我们看来，这一发现揭示了一些有趣的问题。以总效率而言，将创新投入集中在可达性更好的区域似乎会使平均增长率有更大的提高。然而，可达性更好的区域往往更发达，因此从模仿其他区域中获益较少。相反，代表模仿潜力的"技术差距"使创新活动对落后区域更有利。因此，在将创新投入转化为增长的过程中，似乎有两种对立的力量在起作用：一种与可达性有关，它降低了边缘区域本地创新投入的生产力；另一种与利用技术差距的潜力相关，它促进了欠发达区域的增长（另见 Rodríguez-Pose，2001）。

然而，必须指出的是，还有更多的力量在起作用，低可达性只是"创新厌恶"型社会过滤的一个特征。它降低了 R&D 投入的生产力，使落后区域无法充分利用其模仿潜力。通过承认现实世界过程的多面性，我们的实证研究结果至少为社会过滤的一个组成成分提供了一些启示。

对模型（3.3）的估计表明，教育与创新投入之间的相互作用可能与可达性相似。该模型表明，人力资本积累水平越高，创新能力的提高对经济增长的贡献就越大。因此，教育不仅能直接促进经济增长，如表 3-4 中对模型（3.1）的估计所示，而且还能提高本地创新活动的生产率，从而弥补了可达性低带来的负面影响。

3.5   结论

本章通过实证研究检验了欧盟区域创新投入与区域经济绩效的关系。根据理论分析，我们的结果表明不同的因素会影响区域将创新投入转化为经济增长的能力。研究发现，地理距离会降低本地创新投入转化为经济增长的能力。由于人力资本作为对低可达性的一种弥补，因此边缘区域的创新投入要想具备与核心区域一样的生产率，需要加大对人力资本的投资，这也可以使这些区域的社会过滤有利于创新。当这个机制应用于欧盟的新成员国时，我们可以理解关注人力资本对于开发其增长潜力为何是至关重要的，因为这些成员国的模仿潜力仍然很大，同时其中一些国家可能受益于相对较好的（和不断改善的）可达性。

在下一章中，我们通过构建能反映区域创新系统条件的更有效的代理指标，讨论成功创新过程所需的社会经济条件。第 5 章考察了边缘性与创新能力之间的关系，进一步检验知识溢出及其空间范围。

第4章 社会经济条件的作用

4.1 引言

第3章所进行的探索性分析已经表明，欧盟区域经济基于创新的可持续经济增长模式成功的关键依赖于创造和获得创新的能力。R&D活动不均衡的地理分布使得一些地区而非其他地区具有竞争优势。

与此类实证证据相一致的是，区域、国家和超国家的政策——不仅在欧盟，也在美国（这将在第6章中讨论）——致力于发展"知识经济"，主要以各种形式支持研发活动，这些政策既是"生产"新知识的需要，也是在经济上利用已有知识的需要（Cohen和Levinthal，1990）。

然而，这些政策仅重视R&D活动，却忽视了影响创新转化为区域增长的另一个重要因素。正如创新系统（Lundvall，2001）、区域创新系统（Cooke等，1997）和学习型区域（Morgan，2004；Gregersen和Johnson，1996）理论所强调的，一个成功的创新过程取决于地方结构和制度因素，它们塑造着特定地理环境的创新能力（Iammarino，2005，第499页）。从区域内的社会经济过滤角度来看，创新"易发"和创新"厌恶"社会的思想也起着重要的作用。

本章聚焦于这些因素，以表明尽管区域增长受到本地创新活动的影响，并从外部知识流动中受益（这些流动会因地区连通性增加而得到改善），但社会经济条件扮演的关键角色不容忽视。本地经济的创新系统不仅影响创新的"产生",而且还影响着(非编码的)知识扩散的范围和效率。基于此,我们的分析将 R&D、知识流动和创新系统理论整合到一个模型中,来证明在设计基于创新的区域发展政策时,需要考虑地区社会经济因素。此外,本章构建了分析欧盟区域创新系统条件的理论和实证工具,为我们深入了解欧盟社会经济劣势地理提供了一些有趣的见解。

　　本章内容共 4 节。第 2 节引入欧盟区域经济社会条件的实证分析。第 3 节设定实证模型并对实证结果进行讨论。最后一节初步总结了一些经济政策启示,这些政策启示还将在第 7 章、第 8 章和第 9 章展开进一步讨论,其中分析区域经济绩效的综合框架将被用于政策分析。

4.2　欧盟区域的社会经济条件及其创新绩效

4.2.1　区域创新系统的实证定义:社会过滤

　　第 2 章在构建区域增长动力实证分析的理论框架,为区域发展的综合方法奠定基础的同时,提出了创新过程需要比"技术差距"和"内生增长"文献更广阔的视角,不仅强调了创新系统方法所提供的见解,还强调了其对案例研究分析的方法取向。因此,区域创新系统中重要定性的"本地化结构和制度"组成部分需要在实操上转化为一组可测量的区域环境特征。

　　然而,从定义上看,"创新系统"是一个复杂且多维的概念,它不仅涉及制度密度,而且在动态意义上还涉及创新主体之间互动的性质和强度,这些互动难以被一般化。此外,以定量方式同时覆盖大量区域的实证分析时(如果我们要得出相关结论,例如关于欧盟区域政策制定,这是必要的),与创新系统相关的可用统计信息非常有限。因此,考虑将创新系统文献整合到横截面增长的实证分析时,有必要通过关注"外部化学习和创新发生的外部条件"(Cooke,1997,第485 页)来识别出创新易发区域社会经济结构中的一些结构性规律,这些条件可以在创新系统中被识别出来,并且可以基于这些条件制定创新策略。换句话说,与其尝试"展示"创新系统本身,我们不如在一个定量框架中找寻一组代理变量,这些代理变量是"使某些行为比其他行为更易发生的条件"(Morgan,2004)。我们将这些条件定义为"社会过滤",或者换句话说,每个空间中"创新性和保守性成分的独特组合,即那些促进或阻碍区域创新系统成功发展的因素"(Rodríguez-Pose,1999,第82页)。

特别地,塑造一个区域创新系统的变量似乎与三个主要方面相关(考虑到在大样本区域横断面数据可得性限制①):教育成就(Lundvall,1992;Malecki,1997)、人力资源的生产性就业和人口结构(Fagerberg 等,1997;Fischer 等,2009c;Rodríguez-Pose,1999)。第一,高等教育成就(包括人口和劳动力)和参与终身学习计划②被视为地区层面技能积累的代理指标。第二,主要包括农业劳动力的百分比和长期失业率,以表示被排除在生产性就业之外的人力资源数量。一方面,长期失业率代表了那些由于技能不足而难以持续在劳动力市场中有效参与人群的比例(Gordon,2001)。另一方面,尤其是在欧盟的新成员国中,农业就业几乎是"隐性失业"的代名词(Fabiani,1991;Crescenzi,2004)。第三,15~24 岁人口的百分比作为进入劳动力市场新资源流的代理指标,代表着"更新"已有的知识和技能库的潜力。③

表4-1 展示了欧盟 25 国"社会过滤"中有关代理变量的描述性统计。从表中可以发现,欧盟各地区在社会经济条件方面存在很大差异。

表 4-1 社会过滤变量的描述性统计

变量	平均值	标准差	变异系数	最小值	中位数	最大值	区间
受教育人口	0.125	0.054	43.270	0.042	0.122	0.259	0.217

---

① 关于数据可得性的说明请参见附录 A。

② "终身学习方法是提升公民身份、社会凝聚力、就业以及个人成就的重要政策战略"(欧盟委员会,2002,第4页)。在里斯本议程目标框架下,通过终身学习计划,欧盟委员会旨在使人们的知识和技能能够与职位和职业需求变化、工作场所组织和工作方法相适应(欧盟委员会,2002,第5页)。

③ 欧盟委员会明确指出了人口老龄化所带来的挑战,特别是当各国及区域需依靠知识型社会的益处,并将投资人力资本作为一种抵消老龄化对创新绩效负面影响的工具时,"未来的老年工作者群体将从更高水平的培训中受益,这降低了因老龄化而造成新技术扩散速度放缓的风险"(欧盟委员会,2006,第6页)。

续表

变量	平均值	标准差	变异系数	最小值	中位数	最大值	区间
受教育劳动力	0.187	0.073	39.040	0.061	0.187	0.433	0.372
终身学习	0.055	0.048	87.020	0.002	0.040	0.207	0.205
农业劳动力	0.098	0.094	95.230	0.001	0.072	0.456	0.456
长期失业率	0.464	0.121	26.160	0.030	0.462	0.737	0.707
年轻人口	0.133	0.027	20.330	0.087	0.127	0.214	0.127

资料来源：欧盟统计局数据—166 个区域。

图 4-1a～图 4-1f 提供了这些变量空间分布的一些有趣发现。图中的各箱线图展示了分析起始年（1995 年）上述社会经济变量在成员国之间的分布情况。

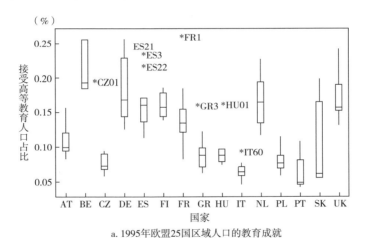

a. 1995年欧盟25国区域人口的教育成就

b. 1995年欧盟25国区域从业人员的教育成就

图 4-1 描述性统计

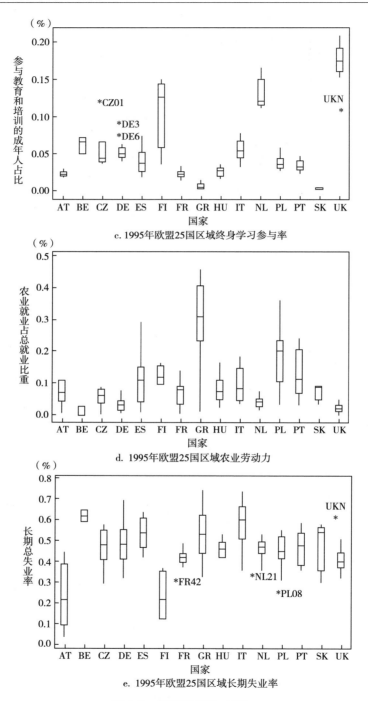

c. 1995年欧盟25国区域终身学习参与率

d. 1995年欧盟25国区域农业劳动力

e. 1995年欧盟25国区域长期失业率

图4-1 描述性统计（续）

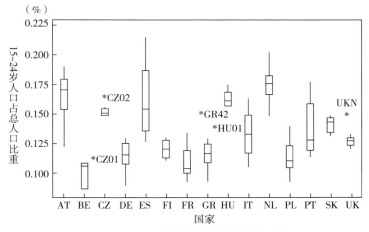

f. 1995年欧盟25国区域年轻人占比

图4-1 描述性统计（续）

关于受教育变量（涉及人口和劳动力）（见图4-1a~b），图中凸显了三组成员国之间的差异：欧盟15国国家、欧盟15国的落后国家（意大利、葡萄牙和希腊）以及欧盟的新成员。平均而言，第一组显示出更高水平的人力资本积累以及更显著的内部区域差异。其他两组低于教育成就的平均水平，内部变异程度不那么显著（斯洛伐克共和国除外）。成年人参与教育和培训的国家间变异性较小（见图4-1c）。只有芬兰、荷兰和英国的水平显著高于平均值，这归因于这些国家实施了广泛的成人教育计划，这些计划是通过保持劳动力的知识基础更新来解决失业问题的重要前提。然而，欧盟委员会（2002）强调了鼓励劳动力市场中最弱势群体参与这些计划所遇到的问题，并强调了这些计划的有效性在很大程度上依赖于参与者之前的正规教育经历。因此，这个变量在塑造区域社会过滤条件及其分布方面的贡献，需要与上述讨论的（正式）教育变量一同考虑。

图4-1d展示了各国农业就业在总区域就业中占比的分布。在欧盟15国中，除希腊外，国家平均值之间没有显著差异，在欧盟25国中，波兰是个例外。更重要的是这个指标围绕其平均值的变异性，这凸显了各个国家城乡经济分割的程度以及一些地区对农业收入和就业的依赖程度。如本节前面所讨论的，如果区域就业在农业上的集中可以被视为人力资源未被充分利用的一个迹象，那么区域长期失业率（见图4-1e）则提供了关于失业分层和持久性的互补信息，这种失业

会因缺乏一定技能而增加。

欧盟国家长期失业率的平均值非常相似（奥地利和芬兰除外），中东欧国家在这个指标上表现相对较好，而比利时、希腊、意大利和西班牙的长期失业占总失业的比例最高。

图 4-1f 比较了欧盟成员国中年轻人口百分比的分布，反映出这些国家人口趋势的不同。平均而言，欧盟 15 国中的奥地利、荷兰和西班牙以及新成员国的捷克共和国和匈牙利拥有相对更有利的人口结构，而其他所有国家显示出较低（且相似）的年轻人口比例。这个指标在每个国家内部的区域差异也特别明显。

总体来看，通过对所有"社会过滤"指标分布的总体考察，可以明显看出，除了伴随着不同的"国家"特性（国家平均值的变异性），还出现了相关的区域差异（国内的变异性）。因此，即便是平均值差异很大的国家，其区域也可能在某个特定指标上表现出相似的高值或低值。

因此，这些变量被假设为刻画了社会过滤多维概念的一个"侧面"。同时要认识到"社会过滤"概念的综合性以及每个构成成分的独立性，主成分分析（PCA）[①] 被应用于上述变量集，以达成两个目标：第一，主成分分析允许我们在二维空间中代表原始变量集提供的大部分全局信息。依此测度产生了基于社会过滤条件的欧盟区域的第一个"分类"。第二，PCA 将它们"简化"为一个单一变量来表征每个区域空间社会过滤条件的"联合"测度，该变量能够充分保留原始信息（变异性）。同时，还可以处理多重共线性问题，避免在回归模型中同时包含（高度相关的）每个社会过滤变量。

表 4-2a 和表 4-2b 展示了主成分分析的输出结果。

表 4-2a　主成分分析：相关矩阵的特征值分析

	PC1	PC2	PC3	PC4	PC5	PC6
特征值	2.589	1.272	0.908	0.642	0.566	0.023
占比	0.431	0.212	0.151	0.107	0.094	0.004
累计	0.431	0.643	0.795	0.902	0.996	1

---

① PCA 方法见附录 C。

表 4-2b 主成分分析：主成分系数

变量	PC1	PC2
受教育人口	0.576	−0.224
受教育劳动力	0.554	−0.313
终身学习	0.395	0.260
农业劳动力	−0.430	−0.285
长期失业率	−0.140	−0.459
年轻人	0.019	0.701

相关矩阵的特征值分析（见表 4-2a）显示，第一主成分（PC1）单独解释了总方差的 43% 左右，其特征值明显大于 1，第二主成分（PC2）解释了总变异性另外的 21% 左右，其特征值仍然大于 1。因此，前两个主成分解释了总变异性的绝大部分（约 64%）。

第一主成分的系数（见表 4-2b）通过赋予人口教育成就（0.576）和劳动力教育成就（0.554）以及参与终身学习计划（0.395）较大的权重，刻画了社会过滤的教育维度。正如预期的那样，农业劳动力被赋予负权重（−0.430），长期失业的负权重系数则较小（−0.140）。年轻人在第一主成分中的权重（0.019）更小。相反，第二主成分通过赋予教育（除终身学习外）和自愿就业变量相对较小的负值，与年轻人变量较大的正系数形成对比，明确地反映了人口结构这一维度。

第一主成分将为每个区域的社会过滤提供"联合测度"，并将其称为"社会过滤指数"。因此，第一主成分的得分是根据表 4-2b 中 PC1 列出的系数，由原始变量的标准化①值计算得出。第二主成分与代表社会过滤变量的第一主成分在二维空间中构成散点图（见图 4-2）。如上所述，第二主成分将年轻人在总人口中的比例与区域社会过滤的其他特征形成对比，出于解释的目的，可以称之为"人口活力指数"。

---

① 标准化以使范围从 0 到 1。

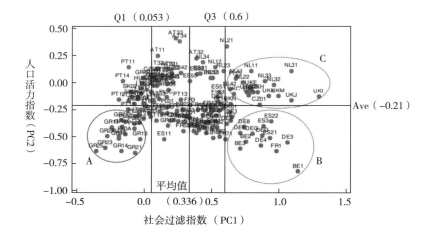

图 4-2　社会过滤：第一主成分与第二主成分的对比

4.2.2　欧盟区域的社会过滤条件

如图 4-2 的散点图所示，主成分分析提供了对欧盟地区社会经济"基础"的首次描述。对于每个区域，在 X 轴上绘制第一主成分的得分，在 Y 轴上绘制第二主成分的得分。如前文所述，前两个主成分解释了原始变量全局"信息"的绝大部分。因此，图 4-2 中的散点图明确反映了欧盟区域在"社会过滤"条件方面的相对位置。

社会经济条件越有利（社会更易于创新），第一主成分（社会过滤指数）的得分越高。这意味着区域在 X 轴上按其社会过滤指数的值排序，使得创新易发区域出现在图表的最右侧。与其他社会过滤组成部分相比，第二主成分（人口活力指数）的值在年轻人口比例较高的区域更高（这是唯一一个系数较大且为正的变量）。因此，Y 轴主要以区域人口活力进行划分，与 X 轴形成对比。例如，两个具有相近社会过滤指数值的区域（因此在 X 轴上位置非常接近）可能具有不同的人口活力，因此在 Y 轴上彼此远离。图 4-2 表明，人口活力指数在社会过滤指数中间值时的变异性往往较低（从而突出了这些区域更同质的人口结构），而随着社会过滤指数的变低或变高，变异性增大。社会过滤指数（PC1）的低值（低于四分之一分位数—Q1）和高值（高于四分之三位数—Q3）以及人口活力指数（PC2）在图中形成了三个独特的区域群体。相反，当社会过滤指数处于中间值时，不存在特别的模式。

图 4-2 左侧聚集的社会过滤指数较低区域显示出较弱的人口活力，表明人口老龄化是其普遍不利社会过滤条件的一个突出特征（图中 A 组）。在社会过滤指数分布的高值区，人口活力指数（PC2）可以区分出另外两个群体：①普遍有利社会过滤条件与老龄化人口相对应的区域（B 组）；②与之相反，人口活力相对更强的区域（C 组）。C 组区域受益于有利的社会过滤和年轻人占比较高的有利人口活力，而 B 组区域因其他社会过滤指标表现更好，弥补了人口结构不利的缺陷。相反，A 组区域的人口老龄化过程没有得到其他更有利方面的弥补。欧盟委员会（2006）强调，弥补人口老龄化对生产力和就业负面影响的最有效的手段是对人力资本进行投资，然而，在 A 组区域，人力投资往往也很低。

总的来说，在解释人口活力指数的含义时，需要铭记的是，欧盟人口活力的很大一部分是由远远超过了欧盟人口自然增长率的移民流动产生的（欧盟委员会，2006）。1990 年后，净移民已成为欧盟 25 国人口增长的主要来源："自 2000 年以来，欧盟 25 国超过 3/4 的人口增长是由净移民造成的。然而，虽然前欧盟 15 国的人口增长主要由国际移民驱动，但新成员国的净移民（仍然）可以忽略不计"（欧盟统计局，2006，第 46 页）。因此，人口活力指数（PC2）主要突出了不同的移民趋势：一些区域受益于向内迁移的流动，这种流动增加了年轻人在总人口中的比例（图中较高的部分），而在其他地区，普遍存在低出生率和人口自然老龄化（图中较低的部分）。

这种根据社会过滤条件对欧盟地区进行的"分类"，反映了欧盟社会经济地理的潜在多样性，图 4-3 对此进行了更直接的分析。

图 4-3 绘制了每个区域的社会过滤指数及其对创新易发区域的可达性（即邻近区域社会过滤指数的加权平均距离）的对应关系①。换句话说，该图将本地社会过滤条件与邻近区域的社会过滤条件进行了比较，以突出区域竞争劣势分布的空间格局。这种空间格局在图 4-2 中得到了清楚的揭示，禀赋较差的区域的邻近（图的左侧）往往具有不利地位，而创新易发区域（图的右侧）的邻近往往

① 将这一变量纳入回归模型中的理由将有更详细的讨论。

同样有利于创新的发展和吸收。换言之，具有更有利社会经济条件的区域也受益于更好的对邻近创新"易发"区域的"可达性"，而由于不利因素的空间集中，处于劣势的地区进入优势地区的直接途径往往较少。第4.4节的实证模型评估了这些社会经济因素的特定地理是否对本地的经济绩效产生影响。

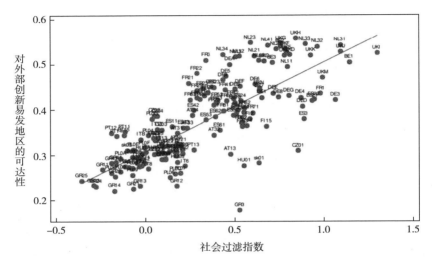

图4-3　内部与外部社会经济条件

4.2.3　社会过滤指数及其与 R&D 支出的关系——四种区域类型及其增长绩效差异

如第 2 章所述，社会经济条件与本地创新活动的相互作用会对区域经济绩效产生特定影响。图 4-4 对本地创新投入（以 R&D 支出为代理变量）与社会过滤条件（以社会过滤指数为代理变量）之间所有可能的组合进行了可视化展示。

理论分析表明，在创新易发的社会经济环境中进行大量的创新投入，经济成功的"最佳条件"就会得到满足（图 4-4 的右上象限）。相反，当"不利的社会过滤条件和创新投入不足"共存时，似乎会严重阻碍经济绩效的提升。在这种情况下，由于不适宜的环境以及 R&D 投入不足，本地经济受到负面影响。除了这两种相反的情况外，还可能存在多种中间情形。特别是，一个具备有利"社会过滤"的区域可能会进行"次优 R&D 投入"，或者在不利的社会经济环境中进行大量 R&D 投入，即所谓的"R&D 与本地条件脱节"。在前一种情况下，该分析提出了从知识溢出中受益的可能性，这可能部分地弥补了本地投入的不足。相反，在后一种情况下，R&D 投入则面临产生"在沙漠中建教堂"的风险。

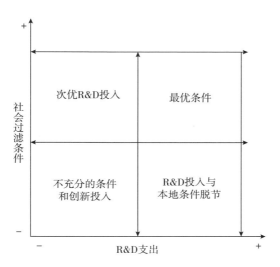

图 4-4　地方创新投入与社会过滤条件

与此分析框架相一致，图 4-5 绘制了欧盟区域观察到的 R&D 支出与社会过滤指数相应值的关系图。

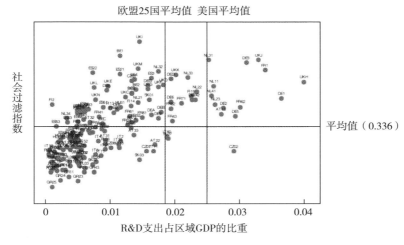

图 4-5　R&D 支出和"社会过滤"条件

我们注意到，欧盟绝大多数落后地区都聚集在图的左下角：R&D 投入不足和不利社会过滤条件的组合可能导致它们的经济劣势。相反，创新领导者聚集在图的右上角：在这些区域，创新投入找到了最适宜的社会经济环境，使它们的领导地位成为可能。这一群体包括：德国的柏林、巴登—符腾堡、巴伐利亚和（在较小程度上）不来梅，整个英格兰东南部，法国的法兰西堡和南部—比利牛斯地区。在这两个"极端"之间，可以观察到与不同的经济结果相关的各种本地投入和社会条件可能的中间组合。这类证据表明，绝大多数欧盟地区同时受到社会过滤条件不足和创新投入不足的影响（即使每个因素都有其特定的地区组合）。这些地区在这两个指标方面的不足程度可以根据欧盟的平均水平进行评估，对于 R&D 支出（可能的情况下），也可以根据美国的平均水平进行评估（两者均在图中突出显示）。这种情况的异质性及其与区域增长绩效的关系，有待通过回归分析进行更深入的研究。

4.3 欧盟区域增长绩效的实证模型

4.3.1 模型设定

在前面的章节中，我们指出，创新过程的一个重要部分依赖于三个关键因素：内部创新投入、社会嵌入因素和空间有界的知识溢出。本节将这些因素纳入一个正式的实证模型中，以研究本地的创新投入如何转化为区域增长，并评估创新系统和知识溢出在这一过程中的作用。

如表 4-3 所示，该模型将第 2 章中讨论的机制（第 3 章已进行了初步分析）结合到一个共同的"综合"分析框架中，以评估其实证相关性及相互作用。与此相一致，我们对欧盟区域（在这里，创新被认为是区域增长绩效的关键决定因素）内生增长模型的标准设定进行了扩展，以考察区域创新系统的"固有"特征以及邻近区域创新活动和结构性社会经济特征所产生的"溢出效应"。

表 4-3　基于区域增长动力"综合"方法的实证模型构成

	内部	溢出
R&D	本区域的 R&D 投入	邻近地区的 R&D 投入
区域创新系统	区域创新系统	邻近区域的区域创新系统
人均 GDP	初始条件和潜力的代表	邻近区域的初始条件
国家效应	控制了国家虚拟变量	

将式（2.5）的"初始"模型扩展为完整的估计模型：

$$\frac{1}{J}\ln\left(\frac{Y_{i,t}}{Y_{i,t-J}}\right) = \alpha + \beta_1 \ln(y_{i,t-J}) + \beta_2 RD_{i,t-J} + \beta_3 Socfilter_{i,t-J} + \beta_4 Spillov_{i,t-J} +$$

$$\beta_5 ExtSocFilter_{i,t-J} + \beta_6 ExtGDPcap_{i-J} + \beta_7 D + \varepsilon \tag{4.1}$$

其中，$\frac{1}{J}\ln\left(\frac{Y_{i,t}}{Y_{i,t-J}}\right)$ 是分析期（$t-J$，t）期末和期初区域 i 人均 GDP 的比值对数变换；α 是常数项；$\ln(y_{i,t-J})$ 是分析期期初（$t-J$）区域 i 人均 GDP 对数；$RD_{i,t-J}$ 是分析期（$t-J$）区域 iR&D 支出占国内生产总值的百分比；$Socfilter_{i,t-J}$ 代表"社会过滤"，为区域 i 社会经济条件的代理变量；$Spillov_{i,t-J}$ 是衡量邻近区域创新来源可达性的指标；$ExtSocFilter_{i,t-J}$ 是衡量邻近区域"社会过滤"的指标；$ExtGDPcap_{i-J}$ 是衡量邻近区域人均 GDP 的指标；D 是国家虚拟变量；ε 是误差项。

人均 GDP 的初始水平——按照文献中创新与增长关系的惯例，在模型中采用了人均国内生产总值的初始水平，以说明该区域现有知识的存量。

R&D 支出——R&D 占区域 GDP 的百分比用来测量每个区域为产生创新进行的经济投入。

社会过滤——作为社会经济条件的代理变量，我们在模型中引入了 4.2.1 节中讨论的"社会过滤指数"，并通过主成分分析进行计算。

溢出效应——反映了除"内部"创新外，外部创新影响区域经济绩效的能力。为此，我们提出了一个衡量"邻近区域"创新活动可达性的指标，并通过标准化的"创新可达性指数"将其引入分析。该指数是对每个区域可"到达"的"创新活动"（按全国加权计算的 R&D 活动投资，单位为百万欧元）的潜在衡量标准，其"成本"随距离的增加而增加。

我们的指数基于可达性指数的常用公式：

$$A_i = \sum_j g(r_j) f(c_{ij})$$ (4.2)

其中，A_i 是区域 i 的可达性，r_j 是区域 j 中要到达的活动 R，c_{ij} 是从区域 i 到达区域 j 的广义成本，$g(\cdot)$ 和 $f(\cdot)$ 是"活动"函数（即要到达的活动或资源）和"阻抗"函数（即达到特定活动的投入、成本或机会）。在该指数中，要到达的"活动"是 R&D 支出，因此 $g(r_j) = (R\&D_j)$，"阻抗"是区域 i 和区域 j 之间的双向通勤时间：

$$f(c_{ij}) = \begin{cases} w_{ii} = 0 & if \quad i = j \\ w_{ij} = \dfrac{d_{ij}}{\sum_j \dfrac{1}{d_{ij}}} & if \quad i \neq j \end{cases}$$ (4.3)

其中，d_{ij} 是区域 i 和区域 j 之间的平均通勤时间（以分钟为单位），w 是对应的逆距离权重。

我们的分析基于由欧盟委员会提供的 IRPUD（2000），用于计算边缘化指标的通勤时长。[1] 我们选择了道路距离，而不是直线距离，因为（特别是在较小的尺度上）它能更真实地反映跨距离交流的更贴合实际的"成本"。此外，使用通勤时长而不是公里数使我们能够考虑"不同的道路类型、国家限速、城市和山区的速度限制、海上旅行、边境延误（……），城市地区的拥堵也一样"（IRPUD，2000，第 22 页），这严重影响了现实世界的互动。

因此，区域外部的知识流入量由所有其他区域的 R&D 支出按双边通勤距离倒数加权的平均数表示。然后，对结果变量进行标准化处理，使其范围变为从 0 到 1，以便与社会过滤指数进行比较。在本章中，知识溢出被假定以线性方式随距离衰减：所有欧盟区域的 R&D 活动都被其通勤距离倒数赋予权重。这部分分析的目的是通过实证检验证实局域溢出效应的存在，并评估其与社会过滤条件的相互作用。第 5 章专门分析了知识流动的距离衰减过程，并通过逆距离加权矩阵中的不同临界值"测量"知识流动的空间范围。第 5 章对知识溢出的空间边界进

---

[1] 由于时间距离矩阵是在 NUTS1 或 NUTS2 层面计算的，为了使其与我们处于不同 NUTS 层面的数据相符合，我们使用的 NUTS 距离矩阵，NUTS2 中人口密度最高的区域对应 NUTS1 中的比利时、德国和英国。

行了详细分析，也对这一变量进行了不同的设定。

邻近区域的社会过滤——我们按照相同方式为每个区域计算了所有其他区域社会过滤指数的逆距离加权平均值，从社会过滤角度评估创新易发区域对相邻地区的溢出效应。因此，$f(c_{ij})$ 与式（4.3）保持一致，此时：$g(r_j)$ 变成社会过滤指数。

邻近区域的 GDP——采用同样的加权方式，以引入邻近区域的初始经济条件（人均 GDP）。此变量说明了靠近相对"发达"区域的优势，这可能会增加模仿的潜力。在这种情况下：$g(r_j)$ 表示式（4.3）中的人均 GDP。

4.3.2　模型估计

在本节中，我们通过异方差一致 OLS 来估计上述模型。空间相关性（即相邻观测值误差项之间缺乏独立性）违反了传统回归分析的假设，需要在实证模型的规范中采取适当的"补救措施"。文献中提出了几种替代策略，但对"最佳"解决方案没有达成共识。在实证文献中，通常在模型中以空间滞后因变量的形式引入其他回归变量。然而，在这种情况下，纳入空间滞后相关变量本质上会改变实证模型的结构，迫使我们依赖于一套非常具体的关于知识溢出扩散的假设，这在理论分析中并不完全合理。并且在任何情况下都将排除对估计系数的任何其他条件下的解释（Anselin，2003，第 158 页）。因此，为了尽量减少空间自相关的影响，我们在分析中引入一组考虑"国家固定效应"的虚拟变量，这反过来解释了相邻区域之间相似性的一致部分。此外，通过在分析中引入空间滞后变量，我们旨在明确反映相邻区域之间的相互作用，最大限度地减少其对残差的影响。由于 Moran's I 检验（以模型的每一种规范计算）未检测残差中的空间自相关，我们认为，"国家"变量和空间滞后解释变量的组合能够捕获数据总体空间变化的重要部分。另一个主要问题涉及内生性问题，我们在模型中引入（$t-J-5$）至（$t-J$）期间的平均值作为解释变量的值，平均增长率则是从（$t-J$）到 t 期计算得到[①]。此外，为了解决不同变量计量单位的问题，每个区域的解释变量都以占

[①]　考虑到新成员国的数据可得性，我们无法计算解释变量每五年（$t-J-5$）的平均值，因此我们不得不使用较短的时间跨度。在欧盟 15 国中的一些国家，根据每个变量的数据可得性，使用了略不同的时间跨度。具体每个变量的说明将占用太多篇幅。

各自国内生产总值或人口的百分比表示。

实证模型是对 1995~2003 年期间的估计，包括所有可获得区域数据的欧盟 25 个成员国（关于数据集的进一步详情，见附录 A）。

4.3.3　创新、溢出和社会过滤：实证结果

表 4-4 列出了上一节中设定的实证模型的估计结果。其中，在回归 1~3 中，逐步引入了"社会过滤"和"外部创新来源的可达性"变量。在回归 4~9 中，社会过滤的各个组成部分分别被引入模型中。在回归 10~12 中，评估了邻近地区在社会过滤和经济财富方面的禀赋效应。

R^2 水平给出了所有回归的整体拟合优度，并且在所有情况下，F 统计量的概率都让我们拒绝所有回归系数为零的假设。对模型具体设定中包含的所有变量进行了 VIF 检验，结果表明不存在多重共线性问题。此外，我们还测试了残差中是否存在空间自相关，Moran's I 统计量排除表中所有回归存在这种问题的可能性。

通过对表 4-4 的整体考察，我们注意到，人均 GDP 的初始水平仅在少数情况下是显著的，这表明在所分析的时期内，区域趋同和趋异均没有得到验证。只有在控制社会条件时（回归 3、回归 10、回归 11 和回归 12），才有证据表明存在较弱的区域趋同。

在所有回归中，本地 R&D 支出总体上与经济增长呈现出显著的正相关关系，这与类似的研究结论一致（Bilbao-Osorio 和 Rodríguez-Pose，2004；Cheshire 和 Magrini，2000；Crescenzi，2005；Fagerberg 等，1997；Fischer，2010；Rodríguez-Pose，1999、2001）。当将这两个因素放在一起考虑时（回归 1），当地 R&D 支出的系数为正且显著，而获得邻近区域创新的溢出不显著。可见，相较于依赖邻近区域的知识溢出效应，R&D 支出似乎是实现经济增长的一种更有效的手段。

然而，本地的 R&D 投入本身并不是实现更大增长的保证：在控制了社会条件（"社会过滤"变量）之后，这种关系并不总是稳健的。回归 2 显示，相较本地 R&D 投入，本地社会经济条件能够更好地预测区域增长。社会过滤变量总是与经济增长正相关，并且在统计上显著。这表明，区域创新系统条件是地方创新能力的关键资产。地方"创新能力"有时更好地由一种易于对地方创新投入"质量"产生影响的良好社会过滤来反映，而不是由用于 R&D 投入的资源数量来

表 4-4　实证模型的异方差一致 OLS 估计：R&D、社会过滤和知识溢出

区域增长率 (1995~2003 年)	1	2	3	4	5	6	7	8	9	10	11	12
常数项	0.123*** (0.028)	0.094*** (0.026)	0.122*** (0.028)	0.113*** (0.026)	0.107*** (0.026)	0.097*** (0.027)	0.085*** (0.030)	0.090*** (0.029)	0.108*** (0.027)	0.121*** (0.028)	0.122*** (0.028)	0.121*** (0.028)
GDP 的对数	-0.006 (0.004)	-0.003 (0.003)	-0.007* (0.004)	-0.006* (0.003)	-0.005 (0.003)	-0.003 (0.003)	-0.002 (0.004)	-0.003 (0.003)	-0.004 (0.003)	-0.007* (0.004)	-0.006* (0.004)	-0.008* (0.004)
R&D 支出	0.142 (0.121)	0.268** (0.117)	0.179 (0.122)	0.137 (0.121)	0.166 (0.121)	0.256** (0.123)	0.266** (0.118)	0.265** (0.118)	0.255** (0.117)	0.188 (0.121)	0.177 (0.122)	0.191 (0.123)
社会过滤指数	0.011** (-0.009)		0.011** (0.005)								0.011** (0.005)	0.011** (0.005)
对邻近区域创新的可达性		0.013 (0.008)	0.014* (0.008)	0.013* (0.008)	0.014* (0.008)	0.013* (0.008)	0.012 (0.008)	0.013 (0.008)	0.014* (0.008)	0.014* (0.008)	0.014* (0.008)	0.014* (0.008)
国家虚拟变量	×	×	×	×	×	×	×	×	×	×	×	×
社会过滤单个组成:												
受教育人口				0.017*** (0.005)								
受教育劳动力					0.019*** (0.007)							
终身学习						0.004 (0.011)						
农业劳动力							0.004 (0.007)					

续表

区域增长率 (1995~2003年)	1	2	3	4	5	6	7	8	9	10	11	12
长期失业率								0.002 (0.006)				
年轻人									-0.009 (0.006)			
邻近区域的社会过滤											0.013*** (0.006)	
对创新易发空间总的可达性											0.008 (0.006)	
对创新易发邻近区域的可达性												8.8E-07
对富裕邻近区域的可达性												-0.000
R^2	0.665	0.659	0.672	0.681	0.676	0.66	0.66	0.659	0.665	0.67	0.672	0.672
调整 R^2	0.626	0.62	0.631	0.642	0.636	0.618	0.618	0.618	0.624	0.63	0.629	0.63
F	17.27	16.84	16.7	17.45	17.03	15.82	15.85	15.81	16.19	16.61	15.72	15.77
Moran's I	-0.019	-0.019	-0.019	-0.019	-0.020	-0.019	-0.020	-0.020	-0.020	-0.019	-0.019	-0.019

注: *、**和***分别表示10%、5%和1%的显著性水平。

体现。此外，如果结合本地条件考虑 R&D 投入和获得知识外溢的机会，"社会过滤"的相关性就会得到加强（回归 3）。由于知识也可能从区域外流入（既以编码知识的形式，也以外溢的形式），而本地社会经济条件由于能够使所有知识来源转化为成功的创新和经济增长，其可能才是真正的差异化竞争因素。对社会过滤的各个子组成部分的分析揭示了人口和劳动力的受教育禀赋的具体重要性（回归 4 和回归 5）。相比之下，其他社会过滤变量在模型中单独引入时在统计意义上并不显著（回归 6~9）。

邻近区域创新的可达性（知识溢出的代理变量）与区域增长绩效正相关且统计上显著，特别是在与社会经济条件的适当测度相关联的情况下。这证实了知识外溢通过增加该区域现有的"知识库"，增强本地创新活动的效果，甚至在一定程度上可以弥补本地创新活动的不足。因此，在其他条件相同的情况下，邻近创新易发区的区域比邻近创新厌恶区的区域更有优势。相反，邻近区域的社会经济禀赋（回归 11）和经济财富水平（回归 12）似乎对当地经济绩效没有显著影响。邻近区域社会过滤只有在与"内生"特征一并考虑时才有意义，如在回归10 中，将该区域的特征及其邻近地区的特征纳入一个单一变量来考虑创新易发空间的总体可达性。

根据这些结果可知，一个区域在经济绩效方面的潜力通过本地 R&D 投入得到提高，但只有当存在良好社会过滤（更好地预测经济增长）时才能实现效应最大化。接受邻近区域的 R&D 溢出效应是另一个额外重要的优势来源，在任何情况下，这都需要适宜的社会基础，以便有效地转化为新的创新和经济增长。

4.4　结论

本章根据第 2 章对发展的各种文献分支理论观点的整合，通过关注创新过程中不同但互补的力量，一方面能够解释一系列社会经济背景因素对创新过程的重要作用（不仅限于前一章的人力资本积累），另一方面能够克服许多旨在改善这些因素的现有实证分析的案例研究方法。如此，我们可以分析欧盟区域创新动力的规律性及其"社会过滤"前置条件，并绘制出欧盟范围内竞争劣势来源的定量图。此外，在回归框架中，实证分析不仅证实了内部创新投入的重要性，更重要的是，还证实了本地社会经济条件对整个欧盟区域创新的产生、吸收及其转化为经济增长的重要性。

我们的研究结果表明，尽管创新产出会溢出到相邻地区，但区域创新系统只对本地经济有益。因此，内部社会经济条件对将创新成功转化为经济增长至关重要，因为有利创新系统的缺乏无法通过外部因素来弥补。换句话说，我们的研究结论与熊彼特的新古典创新理论相背离，并支持这样一种观点：本地人口吸收本地或邻近区域正在产生的任何研发，并将其转化为创新和经济活动的能力比R&D支出门槛更重要。

这一证据对区域政策具有重要的启示。当创新被认为是持续经济增长的关键源泉时，其对经济绩效的贡献机制对于有效的政策定位至关重要。基于创新的政策可能在各区域产生截然不同的效果，这取决于同时受益于内生和外部产生的知识以及有利的社会经济条件的可能性。参考图4-6，我们可以设想两个可供选择的战略，用于发展落后和创新较弱的区域。

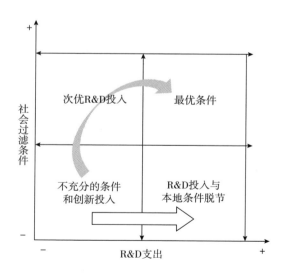

图4-6 基于创新的经济发展战略选择

以白色箭头为代表的第一种战略，追求的是主要依靠增加 R&D 活动来提高创新竞争力的目标，期望地区条件能够自动改善。本章讨论的经验证据表明，基于创新的有效发展战略应该遵循图中黑箭头所代表的模式：在优化社会过滤条件的同时，激发更多的本地创新活动。在创新较弱的区域，需要采取特定政策来改善社会过滤条件。通过加强本地禀赋条件，提高本地生产和吸收创新的能力，以确保从基于 R&D 的政策中获得更大的回报。在控制社会条件后，尽管 R&D 投入与地区增长之间的直接关系并不总是稳健的，但 R&D 投入本身仍然是地方吸收外部知识流动的重要决定因素。这在"困难的学习环境（如社会过滤较差的区域，极端情况下接近图 4-6 中坐标轴的原点）中应更为重要，这增加了 R&D 对吸收能力的边际效应"（Cohen 和 Levinthal，1990，第 140 页）。我们的研究结果还表明，促进知识增长的本地生产能力和吸收能力都受到地区社会经济条件的重要影响。依此推理，基于创新的政策应该聚焦于改善区域创新系统的条件，并将刺激 R&D 活动作为平衡区域发展战略的一部分。

这种发展战略还需要关注包括制度和关系维度在内的区域创新系统的动态特性，而我们的实证分析只能借助"社会过滤"概念分析社会经济前置条件。下一章将进一步详细分析知识溢出的空间范围，以充分揭示我们综合方法的第三个组成部分（即考察地理的作用），第 6 章将展示这些概念在理解欧盟和美国区域增长方面的实证相关性。此综合方法的政策启示将在第 8 章进行详细阐述，还将直接考察欧盟区域发展政策在多大程度上能够解决目前讨论的实证证据所表明的社会经济劣势的来源问题。

第 5 章　知识流动及其空间范围

5.1　引言

　　第 4 章的实证结果表明,区域经济绩效不仅受本地创新活动的影响,也受邻近区域创新的影响。基于这一事实,我们分析了各区域内部不同的社会经济条件如何导致了将外部知识转化为经济增长能力的差异。本章中,我们以现有分析为基础,重点关注知识溢出的空间范围。换言之,我们尝试检验知识溢出是否会随着距离的增加而衰减,以及衰减的程度。

　　本章的目标是通过支持"两股对立力量之间存在持续的紧张关系"这一观点(Storper 和 Venables,2004,第 367 页),对地理距离在创新过程中的作用进行新的阐释:标准"编码"知识的日益同质可得性和"隐性"知识的空间有界性。

　　依此而言,我们检验这样一个假设,即"通信基础设施"的技术改进并不是以相同的方式影响所有类型的信息。虽然"编码"信息的扩散距离越来越远,但"隐性"知识在地理上的溢出是有边界的,进而导致了创新的日益集聚和知识溢出的地理有界性(Audretsch 和 Feldman,2004;Cantwell 和 Iammarino,2003;Fischer 等,2009a、2009b;Guerrieri 等,2001;Sonn 和 Storper,2008)。

　　知识溢出的空间有界性的证据不仅反驳了知识无处不在的观点,还有助于解释在控制本地创新投入因素后，区域的边缘化如何持续阻碍创新能力的提升：知识溢出的空间范围越小，边缘地区对外部生产知识的暴露就越低。虽然高可达性的核心区域可以从邻近区域的创新活动中获益，但溢出效应的空间有界性使知识溢出无法惠及偏远的边缘区域。因此，知识溢出的空间衰减越强，就越有可能在核心区域形成本地化的知识库。[1]

本章共 4 节。第 2 节我们简要回顾了理论的分析框架及相关观点；第 3 节讨论了新的实证结果；最后一节是结论。

5.2　综合分析框架下知识溢出的地方化分析

正如前几章所广泛讨论的那样，本书提出的区域增长"综合分析框架"是三个互补因素的融合，即内部创新投入、社会和地域嵌入要素，以及空间有界的知识溢出。根据这一框架，我们提出了一个简单的实证模型，将三种方法在研究创新过程以及创新如何影响经济增长时的关键要素结合起来。该模型试图理解（并在一定程度上区分）不同创新要素对欧盟 25 国经济增长的作用。如第 2 章所述，该模型将创新过程中的投入（R&D 支出）与本地有助于良好区域创新系统培育的社会经济因素相结合，并对欧盟区域的财富水平进行控制。这些要素既包括内部要素（即 R&D 和本地条件），也包括外部要素（即邻近区域的创新投入）。

截至目前，我们可以从实证分析的结果中得到一些启示。对欧盟区域而言，R&D 投入似乎是经济增长的重要源泉（第 3 章）。然而，仅依赖本地的 R&D 投入并不能保证实现更好的增长，因为当引入社会过滤变量时，这种关系并非始终稳健（第 4 章）。本地社会经济条件（"社会过滤"）比 R&D 投入更能预测经济增长。这些结果表明，虽然本地的 R&D 投入能够促进经济增长，但对于具有能

---

① 本书使用的创新可达性指标纯粹是地理意义上的。我们承认，地理距离可能既不是吸收溢出效应的充分条件，也不是必要条件，而且认知、组织、社会和制度上的邻近性在知识扩散中发挥重要作用（Boschma，2004；Iammarino 和 McCann，2006）。但是，由于存在测量上的困难，我们无法关注其他形式的邻近性。因此，我们测度的是不同区域的地理距离，而不是社会距离。

够保证吸收并消化知识溢出的良好社会经济结构的区域来说，知识溢出也是一种对 R&D 投入可行的替代（见表 4-4，回归 3）。当然，这并不意味着本地的创新投入对区域经济绩效不再重要，因为其对本地吸收能力也有影响（Cohen 和 Levinthal，1990）。然而，由于知识也可能来自外部区域（以编码知识和溢出效应的形式），本地的社会经济条件是确保各种来源的知识都能成功转化为创新和经济增长的关键所在，更可能是真正的竞争优势因素。

当评估知识溢出的作用及其空间范围时，该结论尤为重要：知识溢出的代理指标（即邻近区域创新的可达性）与区域增长绩效呈显著正相关，尤其与社会经济条件的测度标准相关联时（见表 4-4，回归 3~6 和回归 10~12）。这进一步证实，知识溢出通过增加区域内"知识存量"强化本地创新活动的影响，甚至在一定程度上可以弥补本地创新活动的不足。因此，在其他条件相同的情况下，邻近创新易发区的区域比邻近创新厌恶区的区域更有优势。

可见，只有当有利的社会过滤与本地的 R&D 投入相结合时，一个区域在经济绩效方面的潜力才会最大化。对邻近区域 R&D 溢出的吸收是另一个重要的优势源泉，但任何情况下都需要良好的社会基础，才能将外部溢出有效地转化为新的创新和经济增长。因此，分析溢出效应的空间范围对于理解地理区位在知识经济中的作用至关重要。

从理论和政策的角度看，探索知识溢出的空间范围也极为重要。如第 2 章所述，尽管许多研究都提到邻近性是知识扩散的重要条件，但在当前有关地理知识溢出研究的"最新进展"中，Döring 和 Schnellenbach（2006，第 384 页）指出，"关于知识溢出效应的空间范围，目前尚未形成共识，事实上，大多数研究都拒绝量化这一范围"。自 Anselin 等（1997）关于大学和私人 R&D 机构的区位分布对本地创新生产力的影响所做的开创性工作以来，知识流动的空间范围在美国得到了广泛研究。Acs（2002，第 3 章）比较了基于不同估计方法的相关研究后，认为大学研究在创新型大都市统计区（MSA）溢出的范围为 50 英里[①]，而私人 R&D 的溢出往往仅限于 MSA 内部。尽管这些结论与 Varga（2000）测算的 75 英里半径相比下降了，但对美国而言，50~75 英里似乎是知识溢出空间范围的一种

---

① 1 英里 ≈ 1.609 千米。

"综合"判断。与此相反，在欧盟，由于这方面的研究较少，因此没有形成共识。Greunz（2003）发现，一阶和二阶邻近区域（平均 190 英里）的创新投入对本地专利申请活动具有显著正向影响。三阶邻近区域（平均 274 英里）的这一效应急剧下降，此后不再显著。Bottazzi 和 Peri（2003）发现了溢出效应的证据，即邻近区域 R&D 对本地生产力具有正向影响，但仅限于 200～300 千米范围内。在同样的分析思路下，Moreno 等（2005a、2005b，第 7 页）得出了相似的区域溢出空间范围："一个区域的创新活动与 250 千米范围内区域的创新水平正相关，但超出这一范围就不再有显著关联。"我们的研究涵盖欧盟 25 国，有助于弥补现有实证文献在衡量欧盟知识溢出空间范围方面的不足。此外，我们的实证分析在得出可比结果的同时，还在以下方面与以往研究有所不同：

（1）不再以知识生产函数，而是以区域增长模型为基础，从而捕捉到邻近区域的创新投入对区域经济总体生产力的影响，而不仅仅是对创新产出的影响。

（2）采用（基于时间的）通勤时长测算方法将距离引入模型，从而更准确地捕捉区域间关联质量的差异。

（3）模型明确考虑了基本的社会经济条件。

5.3　知识溢出空间范围的检验

5.3.1　模型设定

在本节中，我们采用了上一章模型设定的简化形式，以衡量知识溢出的空间范围。为了实现这一目标，我们在计算溢出变量时采用了不同的空间权重。

完整的估计模型如下：

$$\frac{1}{J}\ln\left(\frac{Y_{i,t}}{Y_{i,t-J}}\right) = \alpha + \beta_1\ln(y_{i,t-J}) + \beta_2 RD_{i,t-J} + \beta_3 SocFilter_{i,t-J} + \beta_4 Spillov_{i,t-J} + \beta_5 D + \varepsilon$$

其中，$\frac{1}{J}\ln\left(\frac{Y_{i,t}}{Y_{i,t-J}}\right)$ 是研究期（$t-J$，t）区域 i 期末和期初人均 GDP 之比的对

欧盟的创新与区域增长

数；α 是常数项；$\ln(y_{i,t-J})$ 是期初（$t-J$）区域 i 人均 GDP 的对数；$RD_{i,t-J}$ 是（$t-J$）期区域 iR&D 支出占 GDP 的百分比；$SocFilter_{i,t-J}$ 是区域 i 社会过滤的社会经济条件的代理指标；$Spillov_{i,t-J}$ 是邻近区域创新资源可达性的衡量指标；D 是国家虚拟变量；ε 是误差项。

人均 GDP 的初始水平——按照文献中创新与增长关系的惯例，在模型中采用了人均国内生产总值的初始水平，以说明该区域现有知识的存量。

R&D 支出——R&D 占区域 GDP 的百分比用来测量每个区域为产生创新进行的经济投入。

社会过滤——作为社会经济条件的代理变量，我们在模型中引入了 4.2.1 节中讨论的"社会过滤指数"，并通过主成分分析进行计算。

溢出效应——反映了除"内部"创新外，外部创新影响区域经济绩效的能力。为此，我们提出了一个衡量"邻近区域"创新活动可达性的指标，并通过标准化的"创新可达性指数"将其引入分析。该指数是对每个区域可"到达"的"创新活动"（按全国加权计算的 R&D 活动投资，单位为百万欧元）的潜在衡量标准，其"成本"随距离的增加而增加（详见 4.3.1 节中的讨论）。不过，本章将根据空间权重矩阵中的不同临界值计算"创新可达性指数"，从而测度溢出效应的空间范围。

估计方法和数据集与第 4 章相同。

5.3.2　创新溢出的空间范围：实证证据

下文中，我们尝试通过量化欧盟 25 国的"邻近"概念，详细地探讨促进区域增长的知识溢出效应的相关"空间尺度"。

表 5-1 中，我们呈现了各种实证模型的估计结果，其中，区域溢出效应的代理指标是通过不同的"空间权重"计算得到的。与第 4 章中的回归一样，常用的诊断性统计都证实了我们结果的稳健性。特别是 Moran's I 检验（对模型的每一种设定进行计算）没有在残差中检测到空间自相关，这与第 4 章一样，证实了"国家"层面的虚拟变量和空间滞后解释变量的组合能够捕捉到数据总体空间变异性的绝大部分。

表 5-1　实证模型的异方差一致 OLS 估计：创新可达性

区域增长率 (1995~2003 年)	1	2	3	4	5	6	7	8	9	10	11	12
常数项	0.123*** (0.028)	0.134*** (0.028)	0.123*** (0.028)	0.126*** (0.028)	0.121*** (0.028)	0.122*** (0.028)	0.122*** (0.028)	0.121*** (0.028)	0.091*** (0.025)	0.092*** (0.025)	0.081*** (0.025)	0.091*** (0.025)
1995 年人均 GDP 的对数	-0.007 (0.004)	-0.008** (0.004)	-0.006* (0.004)	-0.006 (0.004)	-0.006 (0.004)	-0.006 (0.004)	-0.006 (0.004)	-0.006 (0.004)	-0.002 (0.003)	-0.002 (0.003)	-0.000 (0.003)	-0.002 (0.003)
R&D 支出占 GDP 百分比	0.179 (0.122)	0.149 (0.119)	0.146 (0.121)	0.148 (0.121)								
社会过滤指数	0.011** (0.005)	0.011** (0.005)	0.011** (0.005)	0.010** (0.005)	0.011** (0.004)	0.011** (0.005)	0.011** (0.005)	0.011** (0.005)				
邻近区域创新可达性												
连续空间	0.014* (0.008)											
180 分钟临界点		0.010** (0.005)										
300 分钟临界点			0.003 (0.005)									
600 分钟临界点				-0.005 (0.007)								

续表

区域增长率（1995~2003年）	1	2	3	4	5	6	7	8	9	10	11	12
邻近区域和区域内创新可达性加总												
连续空间					0.005 (0.005)				0.008* (0.004)			
180分钟临界点						0.006 (0.005)				0.009** (0.005)		
300分钟临界点							0.006 (0.005)				-0.001 (0.005)	
600分钟临界点								0.005 (0.005)				0.008* (0.004)
国家层面虚拟变量	X	X	X	X	X	X	X	X	X	X	X	X
R²	0.672	0.674	0.666	0.666	0.665	0.666	0.666	0.665	0.652	0.653	0.644	0.652
调整 R²	0.631	0.634	0.625	0.625	0.626	0.627	0.627	0.627	0.615	0.616	0.606	0.615
F统计量	16.7	16.89	16.25	16.28	17.27	17.34	17.33	17.28	17.46	17.55	16.84	17.47
Moran's I	-0.019	-0.020	-0.019	-0.019	-0.019	-0.019	-0.019	-0.019	-0.019	-0.019	-0.017	-0.019

注：*、**和***分别表示10%、5%和1%的显著性水平，括号内数字为标准误，所有回归的观察值为166个。

回归 1（作为基准）呈现了我们的估计结果。与之前表格中的所有回归一样，区域溢出效应由"邻近区域创新可达性"指数作为代理变量。正如前文所强调的，该回归结果不仅证实了来自邻近区域的知识可以提高区域增长绩效，还表明溢出效应是有地理边界的，并且会随着距离的增加而衰减。该变量所基于的加权方式使得其他区域创新活动的重要性随着距离的增加而降低，从而强调了邻近区域创新活动的影响。更确切地说，各区域可以获取三小时车程（约 200 千米）以内区域的研究成果，这一点从权重矩阵中引入 180 分钟临界值后溢出变量的显著性增加可以看出（回归 2）。当考虑更偏远区域时，将通勤时长临界值分别设定为 300 分钟和 600 分钟（回归 3 和回归 4），变量不再显著。这表明通勤时间超过 180 分钟后，邻近区域创新活动的影响不复存在。这种测量区域溢出效应空间范围的方法与迄今为止的实证证据（如上所述）是一致的。然而，以通勤时长表征的距离可以更准确地将距离度量为地理空间内人际互动的壁垒。通过引入一个同时捕捉内部和以距离加权 R&D 支出的变量，考虑创新活动的总体可达性（回归 5~12），也证实了这些结果。根据这一结果，由特定区位（无论区域边界如何）产生的总 R&D 支出集聚所构成的连续空间可以克服区域的"制度"边界，进而测度 R&D 集聚对经济绩效的总体影响。

我们的研究结果再次表明，只有将内部的投入与最邻近区域（180 分钟行程范围内）的投入结合，才会对区域增长绩效产生显著正向的影响。180 分钟的区域间知识流动范围符合"以人为本"的技术扩散理念，因为它允许不同人群之间进行最大限度的面对面交流。每天通过驾车往返的人群（潜在）面对面地交流信息，其边际成本比需要过夜的人群要低得多（Sonn 和 Storper，2008）。

5.4　结论

本章的目标是"衡量"邻近性对经济生产性知识扩散的重要性。研究结果表明，来自邻近区域的知识可以提高本地增长绩效，但知识溢出在地理空间上存在强烈的距离衰减效应。在欧盟，距离衰减效应的半径大约为 200 千米。这一结论进一步强调了地理在创新过程中的作用，并证实了两种力量之间存在紧张关系：标准"编码"知识的日益同质可得性，以及"隐性"知识和环境因素的空间有界性。

该分析具有重要的区域政策含义。当创新被认为是经济持续增长的关键源泉时，其对经济绩效的作用机制自然成为有效政策目标的关键。

每个区域从知识溢出（区位优势）和基本社会经济因素（内部条件）中获益的机会表明，在欧盟区域，以创新为基础的政策可能会产生截然不同的效果。因此，由于对本地和邻近区域的经济绩效都会产生影响，对同时受益于区位优势和社会过滤优势的核心区域进行 R&D 投入，总体上更有利于区域经济增长。相反，边缘区域的 R&D 投入可能无法获得预期回报。这些区域的 R&D 投入能力有限，社会过滤较差以及对 R&D 溢出的暴露低，都很可能会削弱这些区域内部 R&D 投入的效率。那么，这是否意味着对这些区域进行创新投入是不值得的？本章呈现的结果表明，要使欧洲的边缘区域更具创新性，可能需要采取与核心区域完全不同的政策。这些政策需要降低对 R&D 投入的依赖，而且要想方设法破除阻碍接收及消化外部创新的各种本地社会和经济壁垒。在鼓励本地创新活动的同时，还需强化本地的教育和技能禀赋，以确保从创新政策中获得最大回报。对技能的重视也可能为这些区域未来向创新型社会转型奠定基础，在这样的社会中，任何 R&D 投入的回报都将比现在高得多。这些政策目标与 Dosi 等（2006）在比较美国和欧盟创新绩效时提出的一些政策建议相一致，尽管这些建议非常笼统且"综合"。在评估欧盟为有效弥补（或至少缩小）与美国创新差距政策的关键因素时，他们建议减少对有形基础设施和"网络"的政策倾斜，反之，将更多的注意力放在鼓励"高质量基础研究"、教育系统以及"开放式研究成果"的扩散上。总体而言，对这些领域进行全面投资，一方面有助于改善欧盟普遍的社会过滤条件，另一方面也有助于知识流动和扩散。

第6章 综合分析框架下的创新：
欧盟和美国的比较分析

6.1 引言

在本书第 1 章，我们已经展示了如何将不同的文献分支（线性模型、创新系统方法和知识溢出扩散的地理分析）有效地结合为一个"综合"分析框架，以提供关于创新和经济增长地域决定因素的复杂而现实的见解。本章的目标是，一方面将专业化和集聚效应纳入分析，进一步拓展先前讨论的"综合框架"；另一方面将这个框架作为"共同基础"，来比较欧盟和美国创新的驱动因素（及地理分布）。

本书第 2.7 节已经讨论了不同的专业化模式如何产生 MAR 外部性和 Jacobian 外部性的差异化组合，反过来这些外部性又支配着不同的创新轨迹。例如，产品生命周期的不同阶段可能需要这种外部性的差异化组合，使得某些区域在创新活动的选址上比其他区域更具"吸引力"。此外，技术前沿的变化可能会影响已有专业化和多样化模式的可持续性。区域和地域适应技术发展的能力这一重要维度将被完全纳入前几章建立的分析框架，并与集聚过程和要素流动结合起来。

专业化和集聚模式对于理解不同背景下（如欧盟和美国）创新的决定因素发挥着特别重要的作用。此外，一些"宏观"结构因素对两大陆的整体创新绩效也起作用。现有分析主要聚焦在欧盟和美国创新主要"投入"方面的差异，如 R&D 投入、人力资本积累水平、教育系统结构以及产生并留住顶尖科学家的能力。其他分析突出了组织和制度环境塑造着创新投入的使用方式。尽管这些因素在很大程度上解释了创新绩效的差异，但正如前几章对欧盟例子所广泛讨论的那样，有理由认为自身的空间组织也可能发挥作用。有利于创新的空间组织决定着本地化规模经济和知识外部性的水平，进而影响创新产出（见 2.5 节）。创新地理学的研究着重强调了创新投入的集聚、邻近效应和知识溢出效应（见 2.6 节）。然而，通过创新要素的空间流动和匹配，集聚和专业化随着时间构建并重构的动态过程鲜有关注。这一过程或流动产生了特定的邻近性和溢出效应水平和类型（见 2.7 节）。

本章将关注欧盟和美国"创新的地域动力"。欧盟和美国的创新系统具有不同的历史地理特征。我们认为，不同时期在它们的历史背后有着不同的制度、规则和激励机制，支配着创新的创造、地理流动和投入组合。为了分析创新背后的地理过程，本章将进一步拓展前几章提出的量化分析模型，以便将这些地域动力与标准模型中评估的因素进行充分结合。分析表明，在经济文化一体化的美国市场中，资本、人口和知识的高流动性，使各种因素的组合能够对技术前沿的变化做出快速反应，并使本地的创新活动和（信息）协同效应得到充分利用。相比之下，一体化程度低的欧盟市场，以及遍布欧洲大陆的制度和文化壁垒，造成了一种既缺乏活力又不畅通的空间格局。

6.2　欧盟和美国的创新差距及其结构性决定因素

2000 年，里斯本欧洲理事会主席确立了使欧盟成为"世界上最具竞争力和活力的知识型经济体"的目标。与此同时，他们明确承认欧盟与当前世界领导者美国之间的差距，并宣称在十年内赶超美国。此前一年，美国总统设立了"保持科学、数学和工程领域的世界领先地位"的目标（NTSC，1999）。如今，十年过去了，美国的领导地位仍然无可争议，而且如英国贸易和工业部于 2006 年 10 月发布的国际 R&D 记分牌所显示的，跨大西洋两岸的技术差距还在扩大。

尽管创新产出的可用替代指标存在局限性，但所有标准指标都揭示了欧盟在创新能力方面的明显劣势。以科学活动为例，使用人口加权的科学出版物数量和引用数量（如 Dosi 等，2006；OECD 的数据）来评估时，欧盟 15 国和美国的创新产出差距显而易见，在 1997~2001 年，美国每千人拥有 4.64 份出版物，而欧盟 15 国为 3.6 份。当根据文章引用量（美国每千人 39.75 篇，欧盟 15 国为 23.03 篇）或前 1%最常被引用的出版物份额（美国每千人 0.09 篇，欧盟 15 国为 0.04 篇）来评估时，科学研究的这一差距更大。从技术产出来看，由其在三方同族专利中所占的份额来衡量①（2003 年美国为 36.4%，而欧盟为 30.3%），美国表现出更好的创新绩效。当三方同族专利按人口加权时，美国的专利密度比欧盟 15 国高出 47%，几乎是欧盟 25 国的两倍（基于 2006 年的 OECD 数据计算得出）。

尽管大西洋两岸的创新差距很大而且也极受政府重视，但很少有人对其原因进行系统的比较分析。

欧盟和美国创新产出的差距通常被归因于创新投入的差异。在两个背景下，美国投入的数量和质量，以及宽口径（更大范围）的"创新基础设施"（反映它们文化、制度和经济的多样性）确实要大得多。

首先，用于创新活动的资源总量差异很大。2004 年，欧盟 25 国的 R&D 支出占 GDP 的 1.9%（欧盟 15 国为 1.95%）（欧盟统计局，2006a），而美国为 2.6%（NSF，2006）。此外，它们各类性质的 R&D 支出也存在很大差异。一方面，正如 Dosi 等（2006，第 1456 页）指出的那样，"通常认为欧盟的公共资助 R&D 支出比例高于美国，但这种说法毫无根据"：欧盟 25 国政府资助的 R&D 支出占 GDP 的 0.66%，而美国为 0.70%（分别是 2003 年和 2004 年）。同时，美国公共支出的很大一部分用于私营企业的 R&D，此约为欧盟相应数量的两倍。另一方面，美国私营企业不仅比欧盟同行享有更大比例的公共资金，而且还将更高比例的内部资源用于 R&D。美国产业资助的 R&D 支出约为 GDP 的 1.9%（NSF，

---

① "只有通过欧洲专利局（EPO）、日本专利局（JPO）申请并获得美国专利商标局（USPTO）授权的专利，才是三方同族专利"（欧盟统计局，2006 第 6 页）。同族专利因提高国际可比性而牺牲了本国优势。

2006），但欧盟仅为 GDP 的 1% 左右（欧盟统计局，2006a）。

其次，R&D 人力资源的差距显著。2003 年，欧盟每千名劳动力中研究人员（按全职计算）的数量仅为 5.4 人，而日本为 10.1 人，美国为 9.0 人。欧盟的这种差距主要位于商业部门（欧盟委员会，2005a，第 6 页）。此外，美国在这方面的优势不仅体现在"数量上"，也体现在"质量上"，因为美国吸引并留住了大批具有高影响力的研究人员：14 个科学领域高被引的 1222 名顶尖学者中，66% 在美国生活和工作，而在欧盟国家只有 20%（Batty，2003）。

研究部门的这种情况反映了人力资本积累的总体趋势，反过来，人力资本积累又是教育系统投资结构和水平差异的结果。2004 年，欧盟 25 国中只有 34.1% 的 20 岁年轻人接受高等教育（欧元区为 33.4%），而美国为 46.2%（欧盟委员会，2005b）。此外，美国在教育方面的公共和私人投资明显高于欧盟：2003 年，每名学生的高等教育支出——加上公共和私人支出——欧盟 25 国仅为美国的 39.3%，欧元区为美国的 41.1%[①]（欧盟统计局数据）。美国高等教育投资与 R&D 投入以及产生、吸引和留住顶尖科学家的能力较强，这一差距反映了美国和欧盟的大学在地位和影响力方面的差距日益扩大。根据上海交通大学发布的排名，在世界前 20 所大学中，有 17 所在美国，只有 2 所在欧盟（均在英国）[②]（上海交通大学高等教育学院，2006）。

此外，在管理发明、开发和采用新技术的制度和政策方面，欧盟和美国也表现出显著差异。"在 1945~1950 年间，美国'国家创新系统'的基础基本形成，当时冷战重整取代了为和平而进行的部队遣散"（Mowery，1998，第 640 页）。相比之下，欧盟尽管最近在正式制度建设方面做出快速的调整，但该调整并不是在全欧洲范围内进行的，即不能像美国制度那样，补充和整合已有的国家制度（Gregersen 和 Johnson，1996；Borra's，2004；Stein，2004）。由实施一致创新政策打造的美国一体化（尽管分散）系统，其中包括大规模的联邦资助项目，惠及私营企业和基础研究；而欧盟的创新系统仍然受到零散且规模小的项目和高度

---

① 基于全时当量，用 PPS 计算得出欧盟 25 国为 8049.5 欧元，欧元区为 8422.6 欧元，而美国为 20487 欧元。

② 当大学排名扩展到前 100 名时，我们发现其中 57 所在美国，35 所在欧盟（11 所在英国）。世界 500 强大学的排名基于各种绩效指标（详见 http：//ed.sjtu.edu.cn/rank/2005/ARWU%202005.pdf）。

官僚主义的政府政策的困扰。因此，美国国家创新系统似乎更倾向于技术"变革"而非"深化"：美国更容易实现激进式创新，因为它能够根据新技术范式的要求迅速重新配置资源（Ergas，1987）。研究型大学与商业世界发展的复杂互动支持了美国系统的"变革"能力。此外，反托拉斯和知识产权监管框架似乎为新技术市场提供了肥沃的土壤①（Hart，2001）。总体上，这种良好的商业环境允许经济部门结构更有效地调整，并迅速建立新公司以抓住新兴市场领域的机会。在全国市场上，R&D 密集型部门的专业化程度更高，且 R&D 密集型中小企业表现得更好（Smith，2007），这与美国"变革"能力息息相关，本质上是由不同的创新系统条件支持的循环过程。与之相对的欧盟，平均而言，企业创业文化较弱，组织变革的阻力较大（Delmas，2002）。此外，欧盟主要的制约还源于获得风险资本（美国创新的主要资金来源）的困难，以及人员配置与技能需求间经常错配的劳动力市场规则减缓了应对技术和市场变化的人员重组。

上述这些因素都会直接影响创新绩效。除此之外，它们还引起欧盟和美国创新的空间组织模式的不同。正如我们将在下一节中所讨论的，这些地域动力进一步影响着美国和欧盟的创新速度和方向。

6.3　欧盟和美国的地理与创新绩效

欧盟和美国创新产出的空间分布（以专利为代理变量）显示出创新活动不成比例地高度集中在少数几个区位："在 20 世纪 90 年代，92%的专利被授予占美国人口 3/4 的大都市地区，这些地区只占美国大陆土地面积的 20%"（Carlino等，2001，第 1 页）。在欧盟，专利申请也"高度集中"（欧盟统计局，2006b）。欧盟 15 国区域和美国 MSA 中最具创新性的 100 个区域（见图 6-1）总专利累积百分比较为相似，其中最具创新性的 20 个区域都约占总专利的 70%。

---

① 尽管 1982 年专利制度改革的影响仍有争议（见 Jaffe 和 Lerner，2004）。

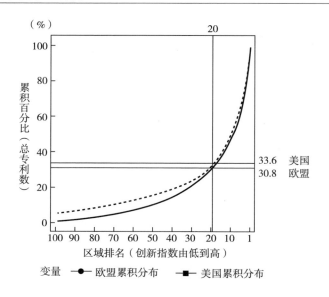

图 6-1　100 个最具创新性的欧盟地区和美国 MSA 的专利总量分布

　　关于欧盟和美国创新的地理决定因素的文献，集中讨论了集聚的作用以及经济互动的密度作为创新关键催化剂的作用。集聚和密度确实是一系列经济过程的相关力量。Ciccone 和 Hall（1996）的研究表明，就业密度越高，平均劳动生产率就越高。与这种结论一致，不同的研究发现，无论是在美国（Carlino 等，2004；Sedgley 和 Elmslie，2004）还是在一些欧盟国家（例如，Andersson 等，2005，以瑞典为例），即使在控制人力资本、高科技产业结构和大学 R&D 基础设施的差异之后，集聚也会增加创新产出。正如 Ciccone（2002，第 214 页）指出的，"欧盟国家（法国、德国、意大利、西班牙和英国）的集聚效应仅略低于美国，并且欧盟各国没有显著差异"。在每个地区[①]，集聚通过马歇尔集聚经济的不同来源（劳动力市场互动、中间和最终产品供应商之间的联系、知识溢出）的混合影响经济产出和创新绩效。根据 Duranton 和 Puga（2003）的观点，集聚经济背后的力量可以分解为"共享"（例如，不可分割设施的共享以及从各种投

---

　　① Duranton 和 Puga（2003，第 2 页）使用了一个模型作为例子，"在该模型中，集聚促进了企业和投入之间的匹配。这些投入品可以是工人、中间产品或想法。根据所选择投入品的类型，城市集聚经济的匹配模型可以呈现马歇尔集聚经济三个基本来源的任意一个，尽管它仅刻画了一个机制"。

入的供应商那里获得的收益）、"匹配"和"学习"机制。知识的创造、积累和扩散同样依赖面对面交流产生的各种形式的合作（Storper 和 Venables，2004）。因此，距离近成为信息传播的条件，否则编码信息是不可能传播的，要么成本太高（Charlot 和 Duranton，2006）。

在实证上，我们很难将集聚的学习、匹配和共享机制分离开来。因此，实证研究不得不借助学习和邻近性的间接（产出）测量（特别是专利申请的地理位置），将其作为区分信息溢出和其他"马歇尔力量"的一种手段（Fujita 和 Thisse，2002）。沿着这一思路，研究已经建立了密度和专利申请之间的联系，其中密度是集聚的代理变量，专利申请是学习的代理变量。

然而，简单的密集与否的二分法并不能充分捕捉匹配和学习过程中潜在的地理复杂性。知识匹配和学习是行为主体流动、发出信号并与其他行为主体进行多种方式匹配的结果。这意味着，匹配和学习不仅"存在于"与其他行为主体相近的既定模式中，还存在于实现这种密度和邻近性，以及随着时间的推移而做出调整的动态过程中。这种调整涉及行为主体的类型（他们是谁，他们为创新过程带来了什么），并与不断变化的技术、市场和创新所需的知识类型有关。我们将这个问题的"流动"维度称为"创新的地域动力"，并将对它的分析视为对文献中有关密度、邻近性和创新水平的补充。

现在让我们仔细地考察这些地理过程及其社会制度基础。首先，与其逐个考虑集聚区，不如考虑它们与其他地方的相互关系和联系。即使相似的"密集"经济组织，对外部知识流动的暴露程度也可能不同，从邻近地区获得知识溢出的水平也不同。虽然集聚区中密集的"核心地区"可以最大化地使用隐形且高度专业化的知识，但其中一些知识也会扩散得很远（关于美国的研究，如 Anselin 等，1997；Varga，2000；Acs，2002；Sonn 和 Storper，2008。关于美国以及欧盟的研究，如 Bottazzi 和 Peri，2003；Greunz，2003；Crescenzi，2005；Moreno 等，2005a；Rodríguez-Pose 和 Crescenzi，2008）。这意味着核心地区将因邻近其他创新区域而获益，从而形成一个更大的网络，并借此扩散知识。两个集聚区之间的知识流动是不同的。欧盟的平均人口密度更高，主要的大都市地区比美国相对更近（相反，美国的大都市地区彼此相距更远），这可能会使知识在整个欧盟范围内扩散得更远，并可能减弱有用知识的距离衰减。

其次，集聚区不仅是资源的集聚地，还具有动态性，包括资源的流入和流出（"流失"或流动）。在区域层面，人口流动有助于创造新知识，通过充实已有的技能和文化的多样性，进而"增加"本地技能池的密度及其质量（DeBlasio，2006；Ottaviano 和 Peri，2006）。在最具创新性的地区，我们预计迁移会根据技术前沿的演变来更新知识、技能和能力的匹配。相反，在因迁移形成的重组少数集聚区内，创新主体可能会从邻近关系中受益，但现有主体难以与新知识生产者动态地匹配。迁移水平受到流动成本（而成本又受到文化、身份、社会和个人联系等问题的影响）以及劳动力流动制度激励的影响，而美国和欧盟的这些因素非常不同。美国（国内）劳动力流动程度远高于欧盟，这一点在 Zimmermann（1995、2005）、Vandamme（2000）和 Puhani（2001）的文献中被广泛记录。对于欧盟①，Peri（2005）从比较的角度发现在境外迁入方面也存在相当大的差异。

再次，这些影响集群和集聚形成和重组的力量，可能会通过它们所匹配的知识类型影响创新的性质和水平。一方面，如果这些力量促进了专业化，那么它们很可能会在同一行业内促进 MAR（Marshall-Arrow-Romer）外部性；另一方面，如果它们促进了多样性，则当地行为主体将从知识库的互补性和跨行业的思想交流中受益（Jacobs 外部性）。实证文献表明，MAR 外部性（Glaeser 等，1992；Henderson，1999）和 Jacobs 外部性（Feldman 和 Audretsch，1999；Carlino 等，2001；Andersson 等，2005）在不同的部门对促进创新发挥了重要作用。Henderson（2003）发现，在高科技行业中 Jacobs 外部性占主导，而在资本商品行业中 MAR 外部性占主导。Duranton 和 Puga（2003）认为，在产品生命周期的不同阶段，集聚经济对创新发挥着不同的作用：企业在具有多样性的创意城市开发新产品，随后迁移到专业城市进行大规模生产，以利用成本优势。而当历史、制度和政治力量广泛抑制流动性时，可能会阻碍集群向两种外部经济的最有效组合调整，从而降低创新生产率。这可能是欧盟的情况，因为在欧盟，不完全的经济一体化、"国家"冗余和经济结构的同质可能导致了次优的专业化模式。

最后，创新的地域动力深深植根于一个复杂的制度化过程，这个过程塑造了

---

① Zimmermann（2005，第 448 页）指出，欧盟表现出"一个分裂的劳动力市场，其特征是低技能劳动力失业率高，同时又缺乏熟练工人。在欧盟，由灵活、高技能工人的缺乏和老龄化造成的劳动力流动不畅以及固化现象阻碍了资源的最佳配置和经济效率"。

本地人口的创新能力和态度，及其地理空间分布（Morgan，1997）。这些能力和态度可以从实证上借助本地人口的"社会过滤"进行捕捉，即促进或阻碍成功区域创新系统发展的人口特征（Rodríguez-Pose，1999，第 82 页）。

6.4　模型：综合框架下的一个修正知识生产函数

在前几章中，实证设定的模型将区域增长作为因变量，而将创新动力作为影响因素。在本章中，实证分析的重点将聚焦创新过程本身（在转化为经济增长之前），以便从欧盟—美国的比较视角阐明其地域差异。我们分析的"核心"仍然是区域经济绩效，但由于比较分析的复杂性，我们将缩小关注的范围，以尽量减少在比较欧盟和美国时难以避免的"白噪声"的出现。因此，本章基于知识生产函数（KPF）进行的实证分析将偏离前几章中估计的模型，该模型由 Griliches（1979、1986）和 Jaffe（1986）[1] 正式提出，其中创新产出是 KPF 的因变量。与前几章的分析一致，我们并没有将关注点集中在作为观察单位的企业上，而是采用了类似 Audretsch（2003）、Audretsch 和 Feldman（1996a）、Feldman（1994）、Fritsch（2002）和 Varga（1998）的区域单元（欧盟的 NUTS 地区和美国的MSA），并使用 KPF 的因变量，即创新产出。与已有文献不同，我们关注欧盟和美国的"创新的地域动力"，但我们在 KPF 的使用上与已有文献相类似。所有这些文献（包括本研究），都受到美国和欧盟区域层面可比数据可得性的约束。尽管如此，通过比较欧盟和美国 KPF 的估计系数，我们能够以直接且一致的方式解释技术外部性的作用以及欧盟和美国创新的其他地理维度。KPF 方法从比较角度提供清晰解释的能力弥补了其是投入和产出非常粗略替代品的不足。最后，根据第 2 章中提出的概念框架，"标准"KPF 的线性关系被"修正"，可以拓展来解释创新系统条件、溢出和专业化，从而与我们的"综合"框架完全一致。

---

① 有关基于这一方法的理论和实证研究的综述及其缺陷的讨论，参见 Wieser（2005）。

修正后的柯布—道格拉斯知识生产函数（KPF）的形式为：

$$I_i = AK_i^{\beta} RD_i^{\gamma} SpillRD_i^{\delta} C_i^{\zeta} SpillC_i^{\eta} \tag{6.1}$$

其中，I 是区域 i 的创新产出；A 是常数；K 是区域 i 可用的初始知识存量；RD 是该区域的知识创造或"区域技术活动"；$SpillRD$ 是邻近区域的创新投入代理变量，这些创新投入会以溢出的方式促进本地的创新产出；C 是本地的经济和社会制度特征变量；$SpillC$ 是邻近区域的社会制度特征变量。

式（6.1）中变量的代理指标如表 6-1 所示。

表 6-1　式（6.1）中变量代理指标

	内部因素	溢出效应
初始专利强度	初始专利申请量	
R&D 费用	本地的 R&D 投入	邻近区域的 R&D 投入
聚集经济	全国地区 GDP/人口密度	
地方经济的专业化	克鲁格曼指数	
人力资本流动	迁移	
社会过滤	区域"创新易发"的结构特征，包括： 1. 教育； 2. 终身学习； 3. 部门组成； 4. 资源的利用（失业）； 5. 人口结构	邻近区域的这些特征
国家效应	国家虚拟变量（针对欧洲）和地理虚拟变量（针对美国）	

通过拓展这一框架，式（6.1）可以转化为以下实证模型：

$$\frac{1}{T}\ln\left(\frac{Pa_{i,t}}{Pa_{i,t-T}}\right) = \alpha + \beta\ln(Pa_{i,t-T}) + \gamma RD_{i,t-T} + \delta SpillRD_{i,t-T} + \zeta_1 SocFilter_{i,t-T} + \zeta_2 Mig_{i,t-T} +$$

$$\zeta_3 KrugmanIndex_{i,t-T} + \zeta_4 Agglom_{i,t-T} + \eta SpillSocFilter_{i,t-T} + \theta D_i + \varepsilon \tag{6.2}$$

其中，$\dfrac{1}{T}\ln\left(\dfrac{Pa_{i,t}}{Pa_{i,t-T}}\right)$ 是研究期（$t-T$，t）区域 i 专利申请量期末和期初比例的

对数；α 是常数项；$\ln (Pa_{i,t-T})$ 是 $(t-T)$ 期初始每百万人专利申请量的对数；RD_{t-T} 是 $(t-T)$ 期区域 iR&D 支出占 GDP 的百分比；$SocFilter_{i,t-T}$ 表示"社会过滤"，为区域 i 社会经济条件的代理变量；$Mig_{i,t-T}$ 是 $(t-T)$ 期区域 i 的净迁移率；$KrugmanIndex_{i,t-T}$ 表示区域 i 在 $(t-T)$ 期的当地就业专业化水平；$Agglom_{i,t-T}$ 是 $(t-T)$ 期人口密度的自然对数或区域 i 的 GDP 占全国 GDP 的区域百分比，反映集聚经济；$Spill$ 表明某因素邻近区域的情况；D 是表示国家/地理虚拟变量；ε 是误差项。

专利增长率——专利统计数据提供了对创新产出的标准衡量方法（OECD，2006）。它的优势在于提供了有关广泛技术部门发明的可比性。然而，专利指标在代表创新能力上存在一些局限，因此必须谨慎对待。这些局限包括专利产品、工艺价值或新颖程度的异质性；国家和部门不同的专利偏好；许多发明的非专利化或其他保护方法更好的成本效率（例如保密）（OECD，2001；Sedgley 和 Elmslie，2004）。此外，对美国来说，通过改变专利申请过程中所有参与者的激励结构（申请人、专利局员工、潜在模仿者），即使专利机构组织表面上进行微小的调整，也会导致专利申请数量的大幅上涨，而创新能力没有产生任何"真正"的变化（Jaffe 和 Lerner，2004）。尽管有这些需要注意的地方，Acs 和 Audretsch（1989）的研究表明，基于专利数量回归分析得出的结果与基于更直接的创新指标得出的结果具有高度可比性，因此我们将专利增长率视为地方创新绩效变化的有效代理指标。此外，使用欧洲专利局和美国专利局的专利数据进行比较分析已成为政策分析（如欧盟委员会，2005a、2007）和学术研究（Dosi 等，2006）的普遍做法，尽管 Criscuolo 和 Verspagen（2006）在进行更复杂的分析时强调了这两个来源之间的本质差异，如专利引用分析。

每百万人专利的初始水平——该区域授予和申请[1]的实用新型[2]专利初始水

---

[1]　美国专利商标局提供了 1990~1999 年授权的实用新型专利州级数据，这些实用新型专利以居住在美国的发明的名字命名。对于欧盟来说，专利由欧洲统计局按照申请年份而不是授权年份整理。然而，美国国家层面的专利数据表明，专利申请量和授权量在时间上（1989~2002 年为 0.94）和地理上（1990 年为 0.98）都高度相关。

[2]　美国专利商标局颁发的大多数专利是实用新型（即发明）专利。美国专利商标局颁发的其他类型专利和专利文件是植物专利、设计专利、法定发明登记文件和防御性公开，但不包括在本报告中。1999 年授权的实用新型专利数量达到 153493 项，而设计专利只有 14732 项，再版 448 项，植物专利授权 421 项。我们的数据不包括以上这些其他类别。

平是该区域已有技术能力及其与技术前沿距离的代理变量。该变量还控制了专利的整体偏好差异，其反映了不同行业的专业化水平。

R&D 支出——如前几章所述，是 R&D 投入占 GDP 的百分比（R&D 强度）。R&D 强度反映了一个区域创新投入的相对水平，是 KPF 的主要投入因素。在 KPF 中，从 R&D 支出到创新产出的时间滞后难以模型化。自 Griliches 的开创性贡献以来，有关创新投入和产出之间时间滞后关系的研究，大量学术文献已经汗牛充栋。在不同的技术领域、部门之间，这种滞后存在显著差异，并严重依赖于所考虑的 R&D 活动的性质（公共与私人、内部与外部壁垒等）以及特定产品不同的生命周期阶段。当通过微观数据在企业层面估计 KPF 时，（原则上）可以对这种时间滞后进行建模。然而，当估计区域层面的 KPF 时（如我们的分析），这在操作上是不可行的。鉴于已有数据的性质，难以对不同的部门和不同的 R&D 活动进行控制。通常，相关的国际文献主要估计总区域 KPF（Moreno 等，2005a、2005b；Oõhuallachain 和 Leslie，2007）。

溢出效应——在 KDF 中，跨地区的溢出效应有助于创造新的本地知识。为此，在前面的章节中（特别是第 5 章，专门分析了知识溢出及其空间范围），我们采用了一种度量每个区域"到达""创新活动"（以 R&D 支出为衡量标准）的方法，其成本随着距离的增加而增加。因此，对于每个区域，这个指标为邻近区域 R&D 支出以双边距离的倒数进行加权。

与此方法相一致，变量 x_i 流入区域 i 溢出效应的代理变量 $Spillx_i$ 计算如下：

$$Spillx_i = \sum_j x_j \frac{\frac{1}{d_{ij}}}{\sum_j \frac{1}{d_{ij}}} = \frac{\sum_j x_j d_{ij}}{\sum_j d_{ij}} \quad \forall \, i \neq j \qquad (6.3)$$

其中，x_i 是分析变量，d_{ij} 是 i 和 j 之间平均通勤时间（以分钟为单位）或距离，因此，来自该区域以外的知识流动量，由所有其他区域 R&D 支出的平均规模替代，并以双边时间距离的倒数加权。再使用整个欧盟范围的距离加权（而不是简单的邻接权重），可以最大限度地减少潜在的偏差，不仅由于每个区域邻居数量的异质性，而且还受欧盟边界的影响。

对于欧盟来说，距离的测量是基于 IRPUD（2000）计算的边缘化指数的旅行时间，该数据由欧盟委员会①提供，本书前面的章节已广泛使用。我们选择道路距离②，而不是直线距离。因为，特别是在较小的范围内，道路距离更能真实地反映跨空间互动和交流的"成本"。然而，美国的这种距离测量方法测量困难，我们被迫使用直线距离③。欧盟和美国区域可得数据的汇总，使我们无法区分不同类别的知识溢出（产业和大学间的、行业间的以及行业内的等）。从这个意义上说，我们对溢出效应的衡量捕捉了所有这些来源或扩散机制的综合效应〔包括 Fischer 和 Varga（2003）以及 Varga（2000）讨论的那些〕。

克鲁格曼指数——根据 Midelfart-Knarvik 等（2002）的研究，我们称该指数 K 为克鲁格曼专业化指数，用于衡量当地就业的专业化程度，计算方法如下：

（1）对于每个地区，产业 k 在该地区总就业中的份额为 $v_i^k(t)$。

（2）同行业在所有其他地区就业中的份额为 $\overline{v}_i^k(t)$。

（3）所有行业加起来的这些份额之间的差异的绝对值为：

$$K_i(t) = \sum_k abs(v_i^k(t) - \overline{v}_i^k(t)) v_i^k(t) = \sum_{j \neq i} x_i^k(t) \Big/ \sum_k \sum_{j \neq i} x_i^k(t) \qquad (6.4)$$

如果区域 i 的产业结构与欧盟/美国其他区域相同，则该指数取值为 0；如果区域 i 与欧盟/美国其他区域没有共同的产业，则该指数取最大值 2。对于美国，克鲁格曼指数的计算基于 1990 年人口普查④制定的产业分类体系，该体系包括 235 个就业类别，分为 13 个主要产业组。对于欧盟，我们使用了 NUTS1 和 NUTS2 区域的分支账户 ESA95 就业数据，该数据基于 1995 年以来的 17 个分支经济活动分类（NACE 修订版 1.1A17）。

社会过滤——本模型中引入社会过滤的定义和概念与前几章完全相同。第 2 章和第 4 章（重点探索这一概念）的理论分析提出了一个区域"社会过滤"的三个主要方面：教育成就（Lundvall，1992；Malecki，1997）、人力资源的生产

---

① 由于时间距离矩阵是在 NUTS1 或 NUTS2 层面计算的，为了使其与我们处于不同 NUTS 层面的数据相符合，我们使用 NUTS 距离矩阵，NUTS2 中人口密度最高的区域对应 NUTS1 中的比利时、德国和英国。

② 距离矩阵没有考虑到铁路和航空对平均通勤时间的影响。欧盟地区只有公路通勤时间可用。

③ 大西洋沿岸各城市间距离的数据是基于以下假设计算得出的：无论纬度如何，纬度差为 1 度。这个假设对于小国来说没有问题，但对于像美国这样的大国来说，它可能会低估南部城市之间的距离，并高估了北部城市之间的距离。

④ 1990 年的统计分类是根据美国总统管理和预算办公室发布的 1987 年标准工业分类手册划分的。

性就业和人口结构（Fagerberg 等，1997；Rodríguez-Pose，1999）。我们为每个方面选择了一组代理变量（考虑到区域层面的数据可得性和欧盟与美国之间的可比性）。教育成就是通过完成高等教育的人口和劳动力的百分比来衡量的。参加终身学习计划被用来作为欧盟地方层面技能积累的衡量标准，而对于美国，我们使用完成"一些大学（或联合）水平教育但没有获得学位"的人数和拥有"学士学位、研究生学位或专业学位"的人数[①]。

人力资源的生产性就业方面，欧盟和美国都提供了农业就业的劳动力百分比。长期失业率只有欧盟提供，因此我们只能使用美国的失业率（而不是其长期部分）。使用这两个变量是因为农业就业的生产率传统上低于其他部门，而且农业就业实际上是"隐性失业"[②] 的代名词，特别是在欧盟的一些边缘区域，以及美国南部的一些州。失业率（就欧盟而言，尤其是其长期部分而言）是反映劳动力市场僵化的一个指标，也体现了个人进入生产性工作，因技能不足而受到阻碍的概率（Gordon，2001）。人口结构由 15～24 岁人口的百分比表示，反映人口的活力。年轻人为更新当地社会做出贡献，这会影响到地区对创新和社会变革的总体态度。

如第 4 章和第 5 章，由于多重共线性问题使我们的模型无法同时包含所有这些变量，因此我们采用主成分分析（PCA）来处理多重共线性问题。PCA 允许我们把上面讨论的变量合并成一个单独的指标，该指标尽可能地保留了原始数据的变异性，如附录 C 所讨论的。PCA 的输出结果如附录 C 中表 C.1 至表 C.4 所示，分别是美国和欧盟的结果。相关矩阵的特征值分析表明，仅第一主成分就能够分别解释欧盟和美国案例中总方差的 40% 和 34%，且这两个案例的特征值都显著大于 1（见表 C.1 和表 C.3）。

第一主成分得分是根据原始变量的标准化值计算的，使用表 C.2 和表 C.4 中 PC1 项下的系数。这些系数赋予了两地人口的教育成就很大的权重；这是我们模

---

① 第一组包括获得最高学历为副学士学位（如 AA、AS）和一些修得大学学分但没获得学位的人。第二组包括获得最高学历为学士学位（如 BA、AB、BS）、硕士学位（如 MA、MS、MEng、MEd、MSW、MBA）或专业学位（如 MD、DDS、DVM、LLB、JD）的人（美国人口普查局）。

② 在许多欧盟边缘地区和美国南部的许多州，失业"隐藏"在非常小的农场所有制结构中（Demissie，1990；Caselli 和 Coleman，2001）。在这两地，农业工人的正规受教育水平都很低，流动性很小，而且往往是老年人。

型中"社会过滤"的主要组成部分。在欧盟，教育成就、就业人口以及较小程度地参与终身学习计划，赋予该指数正权重。在欧盟和美国，年轻人的比例也被赋予正权重，但在美国，年轻人的重要性要大得多。失业率（美国）及其长期部分（欧盟）都被赋予负权重。欧盟的农业劳动力百分比有负面影响，而在美国，该指数存在较小的正向影响①。

集聚和规模经济——按照文献中的惯例，本地经济的集聚程度由人口密度的对数来指代。此外，区域规模经济由经济活动的相对集中度（占全国 GDP 的区域百分比）来指代。

迁移——内部（欧盟②和美国）劳动力流动的程度反映在区域迁移率上（即由于迁移流动而导致的人口增加或减少占初始人口的百分比）。正的迁移率（即来自其他区域的人口流入）是该区域吸引新工人能力的代理变量，从而增加了劳动力池的规模，以及技能与文化的"多样性"。

6.5　分析结果

6.5.1　比较分析的具体估计和分析单位

我们对模型进行异方差一致 OLS 回归估计③。并使用欧盟一组国家虚拟变量

---

① 我们意识到，将社会过滤变量引入知识生产函数可能会产生内生性。为了解决这个问题，一种有效的策略是将社会过滤的多期时间滞后变量作为工具变量。然而，由于前述数据的可得性限制，我们不得不分析该指标的初期值，同时计算随后几年的专利增长率。

② 欧盟统计局在"移民统计"分类中提供了迁移数据，然而，西班牙和希腊的数据缺失。因此，为了在分析中获得各个国家的一致衡量标准，我们从人口统计数据中计算这一变量。"净迁移数据可以用人口增量加上死亡人数减去出生人数获得。以这种方式得到的净迁移数据还包括外部移民"（Puhani, 2001, 第 9 页）。净迁移由平均人口标准化得到净迁移率。因此，虽然对于欧盟来说，不能区分国家、欧盟内外部的迁移流动，但美国的出入境数据包括美国境内迁入地和迁出地的流动。

③ 为了尽量减少由于缺失变量（面板数据）和可修改空间单元问题〔例如，分层线性模型（HLM）〕而产生的潜在偏差，我们采用了不同的估计方法。然而，由于现有区域数据在空间尺度和时间序列维度方面的严重限制，我们无法实施这些替代方法。鉴于区域统计数据的可得性不断增加，我们仍将对这一方向开展研究。

和美国一组地理虚拟变量作为"国家固定效应",可以使空间自相关(即相邻观测值误差项之间缺乏独立性)的影响最小化。此外,通过在分析中引入空间滞后变量,我们明确考察了相邻区域之间的相互作用,从而最小化它们对残差的影响。特别地,Moran's I 检验(对每个模型设定进行计算)没有发现残差存在空间自相关性,这证实了(如第 4 章和第 5 章所述)国家或地理虚拟变量以及空间滞后解释变量的组合能够捕捉数据总空间变异的大部分。

另一个问题是内生性,我们通过将解释变量的值以($t-T-5$)至($t-T$)期的平均值纳入模型来解决这个问题,而专利的平均增长率是以($t-T$)到 t 期计算的。此外,为了解决不同计量单位的问题,每个区域的解释变量都是各自 GDP 或人口的百分比。

对于美国,模型估计期为 1990~1999 年,这期间的专利数据从美国专利局获得。分析对象为 266 个 MSA/CMSA①,覆盖美国大陆的所有州(以及哥伦比亚特区),其中阿拉斯加、夏威夷或美国其他非大陆领土的 MSAs 被排除在分析外。由于缺乏次州级 R&D 支出数据,因此我们依靠标准普尔的 Compustat② 北美公司级数据来解决这个问题,该数据为总计 266 个 MSA 中 145 个的私人 R&D 支出提供,计算方法是将每个 MSA 中公司的 R&D 支出加总。尽管粗略,但这是唯一可用的衡量办法,类似的做法在有关 MSA 创新活动的文献中被广泛使用(例如,Feldman,1994)。所有其他美国变量均基于美国人口普查数据,包含在 USA Counties 1998 CD-Rom 中。

对于欧盟,模型估计期为 1990~2002 年。由于数据缺失,欧盟的新成员国被排除在外。这也较为偶然,因为中欧和东欧的新成员国的发展水平远低于欧盟15 国,并且与它们的经济一体化程度较低。为了最大限度地提高欧盟和美国"创新的地域动力"之间的可比性,分析的对象最好是功能性城市区域(Func-

---

① 管理和预算办公室(1993)发布基于 1993 年大都市区和组成部分的 MSA/CMSA 列表及其 FIPS 代码。

② 标准普尔北美 Compustat 数据库是涵盖美国和加拿大上市公司的财务、统计和市场信息,提供年度和季度的利润表、资产负债表、资金流动和补充数据项目,分别超过 340 份(年度)和 120 份(季度),涉及超过 1 万家活跃公司和 9700 家非活跃公司。

tional Urban Regions，FUR)①，而不是 NUTS 行政区域。不幸的是，正如附录 A 中详细说明的，由于许多相关解释变量的数据缺失，功能性区域不得不放弃。出于分析的目的，最合适的分析尺度应该是最接近每个区域创新系统的尺度。因此，考虑到数据的可得性，在支持创新的制度基础方面，我们为每个国家选择了与之相关性最大的分析单元，如前几章所述（见附录 A）。

将欧盟的 NUTS1 和 NUTS2 地区以及美国的 MSA 作为分析单元可能会在分析比较中产生扭曲。虽然前者覆盖了整个欧盟领土，但后者对应美国主要城市地区及其功能腹地，使它们在空间上不一定连续。在某种程度上，这种差异也反映出美国较低的人口密度，与欧盟相比，美国有更多的领土真正处于大都市区的直接影响之外。在美国人口密度较高的州，如康涅狄格州，整个领土都被大都市区覆盖，使其更像欧盟。无论如何，当以美国各州为地理分析单元，通过对相同模型的估计来重建欧盟 NUTS 区域的连续性结构时，我们的结果已经证实了这种潜在偏误来源的稳健性。

6.5.2 欧盟和美国的地域动力比较

表 6-2 和表 6-3（美国）以及表 6-4（欧盟）分别给出了模型（6.2）的结果。表 6-2 包括 R&D 支出变量，该变量仅有 145 个 MSA 可用。然而，R&D 数据可得的地区并不是 266 个 MSA 的随机抽样，相反，当引入该变量时，经济上欠发达和创新较弱的区域②（即，在这些地区，我们不太可能找到包含在 S&P 数据库中的公司，我们依赖于该数据库的 R&D 数据）被排除出样本。因此，为了说明样本偏差③，在表 6-3 中，我们去掉 R&D 支出变量，对所有 266 个观测值进行估计。在评估具体结果时发现，样本选择偏差只影响了表 6-2 中报告的部分结果。

---

① FURs 是一种能够最小化因通勤模式产生偏差的方法。一个 FUR 包括一个就业集中的核心城市和一个可以通勤到中心的腹地。关于这个概念的详细分析见 Cheshire 和 Hay（1989）。

② 具有 R&D 数据的 145 个 MSA 的 GDP 占全部 266 个 MSA 的 GDP 的 89.9%，其平均每百万人拥有 225.19 项发明专利，而全部样本的数值为 176.83 项。

③ Beeson 等（2001）讨论了在选择城市作为分析单元而不是县级数据时会引入"样本选择偏差"：因只考虑了那些经历过成功增长的地区。使用标准的大都市统计区域最大限度地减少了这一偏差。然而，为了使偏差最小化，我们不仅报告了最具创新性的大都市统计区域子样本的结果，而且还报告了美国大陆所有大都市统计区域的结果。

表6-2　实证模型异方差 OLS 估计：1990~1999 年拥有 R&D 的美国 MSA 年度专利增长率（145 个观察值）

	1	2	3	4	5	6	7	8	9	10	11	12
常数项	0.205*** (0.042)	0.220*** (0.045)	0.140*** (0.041)	0.162** (0.057)	0.162*** (0.043)	0.267*** (0.046)	0.215* (0.046)	0.200** (0.038)	0.22** (0.043)	0.214*** (0.034)	0.207*** (0.034)	0.162*** (0.051)
1990 年每百万人拥有专利数的自然对数	-0.019** (0.008)	-0.028*** (0.008)	-0.030*** (0.007)	-0.021** (0.008)	-0.020** (0.008)	-0.023*** (0.008)	-0.019** (0.008)	-0.032*** (0.007)	-0.028*** (0.007)	-0.028*** (0.007)	-0.029*** (0.007)	-0.033*** (0.007)
私人 R&D 支出（占地区个人收入的百分比）	0.009* (0.005)	0.011** (0.005)	0.008 (0.005)	0.009* (0.005)	0.010* (0.005)	0.012** (0.005)	0.008 (0.005)	0.014** (0.005)	0.011** (0.005)	0.012** (0.005)	0.012** (0.005)	0.013** (0.006)
邻近区域 R&D 投入的时空加权平均值	-0.029 (0.035)	-0.01 (0.036)	-0.002 (0.031)	-0.023 (0.035)	-0.033 (0.035)	-0.007 (0.033)	-0.031 (0.036)	0.02 (0.033)				0.012 (0.034)
社会过滤		0.016*** (0.003)						0.017*** (0.003)	0.016*** (0.003)	0.016*** (0.003)	0.016*** (0.003)	0.018*** (0.003)
邻近 MSA 社会过滤的时空加权平均值		-0.005 (0.022)										
拥有学士、硕士或专业学位的人口比例			0.446*** (0.09)									
受过大学水平教育（无学位）的人口百分比				0.15 (0.107)								
15~24 岁人口百分比					0.316*** (0.104)							
失业率						-0.010*** (0.004)						

续表

	1	2	3	4	5	6	7	8	9	10	11	12
农业劳动力百分比												
国内净迁移率							-0.003 (0.003)	0.003*** (0.001)				0.003*** (0.001)
人口密度（Ln）									-0.002 (0.005)			0.009 (0.007)
区域个人总收入占美国总收入的百分比										-0.002 (0.003)		-0.001 (0.003)
克鲁格曼指数											0.046 (0.042)	0.031 (0.046)
地理虚拟变量（东北、南部、五大湖和平原）	X	X	X	X	X	X	X	X	X	X	X	X
样本观察量	145	145	145	145	145	145	145	145	145	145	145	145
R^2	0.12	0.24	0.26	0.13	0.16	0.19	0.13	0.32	0.24	0.24	0.24	0.32
F统计量	3.59***	10.48***	12.17***	3.74***	4.17***	5.23***	3.24***	12.63***	11.96***	11.73***	12.81***	11.88***

注：括号内数字为稳健标准误，*、**和***分别表示10%、5%和1%的显著性水平。

表6-3　实证模型异方差 OLS 估计：1990~1999 年拥有 R&D 的美国 MSA 年度专利增长率（全样本，266 个观察值）

	1	2	3	4	5	6	7	8	9	10	11	12
常数项	0.154*** (0.025)	0.073*** (0.026)	0.046 (0.039)	0.072** (0.029)	0.230*** (0.033)	0.117*** (0.028)	0.162*** (0.025)	0.128*** (0.027)	0.155*** (0.026)	0.155*** (0.027)	0.120*** (0.032)	0.166*** (0.028)

续表

	1	2	3	4	5	6	7	8	9	10	11	12
每百万人拥有专利数的自然对数	−0.019*** (0.005)	−0.017*** (0.005)	−0.010*** (0.005)	−0.007 (0.005)	−0.017*** (0.005)	−0.009* (0.005)	−0.022*** (0.005)	−0.020*** (0.005)	−0.019*** (0.005)	−0.018*** (0.005)	−0.025*** (0.006)	−0.023*** (0.005)
社会过滤	0.019*** (0.003)						0.017*** (0.003)	0.018*** (0.003)	0.018*** (0.003)	0.018*** (0.003)	0.016*** (0.003)	0.016*** (0.002)
邻近 MSA 社会过滤的时空加权平均值	−0.024 (0.025)											
拥有学士、硕士或专业学位的人口百分比		0.374*** (0.058)										
受过大学教育（无学位）的人口百分比			0.219** (0.094)									
15~24 岁人口百分比				0.194* (0.100)								
失业率					−0.012*** (0.002)	−0.002 (0.002)						
农业劳动力百分比							0.002*** (0.001)					
国内净迁移率								0.007* (0.004)			0.002*** (0.001)	0.002*** (0.001)
人口密度（Ln）											0.011** (0.005)	0.000 0.000

续表

	1	2	3	4	5	6	7	8	9	10	11	12
地区个人总收入占美国总收入的百分比											0.003 (0.003)	0.003 (0.003)
克鲁格曼指数										-0.002 (0.035)	0.014 (0.712)	-0.0045 (0.037)
地理虚拟变量（东北、南部、五大湖和平原）	X	X	X	X	X	X	X	X	X	X	X	X
样本观察量	266	266	266	266	266	266	266	266	266	266	266	266
R^2	0.17	0.15	0.05	0.05	0.14	0.04	0.21	0.17	0.17	0.16	0.23	0.2242
F 统计量	10.83***	10.82***	3.39***	2.23***	7.92***	1.84	11.14***	10.27***	10.43***	10.32***	7.91***	7.65***

注：括号内数字为健壮标准误差，*、**和***分别表示 10%，5%和 1%的显著性水平。

表6-4　实证模型异方差 OLS 估计：1990~2002 年欧盟区域年度专利增长率

	1	2	3	4	5	6	7	8	9	10	11	12
	(1990~2002年)	(1990~2002年)	(1990~2002年)	(1990~2002年)	(1990~2002年)	(1990~2002年)	(1990~2002年)	(1990~2002年)	(1990~2002年)	(1990~2002年)	(1990~2002年)	(1995~2002年)
常数项	0.060** (0.026)	0.094*** (0.032)	0.050* (0.029)	0.043 (0.029)	-0.010 (0.050)	0.064 (0.040)	0.069** (0.030)	0.078** (0.026)	0.108** (0.049)	0.067** (0.029)	0.086* (0.044)	-0.388 (0.285)
每百万人拥有专利数的自然对数	-0.021*** (0.006)	-0.025*** (0.007)	-0.022*** (0.006)	-0.023*** (0.006)	-0.021*** (0.006)	-0.021*** (0.007)	-0.023*** (0.008)	-0.029*** (0.008)	-0.024*** (0.007)	-0.025*** (0.007)	-0.029*** (0.008)	-0.055*** (0.021)

续表

	1	2	3	4	5	6	7	8	9	10	11	12
	(1990~2002年)	(1990~2002年)	(1990~2002年)	(1990~2002年)	(1990~2002年)	(1990~2002年)	(1990~2002年)	(1990~2002年)	(1990~2002年)	(1990~2002年)	(1990~2002年)	(1995~2002年)
R&D支出（占区域GDP百分比）	0.96 (0.691)	0.712 (0.773)	0.556 (0.719)	0.233 (0.708)	1.245* (0.713)	0.994 (0.713)	1.018 (0.699)	0.969 (0.704)	0.766 (0.706)	0.359 (0.764)	0.702 (0.716)	4.830** (2.267)
邻近区域 R&D 的空间加权平均值	8.311** (3.884)	7.066* (3.575)	8.218** (3.710)	8.018** (3.581)	8.830** (4.008)	8.282** (4.002)	8.433** (3.985)	9.357** (3.999)	7.782* (3.949)	8.260** (3.904)	9.305** (4.198)	45.968* (23.190)
社会过滤		0.011*** (0.006)						0.010* (0.006)	0.012 (0.007)	0.008 (0.006)	0.010 (0.007)	0.062 (0.055)
邻近区域社会过滤的空间加权平均值		0.014 (0.037)										
受过高等教育的就业人员百分比			0.155 (0.112)									
受过高等教育人口占总人口的百分比				0.346*** (0.155)								
15~24岁人口百分比				0.194* (0.100)	0.362* (0.204)							
长期失业率						-0.007 (0.047)						
农业劳动力百分比							-0.047 (0.101)					

续表

	1	2	3	4	5	6	7	8	9	10	11	12
	(1990~2002年)	(1990~2002年)	(1990~2002年)	(1990~2002年)	(1990~2002年)	(1990~2002年)	(1990~2002年)	(1990~2002年)	(1990~2002年)	(1990~2002年)	(1990~2002年)	(1995~2002年)
迁移率								0.009 (0.007)			0.009 (0.007)	
人口密度（Ln）									0.004 (0.005)		-0.005 (0.005)	
地区 GDP 占比										0.069* (0.038)	0.087** (0.040)	
克鲁格曼专业化指数（16 个 NACE 部门）的就业情况												-0.171* (0.099)
国家虚拟变量	X	X	X	X	X	X	X	X	X	X	X	X
样本观察量	97	97	97	97	97	97	97	97	97	97	97	97
R²	0.43	0.45	0.44	0.45	0.45	0.43	0.43	0.46	0.46	0.46	0.47	0.21
F 统计量	6.11***	4.65***	5.26***	5.62***	6.27**	5.61***	5.26***	5.11***	5.71***	5.33***	5.58***	2.11**

注：括号内数字为稳健标准误，*、** 和 *** 分别表示 10%、5% 和 1% 的显著性水平。

在表6-2（美国）和表6-4（欧盟）的回归1~2中，依次引入了专利的初始水平、地方创新投入的衡量指标、知识溢出的代理变量和社会过滤变量。在回归3~7中，为了区分它们，分别纳入了社会过滤的各个组成部分。从回归8开始，依次引入了与地方经济的地域组织有关的变量（迁移、聚集和专业化）。表6-3遵循相同的顺序，但没有控制R&D支出和知识溢出。

调整 R^2 给出了所有回归的总体拟合优度，在所有情况下，F统计概率让我们拒绝所有回归系数为零的原假设。对模型设定中包含的所有变量进行了VIF检验，排除了多重共线性的存在。对残差进行 Moran's I 检验，发现不存在空间自相关（Cliff 和 Ord，1972）。

这些结果为欧盟和美国知识生产的地域特征提供了许多见解。美国和欧盟区域创新地理的一个关键相似之处是，在过去几年中，创新产出的区域分布存在地域趋同。在两种情况下，专利活动初始水平的系数都是显著为负的（见表6-2、表6-3和表6-4）。这表明，专利产生的充足条件已经扩散到以前的边缘地区，使得创新产出的区域分布更加均衡［与Moreno等（2005b）对欧盟地区的研究结果一致］。这些变化表现为创新型企业的出现或重新选址、产品生命周期不同阶段聚集产生的正外部性和负外部性之间的平衡，以及一些地区的竞争优势随着技术范式的转变而变化等。这种创新活动分散的普遍趋势在美国似乎没有在欧盟那么突出：当所有的266个MSA都包括在分析中时（因此也考虑到创新较少的MSA），美国的收敛参数比欧盟小，也不那么显著。

在美国，创新产出地理分布相对较高的稳定性与地方创新活动对创新产出的正向显著影响（见表6-2回归1）有关：本地R&D支出水平越高，专利增长率就越高。与欧盟相比，美国的知识和创新生产更加本地化，这也从缺乏跨MSA溢出证据中可见一斑：相邻MSA R&D支出的空间加权平均对专利增长率没有任何显著性影响。在欧盟，则出现了相反的地域动力。本地创新生产率与R&D支出水平没有直接关系，或者至少，这种关系似乎只在短期内成立。当专利增长在1990~2002年的时间跨度上对初始R&D支出进行回归时，该系数不显著（见表6-4回归1），但当考虑1995~2002年较短的时期时，该系数显著为正（见表6-4回归A）。相反，相邻区域R&D支出空间加权平均值的系数显著为正（见表 6-4 回归 1）表明，欧盟创新活动的长期增长率更多地受到区域间知识溢出的影响。

　　创新投入对创新产出的影响在美国和欧盟存在差异，其背后的原因可能与三个潜在因素相关：创新中心之间的距离、R&D 投入的构成以及劳动力流动。在欧盟，创新能力强的区域在地理位置上往往比美国更近。此外，对溢出效应扩散的实证分析发现，美国存在非常强的距离衰减效应：通常，知识溢出不会扩散到距离其诞生地 MSA 的 80~110 千米半径之外（Varga，2000；Acs，2002）。相反，在欧盟，溢出效应的地理扩散范围是距离其诞生地 200~300 千米半径，如本书第 5 章所示，并得到 Bottazzi 和 Peri（2003）以及 Moreno 等（2005a）的证实。地区间距离相对更近以及距离衰减效应较弱的事实表明，欧盟区域有更大的潜力依赖邻近区域的创新投入作为创新的源泉，并在空间邻近性的支持下，在创新主体间形成更加紧密的区际网络（Maggioni 等，2006）。相反，在美国，地区间距离更远以及距离衰减效应更强的特点，促使美国各地区形成自给自足的创新局面，这些地区的创新势必更依赖各自的创新投入，而不是来自其他 MSA 的溢出效应。

　　美国的 R&D 投入也往往比欧盟更加专业化、更有针对性。几乎每个欧盟国家都努力在大量知识领域占有一席之地，这导致了 R&D 的冗余，而欧洲一体化迄今未能克服这些问题（Gambardella 和 Malerba，1999；Mariani，2002）。美国存在一个一体化程度更高的市场，有利于形成更专业的地理创新结构。

　　最后，欧盟和美国之间劳动力流动方面的差异也有广泛的文献研究，这也对各自的创新地理格局产生了深远影响。美国劳动力的高流动性可以使创新主体在空间上持续进行更好的匹配，在区域层面强烈互动，因而比欧盟更少地依赖来自其他 MSA 的溢出效应。美国的收敛参数较弱，不仅是本地 R&D 支出影响较大的结果，也因更高的要素流动性产生了更好的空间匹配，这种支出的生产率较高且更具差异性。相比之下，较弱的区内协同效应迫使欧盟创新者更多依赖邻近区域的创新投入（邻近区域溢出效应）。欧盟人口分布更稳定，内部流动性较低，产生了一个更具区域间整合和"再分配"的创新系统，其运作依赖于区际交流和

"远程"学习。流动性低①成为区域层面匹配的严重障碍。

尽管知识空间扩散在欧盟和美国表现出不同的地域动力，但实证证据表明，在这两个样本中，使内部知识和外部知识转化为创新产出的内部社会经济因素是相当相似的。在美国和欧盟（如第 4 章所证实的），社会过滤变量都显示出正向显著的符号（见表 6-2 回归 2、表 6-4 回归 2）。一组地方社会经济因素的存在是孕育成熟区域创新系统的前置条件，并且似乎在解释欧盟和美国大都市区不同区域的创新绩效差异方面发挥了重要作用。此外，在这两个样本中，区域经济没有受到邻近区域社会经济条件的显著影响：邻近区域社会经济条件的空间加权平均值对美国或欧盟来说都不显著（分别见表 6-2 回归 2 和表 6-4 回归 2）。然而，这一证据需要放在两地不同地理过程的背景下进行对比。邻近区域的社会过滤条件对本地创新绩效没有影响这一结论，与美国创新的地域动力更"地方化"和"自给自足"的特征相一致。在欧盟，社会过滤条件产生与美国相类似的本地化影响，与其非地方化及实现知识匹配所必需的区际交流相互冲突。这表明欧盟创新系统中存在着潜在的不一致，即社会过滤条件无法将它们的效用扩散到远距离之外，从而增强了对远距离知识流动的需求，以补偿因要素流动性低导致的不足。

当对社会过滤的各个组成部分单独回归时，高等教育在两个样本中都显示出显著的正向影响（见表 6-2 和表 6-3 中的回归 3 和回归 4）。具体而言，从表 6-2 可以看出，美国区域的关键资源似乎是持有学士学位、研究生学位或专业学位的人口。只有一些"大学水平教育"而没取得学位的人口的百分比是不显著的。然而，在美国，这一结果部分可能的原因是上文讨论的样本选择偏差：当考虑 MSA 的整个样本时（见表 6-3 中的回归 2 和回归 3），这两个教育变量都是显著的。这意味着，对于最具创新性的 MSA，即 R&D 支出大量集中的区域，真正的差异化竞争因素似乎是更高层次的专业技能，而在 MSA 的整体样本中，更一般

① 然而，在评估这一现象时，在欧盟的情况下，分析单位是 NUTS 地区，即为欧盟生产区域统计数据的地域单位，其定义主要用于行政目的。因此，NUTS 地区可能并不总是接近区域经济的功能边界。相反，美国 MSA 更接近"功能性城市地区"的概念（Cheshire 和 Hay, 1989），在经济互动方面可能更加"自给自足"。因此，两个样本中记录的实证证据之间的部分差异可能源于分析空间单位的不同性质。然而，由于我们依赖于逆线性距离（而不是连续性）来设定溢出变量，因此，欧盟和美国异质性空间单位影响的最小化支持了我们的结果，无论如何，我们的结果在很大程度上与现有文献一致。为了得到稳健性结果，我们使用州级数据（连续）对美国的实证模型进行了重新估计，溢出变量的结果与之前的结果非常相似。这些结果可根据需要从作者处索取。

的技能可能也在提高本地创新绩效方面发挥作用。在欧盟，相关的指标与美国略有不同，人口的教育成就（见表6-4回归4）对创新产出产生正向显著影响，而就业人员的教育成就则不显著（见表6-4回归）。在欧盟和美国都促进创新的另一个因素是有利的人口结构：年轻人口占比较高的区域往往产生更多的创新（见表6-2和表6-4回归5）。只有在美国，高失业率会阻碍创新的产生（见表6-2回归6和表6-3回归5），而在欧盟，这一影响在统计上并不显著。在两地，农业的劳动力比例都不显著。由此我们得出结论，即人力资源的生产性利用不如其质量重要。

实证分析的最后一部分涉及生产要素的地域组织：一方面是迁移流动和人员互动的密度，另一方面是经济活动的集聚和专业化。在美国MSA，净国内迁移率对专利增长率产生了正向显著的影响（见表6-2回归8、表6-3回归7）。相比之下，由于欧盟工人的流动性较低，欧盟区域的创新生产率无法从这种流动中受益：正如Peri（2005，第22页）指出的那样，美国不仅从世界各地接收了比欧盟大得多的人口迁移（绝对和相对而言），而且"美国还以其公民非常高的内部流动性补充了这些大量迁移的流入"。我们的结果可以根据劳动力市场通过各种地域机制的这些不同特征对两地的创新绩效产生影响［呼应了Ottaviano和Peri（2006）的结果］。美国MSA受益于技术迁移的流入，由于技术迁移的流动，美国MSA的创新绩效受到了影响。劳动力提高生产率和创新的同时，创新反过来也像磁铁一样会吸引技能人才，进一步促进创新。因此，在美国产生了创新和迁移的良性循环累积。在欧盟，由于文化和制度对流动性的障碍更大，这种良性循环要弱得多。

下面考察集聚效应的作用，表6-2表明，在美国MSA中，无论是人口密度（回归9），还是美国个人总收入的百分比（回归10），都没有对创新产生显著影响。然而，当考虑样本选择偏差，对266个MSA整个样本进行回归时发现，"人口密度"显示出正的显著性符号（见表6-3回归8），而且与迁移率①一起回归时，其显著性增加（见表6-3回归11），而"地区占全国GDP的百分比"在任何情况下都仍然不显著。在欧盟，情况恰恰相反：人口密度不显著（见表6-4

---

① 这与以下观点一致：由于美国的流动性较高，其创新系统具有更多的本地匹配和学习效应，因此比欧盟更具"本地化"。在欧盟，为了匹配流动性较差的主体，需要进行长距离沟通。

回归9），而"地区占全国GDP的百分比"单独及控制人口密度后都是正向显著的（分别见表6-4回归10和回归11）。在美国，人员交流的密度对创新生产率很重要，因为它能够最大限度地促进区域内的溢出效应。正如前面讨论的那样，这些交流胜过区域间的知识流动。相反，经济活动的集聚（集聚经济"规模"的代理变量）并不是美国大都市圈竞争优势的差异来源：美国大都市圈很容易达到最佳生产规模，其平均规模比欧盟的要大。因此，集聚经济的"规模"并没有作为创新差异因素而出现（即，除人类互动的密度或本地化知识溢出之外）。

在欧盟，地方互动密度似乎无法刺激创新生产率。人口密度对人类互动的正向影响——由集聚理论预测，并在美国实证观察到——似乎在欧盟被更广泛的地域力量抵消。在欧盟劳动力流动性较低的背景下，人口密度可能会鼓励不充分技能的集中和分层，而美国集聚经常更新，绝对人口密度较低。欧盟区域的竞争优势是由财富的相对集中推动的，如上所述，财富的相对集中代表了集聚经济的"规模"。

6.5.3　集聚、专业化和集群的绝对规模

在文献中，对于集聚经济是否能够完全被相对集中度衡量，或者集群的绝对规模是否更能理解地理集中度对生产率的影响，存在着激烈的争论［参见Duraton和Puga（2003）的综述］。最近的一些文献越来越强调集群的绝对规模，以此作为计算专业化水平的基础，认为当使用相对集中度时，对于较大的都市区，这一水平被系统地低估了（Drennan和Lobo，2007）。我们通过用总人口、总就业和总GDP来代替每个MSA/地区的绝对经济规模来解决这个问题。然后，我们计算了区域经济专业化程度（克鲁格曼指数）与其绝对规模（如上所述）之间的交互项。结果如表6-5至表6-7所示，其中表6-5为145个MSA的R&D数据，表6-6为美国全部样本（266个MSA），表6-7为欧盟样本。

表6-5　实证模型异方差一致OLS估计（交互项）：

1990~1999年拥有R&D的美国MSA年度专利增长率（145个观察值）

	1	2	3	4	5	6
常数项	0.210***	0.145	0.200***	0.150	0.198**	0.150
	(0.077)	(0.136)	(0.072)	(0.129)	(0.084)	(0.145)

续表

	1	2	3	4	5	6
每百万人拥有专利数的自然对数	-0.029*** (0.007)	-0.029*** (0.007)	-0.029*** (0.007)	-0.029*** (0.007)	-0.029*** (0.007)	-0.029*** (0.008)
私人 R&D 支出（占个人总收入的百分比）	0.012** (0.005)	0.012** (0.005)	0.012** (0.005)	0.012** (0.005)	0.012** (0.005)	0.012** (0.006)
社会过滤	0.016*** (0.003)	0.015*** (0.003)	0.016*** (0.003)	0.015*** (0.003)	0.016*** (0.003)	0.015*** (0.003)
克鲁格曼指数	0.044 (0.045)	0.430 (0.590)	0.048 (0.045)	0.340 (0.559)	0.048 (0.045)	0.330 (0.620)
总人口（Ln）	-0.000 (0.005)	0.005 (0.009)				
交互项：克鲁格曼指数 * 总人口		-0.030 (0.044)				
总就业人数（Ln）			0.001 (0.005)	0.005 (0.009)		
交互项：克鲁格曼指数 * 总就业人数				-0.024 (0.044)		
总收入（Ln）					0.001 (0.005)	0.004 (0.008)
交互项：克鲁格曼指数 * 总收入						-0.018 (0.038)
地理虚拟变量	X	X	X	X	X	X
样本观察量	145	145	145	145	145	145
R^2	0.24	0.24	0.24	0.24	0.24	0.24
F 统计量	11.12***	10.31***	11.22***	10.31***	11.21***	10.30***

注：括号内数字为稳健标准误，*、**和***分别表示10%、5%和1%的显著性水平，^、^^和^^^分别表示 Wald 检验在10%、5%和1%的显著性水平。

表6-6 实证模型异方差一致 OLS 估计（交互项）：

1990~1999 年拥有 R&D 的美国 MSA 年度专利增长率（全样本）

	1	2	3	4	5	6
常数项	0.039 (0.047)	-0.001 (0.095)	0.050 (0.043)	0.011 (0.088)	0.021 (0.050)	-0.026 (0.106)
每百万人拥有专利数的自然对数	-0.025*** (0.006)	-0.026*** (0.006)	-0.026*** (0.006)	-0.026*** (0.006)	-0.026*** (0.006)	-0.026*** (0.006)
社会过滤	0.017*** (0.003)	0.016*** (0.003)	0.016*** (0.003)	0.016*** (0.003)	0.016*** (0.003)	0.016*** (0.003)

	1	2	3	4	5	6
克鲁格曼指数	0.028 (0.041)	0.255 (0.438)	0.028 (0.040)	0.245 (0.399)	0.027 (0.041)	0.288 (0.492)
国内净迁移率	0.002*** (0.001)	0.002*** (0.001)	0.002*** (0.001)	0.002*** (0.001)	0.002*** (0.001)	0.002*** (0.001)
总人口（Ln）	0.010*** (0.003)	0.014**^^^ (0.007)				
交互项：克鲁格曼指数 * 总人口		-0.018^^^ (0.034)				
总就业人数（Ln）			0.010*** (0.003)	0.014**^^^ (0.007)		
交互项：克鲁格曼指数 * 总就业人数				-0.019^^^ (0.032)		
总收入（Ln）					0.010*** (0.003)	0.013**^^^ (0.006)
交互项：克鲁格曼指数 * 总收入						-0.017^^^ (0.031)
地理虚拟变量	X	X	X	X	X	X
样本观察量	266	266	266	266	266	266
R^2	0.24	0.24	0.24	0.24	0.24	0.24
F 统计量	8.61***	7.73***	8.58***	7.73***	8.48***	7.65***

注：括号内数字为稳健标准误，*、** 和 *** 分别表示 10%、5% 和 1% 的显著性水平，^、^^ 和 ^^^ 分别表示 Wald 检验在 10%、5% 和 1% 的显著性水平。

表 6-7　实证模型异方差 OLS 估计（交互项）：

1990~2002 年和 1995~2002 年欧盟区域年度专利增长率

	1	2	3	4
	（1990~2002 年）	（1990~2002 年）	（1995~2002 年）	（1995~2002 年）
常数项	-0.091 (0.088)	-0.026 (0.065)	0.001 (0.572)	-0.327 (0.411)
每百万人拥有专利数的自然对数	-0.025*** (0.007)	-0.025*** (0.007)	-0.048** (0.019)	-0.052** (0.020)
R&D 支出 （占地区 GDP 的百分比）	-0.105 (0.718)	-0.145 (0.752)	3.200 (2.149)	3.240 (2.082)

续表

	1	2	3	4
	（1990~2002 年）	（1990~2002 年）	（1995~2002 年）	（1995~2002 年）
邻近区域 R&D 空间加权平均值	8.268 ** (3.654)	8.008 ** (3.687)	41.907 * (22.461)	44.060 * (22.918)
社会过滤	0.008 (0.006)	0.008 (0.006)	0.017 (0.055)	−0.006 (0.068)
克鲁格曼指数[a]			−2.737 (2.110)	−1.235 (1.192)
总人口（Ln）	0.012 ** (0.006)		−0.023 (0.032)	
交互项：克鲁格曼指数 * 总人口[a]			0.187 (0.148)	
总收入（Ln）		0.012 ** (0.006)		−0.001 (0.027)
交互项：克鲁格曼指数 * 总收入[a]				0.114 (0.117)
国家虚拟变量	X	X	X	X
样本观察量	96	96	96	96
R^2	0.48	0.48	0.26	0.26
F 统计量	5.90 ***	5.57 ***	2.40 ***	2.36 ***

注：括号内数字为稳健标准误，＊、＊＊和＊＊＊分别表示 10%、5% 和 1% 的显著性水平，^、^^和^^^分别表示 Wald 检验 10%、5% 和 1% 的显著性水平。a 表示计算克鲁格曼指数的数据仅从 1995 年开始。

　　所有 MSA 或区域绝对规模的代理变量在美国（但仅当考虑所有 266 个 MSA 时，见表 6-6）和欧盟（见表 6-7）都显示出正向显著的影响。因此，在欧盟和美国，更大的集群规模都能产生更多的创新。在美国，绝对规模和专业化之间的交互项是负显著的（当考虑到全部样本时，见表 6-6），而对于欧盟地区来说，它并不显著（见表 6-7）。当引入绝对规模和专业化之间的交互项时：

$$\frac{1}{T}\ln\left(\frac{P\alpha_{i,t}}{P\alpha_{i,t-T}}\right)=\alpha+\beta_1 Krugman\ Index+\beta_3 RD+\beta_4 SocFilter+\beta_5 Size+$$

$$\beta_6 Krugman\ Index * Size+\varepsilon \tag{6.5}$$

其中，当考虑绝对规模对专利增长率的边际影响时（保持所有其他变量固定），我们得到：

$$\frac{\Delta\left(\dfrac{1}{T}\ln\left(\dfrac{P\alpha_{i,t}}{P\alpha_{i,t-T}}\right)\right)}{\Delta Size}=\beta_5+\beta_6 Krugman\ Index \tag{6.6}$$

这意味着，当 $\beta_6 < 0$ 时，在其他条件相同的情况下，集群"专业化"越强（克鲁格曼指数得分高），其绝对规模的增加就越会降低其新专利的生产率。这可以被解释为在美国，集群的绝对规模对创新产生正向影响，但当大的绝对规模与高专业化相结合时，这种影响就会降低。专业化对创新绩效的影响本质上并不为负（克鲁格曼指数不显著），但更大的集群需要"多个专业化部门"，以充分利用其绝对经济规模的益处。在欧盟，集群的绝对规模总是对创新绩效产生正向影响，而专业化程度总是产生负向影响（克鲁格曼指数负显著）。然而，这两项之间没有显著的（负向或正向）相互作用。因此，在其他条件相同的情况下，集群规模的增加会提高其创新绩效，无论其专业化程度如何；相应地，无论该地区的绝对经济规模如何，更强的专业化水平将导致更少的创新绩效。这些结果再次证实了欧盟创新过程中的"国家"偏见。在欧盟，较低的经济一体化和要素流动性使专业化成为创新绩效的障碍①。相比之下，在一体化的美国，在高度专业化的本地经济中似乎只有超大集群会使利用知识基础互补性的能力下降。在解释系数的显著性时需要特别注意，因为人们不必分别测试 β_5 和 β_6 的显著性，而是检验联合假设 H_0：$\beta_5 = 0$，$\beta_6 = 0$（Wooldridge，2002）。为了检验这个联合假设，我们实施了 Wald 系数检验，结果显示，美国的 266 个 MSA 样本，在 1% 的水平上拒绝 H_0，即估计的系数在两个样本中都是显著的。此外，Wald 检验不受两个变量实际较低正交性的影响。

如果考虑到两地经济专业化程度对创新绩效的影响，这一关系会进一步丰富。在美国，代表本地经济专业化程度的指标（克鲁格曼指数）在统计上并不

---

① 部门结构对区域创新绩效的影响不能仅限于专业化的整体水平，还应充分考虑专业化的特定区域模式：区域专业化的总体水平真正的差异，源于一个区域在高科技 R&D 密集型和传统部门的专业化水平（Smith，2007）。从欧盟与美国比较的角度，我们未来需要以部门为对象的地域过程开展进一步研究。

显著（见表 6-2 回归 11 和回归 12）。相比之下，在欧盟（见表 6-4 回归 A），专业化程度较高的区域似乎在产生创新的能力方面一直处于劣势。专业化不是美国区域创新过程的障碍，似乎存在着比欧盟更严重的 MAR 和 Jacobs 外部性混合。在美国，较高的劳动力流动性和相对较少的（由政治、制度和文化因素）企业和个人的区位选择约束，使每个创新者根据自己的技术或组织需求选择最有利的地点［例如，根据产品生命周期的当前阶段，如 Audretsch（2003）与 Duraton 和 Puga（2005）］。在这种背景下，创新主体的地理分布有效地适应了每个区域提供的从部门专业化或多样性中获益的可能性。凭借这种机制，专业化不再是创新生产的障碍，因为内部要素流动性将允许专业化地区吸引能够从 MAR 外部性中获益的代理人，同时将其他代理人推向更加多样化的地区。此外，美国集聚区较大的经济规模也可能使它们从一定程度的知识基础互补性中获益，即使在相对更加专业化的背景下也是如此。美国经济活动不断重组以应对不断变化的部门区位优势，这种动力过程得到了 Desmet 和 Fafchmps（2005）关于县级就业的证据的证实。他们发现，在就业总量较高的聚集区，非服务业就业的去集中化和服务业就业的集聚化都存在：某些行业的区位模式可能随着本地外部性模式的转变而发生变化。然而，制造业的去集中化对距离大集聚区 20~70 千米的县域有利，而服务业则集中在半径 20 千米以内的大集聚区。这种集中或分散动力的特殊空间范围似乎表明，根据美国过程地理学"地方主义"观点，存在着根本性的 MSA 内部调整。由于欧盟和美国通过劳动力和资本流动性表现出不同的调整速度，因此它们产生了不同的专业化模式（即使总体水平相似）。这澄清了观察到的专业化对欧盟创新绩效的负面影响的意义。这表明，对美国来说，重要的不是专业化水平，而是调整地方因素条件以适应不断变化的创新需求的能力。

Ciccone（2002）认为，地方经济的集聚程度在两地没有实质性差异。我们的结果表明，对新知识生产过程方面的比较分析不能"简化"为集聚水平。相反，对集聚经济的分析需要在经济及其要素市场的整体地理动力的背景下，并与其他相关的地域过程结合起来进行。

6.6 结论

我们对美国和欧盟创新地理的实证分析表明，欧盟和美国的知识生产分别由不同的地理过程支配。在美国，创新的产生通常发生在自给自足的地理区域，这些区域依赖于自身的 R&D 投入、有利的本地社会经济环境以及对高技能人才的培训和吸引。在欧盟，创新过程不仅与拥有有利本地社会经济环境有关，还与邻近其他创新地区，以及吸收区际知识溢出并将其转化为创新的能力有关。与美国的情形相反，欧盟的人力资本流动没有起到作用，专业化也与欧盟的创新呈负相关，而集聚是创新较好的驱动力。同时，欧盟的创新更依赖 Jacobs 外部性，而美国的 MSA 的创新可以依靠 MAR 和 Jacobs 外部性。由此可以推断，与美国相比，欧盟较低的要素流动性和一体化水平严重制约了创新资源的动态重组。

在这些创新的多样化地域动力背后，存在着两个关键的力量。首先是欧盟创新中的"国家偏见"。尽管欧洲经济一体化迅速发展，但仍然存在着独特的国家和区域创新系统。各国政府为保持或提高本地技术或创新能力，长期支持着这些创新系统。此外，欧盟各国都有着自己的创新战略，这些战略可能部分与欧洲的《里斯本议程》一致。而美国具有一个经济、文化和心理更加一体化的市场，主要由国家力量塑造创新过程；在资助重大创新项目上，各州发挥的作用较小。尽管一些州拥有重要的公立研究型大学，但这些学校的 R&D 预算平均由联邦政府资助 60%，私人资金贡献约 20%，各州 20% 的贡献主要用于教学活动。通常，国家往往更注重创造充分的总体条件，使创新得以生根，并允许地理过程将各主体聚集在一起。

其次是欧盟对凝聚力的关注，甚至在创新的起源方面。在美国，创新区位受市场力量的强烈影响，而在欧盟，《里斯本议程》"使欧盟成为世界上最具竞争力的知识型经济体"的目标与促进地区凝聚力目标相矛盾。此外，国家创新政策也比较重视凝聚力目标。近年来，大量公共 R&D 都投入在创新基础较弱的地区，尤其是在边缘国家。

这两种截然不同的创新模式在航空业中可以找到明显的例子。在美国，波音公司几乎有一半的员工集中在一个地方，并从规模经济和专业化的优势中受益。那些在波音公司工作的拥有所需技能的工人预期会迁移。作为波音公司主要竞争对手的空客公司，最初是一个公司联盟，现在也依然如此。国家利益、文化差异和欧洲更大的移民成本使空客公司成为一家拥有多个中心的公司，只有28%的员工集中在位于法国图卢兹的主工厂。相距数百千米不同的工厂执行着不同的功能。

欧盟和美国不同的创新地域动力是否会导致差异极大的结果？我们不要急于从这一分析中得出结论。初看，它可能与许多其他分析一样，呼吁欧盟地理过程的"美国化"：更高的要素流动性、更强和更专业化的集聚，以及高度一体化。然而，本章的分析也发现了一些欧洲一体化道路的明显特色：鉴于较低的流动性、过去分散化且非专业化的城市体系，以及国家制度和文化的持续性，欧盟可能正在形成更多的大都市间知识交流和合作的模式，这与美国高流动性和专业化的功能相当。当然，欧洲交通系统（高速铁路、廉价航班）的发展，正使大都市地区比以往任何时候都更加紧密地联系在一起，提高了企业内部、企业之间和政府之间的合作水平。在全球航空业，目前尚不清楚是波音模式，还是空客模式会取得最终的胜利。尽管存在些许协调上的问题，比如最近新空中客车380的线路问题。空客的例子已经表明，复杂的协同创新安排能够起效，并与地理上更一体化的系统进行竞争。最近电子通信和交通基础设施的改善有助于提高欧盟分散化创新系统的可行性。问题在于，在某种程度上，这些改善是否能成为类似美国地理过程可行的替代方案，即能够帮助欧盟缩小创新差距。

无论如何，本书研究表明，欧盟和美国创新的地域动力及其基本的地理基础是这些创新系统绩效的基本要素。

第7章 可以从区域发展的"综合方法"中学到什么？欧盟基础设施投资的影响

7.1 引言

为分析区域增长动力，前面章节建立了一个统一框架。在创新被视作区域增长的关键引擎的背景下，将制度和地理因素纳入分析，已逐步拓宽了创新转化为经济增长的线性模型研究。实证分析验证了区域增长"综合"模型的解释能力，并为欧盟区域增长的驱动力提供了新线索。此外，第6章展示了如何将"综合"方法成功地应用于欧盟和美国区域创新动力的比较分析。

本章旨在应用书中提出的"综合"框架分析基础设施政策对区域经济绩效的影响。分析表明，逐步摆脱新古典线性增长模型，可以更好地预测发展新的基础设施对区域增长的影响。

出于对经济效率和领土公平的考量，发展基础设施，尤其是交通基础设施，通常被认为是值得的。首先，现代高效的基础设施禀赋应该是资源高效开发和本地经济潜力最大化的必要竞争资产。其次，通常认为，基础设施禀赋的改善不仅可以提高可达性，而且有助于边缘和落后区域更好地融入市场一体化，从而有机会追赶更发达的地区。尤其在欧盟，基础设施的完善是区域经济成功的必要条件，也是欧洲一体化进程中公平分配收益的工具。因此，发展基础设施有利于提高一体化的收益，而且被认为是共享一体化收益的主要手段。基于这一主流观点，很显然，基础设施，尤其是交通基础设施，在欧盟政策中发挥了重要作用。

本章从一个广义理论视角检验基础设施发展（特别是交通基础设施投资）如何影响欧盟的区域发展，同时还考虑了与区域经济绩效有关的其他相关特征，以便更准确地评估基础设施资本的影响。这些特征包括创新活动的集中、（不利）有利的社会条件基础、集聚经济和人口流入。我们还分析了内外部条件对区域经济绩效的影响，以溢出的形式评估每个区域与其邻近地区间的空间互动。在分析邻近区域的基础设施禀赋（和其他条件）时，可以单独考虑任何特定区域有利地理区位的影响，这种影响包含获取网络外部性以及从连通区域的其他增长强化条件中受益的能力。最后，本章还提供了一些政策启示，包括评估跨区域基础设施投资溢出效应和政策含义。

7.2　基础设施和区域经济发展

7.2.1　公共基础设施发展的合理性

《欧洲联盟条约》（第 154 条）明确提出"建立和发展运输、电信和能源基础设施领域的跨欧洲网络"是实现内部市场一体化目标（第 14 条）以及经济和社会凝聚力"全面和谐发展"的一个政策工具。欧盟委员会 2005 年发布的《增长与就业综合指导方针（2005—2008 年）》再次强调了发展基础设施在微观经济层面对提高欧盟增长潜力和凝聚力的作用。因此，欧盟成员国基础设施的发展得到了能源、电信和运输领域跨欧洲网络的支持、整合和协调。特别是，跨欧洲运输网络（TEN-T）的构建工作已由埃森欧洲理事会制定的《共同体指导方针》推动，该方针于 1996 年确定了 14 个优先级项目。2004 年，随着欧盟逐步扩大到 25 个以及之后的 27 个成员国，这一项目清单得到了扩展，包括将于 2020 年完成的 30 个优先级项目和一系列较小型项目。TEN-T 的建立为欧盟交通基础设施的发展提供了一个总体规划框架，由于缺乏跨区域视角，先前基于单个区域需求建立的系统被取代（Vickerman，1995）。

为发展基础设施，欧盟投入了大量的财政资源。2000~2006年项目规划期间，分配给结构基金1950亿欧元（按1999年价格计算）（Puga，2002，第374页），其中约2/3分配给目标1区域。目标1约一半的拨款专门用于发展新的基础设施（Rodríguez-Pose和Fratesi，2004）。此外，同期180亿欧元凝聚力基金近一半和欧洲投资银行（EIB）379亿欧元的贷款总额（欧盟委员会，2007a）用于基础设施。在共同运输政策的特定专题下，借助结构和凝聚力基金，仅TEN-T就为交通基础设施调动了大量财政资源。在2000~2006年结构基金方案规划期间，TEN-T不仅得到了42亿欧元的预算，还受益于凝聚力基金160亿欧元的拨款和欧洲区域发展基金（ERDF）340亿欧元中部分投资于交通基础设施的资金。在2007~2013年的财政框架中，约有80亿欧元被指定用于TEN-T，"但ERDF和凝聚力基金将仍是社区援助的主要来源，以共同资助TEN-T"：约350亿欧元的凝聚力基金用于优先项目（欧盟委员会，2007a，第5页）。

就增长和凝聚力而言，欧盟投入大量财政资源发展基础设施主要是基于对区域经济运行基本模式和驱动经济增长因素的考虑。传统上有三种关于基础设施不同的看法：第一，作为一种"无偿生产要素"，直接提高产出；第二，作为"强化因子"，可以提高劳动和资本的生产力；第三，作为经济活动重新布局的激励（Lewis，1998）。Aschauer（1989）提出了一个在以往经济文献中被忽视的观点，即公共基础设施和私人资本存量的差异可以解释国家产出水平的差异。在Aschauer的框架中，当其他条件相同时，公共基础设施的存量越高，私营部门的资本生产率就越高：基础设施禀赋的增加会提高生产率以及劳动力成本（尽管速度较低）（Biehl，1991）。由此，劳动力成本和生产率之比作为区域竞争地位的代理变量：生产率超过劳动力成本的区域可以带来更高的收入和更多的就业机会，并激励人口和资本的流入。因此，当生产率超过劳动力成本时，基础设施禀赋的改善将使区域经济收益超过其潜在GDP。这种方法推动了一系列基于Aschauer回归的实证文献，为支持基础设施投资的积极作用提供了重要依据：公共投资的年回报率预计超过100%（Holtz-Eakin，1993；Glomm和Ravi-Kumar，1994）。从另一个角度看，经典区位论强调从高可达性和低运输成本中受益的区位优势，这也支持了基础设施投资作为提高经济绩效手段的观点。Seitz 和 Licht（1995，第239页）基于对偶理论，提出了第三种针对运输成本与区域增长关系问题的不同方法："公共基础设施投资可以被视为通过降低生产和运输成本来提高城市、区域和国家竞争力的工具。"这些理论的经济政策含义充分证明了欧盟决策者重视基础设施发展项目的合理性。

然而，这些明确的结论受到了各种理论和实证研究的质疑。第一，Gramlich（1994）不仅质疑了 Aschauer 回归的因果关系，并强调缺乏对基础设施概念的统一定义可能导致严重的测量差异，他还指出，基础设施影响的评价与管理和定价方式有关。此外，Aschauer 分析发现，令人难以置信的高公共投资回报率很快开始与微观层面影响分析产生的证据形成明显对比（例如，Munnel，1990；Evans 和 Karras，1994；Button，1998；Vanhoudt 等，2000）。决定资本存量的内生增长模型已经部分地克服了这种方法的局限性。当该模型用于分析基础设施的影响时，它们会产生完全不同的结果。沿着这一思路，Vanhoudt 等（2000，第102页）发现"因果关系并非从公共投资到增长，而是相反方向"，同时还指出公共投资"很难被视为长期结构性增长的引擎"。

第二，当经典区位论的简化空间模型被更现实的欧盟地区及其经济地理情况替代时，总体可达性水平的提高与经济发展（意味着更大的凝聚力）之间的直接关系较为微弱。一方面，运输成本和可达性本身的真实重要性正在发生改变：首先，新的运输方式（如高铁）创造了新的区位优劣势；其次，货运量和出行量普遍增加；最后，总体运输成本及其所包含的固定成本（包装、运输等）在总制造成本中只占小部分，且不断减少（Glaeser 和 Kohlhase，2004；Vickerman 等，1997）。此外，电子通信技术，不仅影响可达性，还对货物和人员的流动以及新的区位因素（如生活质量）产生了重要但尚未完全可知的影响，已成为竞争优势的重要源泉。另一方面，由 TEN-T 发展带来的可达性变化扩大而不是缩小了区域差异，一系列原因如下：

（1）假如核心和边缘区域具有相似的可达性水平，可能会因开放本地市场而损害落后区域的企业，除非落后区域的其他优势得到发展（Puga，2002）。

（2）因核心区域周围交通的分散化和本地市场的扩大，边缘区域的问题似乎更多是缺乏足够的区内网络，而不是由 TEN-T 项目支持的区际连通（Martin

和 Rogers，1995；Vickerman，1995）。

出于上述考虑，Button（1998，第 154 页和第 156 页）得出的结论似乎是客观的，即"基础设施作为经济发展要素的确切重要性长期存在争议（……），但现有的诸多证据还远不能得出结论"，因此，Aschauer 框架不足以体现对欧盟基础设施进行投资的经济合理性。

新经济地理学（NEG）在不完全竞争和规模报酬递增的分析框架中，明确地解决了交通基础设施对经济发展影响的潜在模糊性问题。与其他资本形式相比，这种方法使我们能够更有效地分析交通基础设施的特殊性质，因其"在促进贸易和允许个人、公司、区域和国家利用其各种竞争优势方面的作用"（Button，2001，第 278 页）。通过发展交通基础设施，以提高欠发达区域的可达性，"不仅使欠发达区域的企业能够更好地获得发达区域的投入和市场（……），而且使发达区域的企业更容易向贫穷地区进行远距离供应，尽管这可能会损害欠发达地区的工业化前景"（Puga，2002，第 396 页）。通过假定两个相同区域，根据它们可达性的变化内生地形成工业核心区和落后边缘区①——NEG 模型规范地阐明了可达性变化的潜在模糊影响（"双向"效应）（Puga，2002）。此外，他们还强调了区域间和区域内连通的差异效果，以及主要基础设施连通条件不均衡所产生的轴辐效应。

这一系列文献表明，需要从地理角度看待交通基础设施的发展，以揭示公共资本的特殊性及其对经济发展的影响。然而，从应用层面来看，NEG 存在不可忽视的局限性，因为它严重阻碍了任何实证检验该分析模型的尝试。此外，NEG 的贡献对区域（除了历史或路径依赖）因可达性变化而取得经济成功的实际决定因素，缺乏统一结论（Martin，1999a；Neary，2001）。因此，目前这种做法对区域政策的直接影响是有限的。

7.2.2　评估交通基础设施发展效应的广义理论框架

任何试图评估特定区域基础设施禀赋及其新投资全面影响的模型都必须考虑塑造可达性和区域增长动力关系的综合条件，而 NEG 完全忽视了这些条件

---

①　这些可达性的变化反过来影响了经济中不断发挥作用的两股力量（分散力和聚集力）之间的平衡。事实上，在这些模型中，均衡取决于集聚力（规模经济、本地市场效应、前后向联系、劳动力池）和分散力（中间产品的价格、工资、竞争）之间的相互作用。

（Cheshire 和 Magrini，2002）。特定经济体中的各种因素都会影响经济绩效对可达性变化的反应，包括教育、创新和制度在内的各种因素决定了任何空间是否有可能从可达性的相对变化中受益（Rodríguez-Pose，1998a；Rodríguez-Pose 和 Crescenzi，2008）。我们需要考虑当地的参与者、要素和制度，因为成功的基础设施政策的实施将取决于可达性和本地条件之间的动态相互作用。

　　本书第 2 章表明，增长是一个多因素作用的过程，不仅包括基础设施禀赋和投资，还包括以 R&D 活动体现的创新投入、人力资本积累、劳动力部门专业化、人口迁移和地理区位以及其他因素，这些因素通过直接影响或相互作用，共同决定地区的经济增长（Fagerberg 等，1997；Cheshire 和 Magrini，2002）。这些因素在特定地区以独特的方式结合，并以不同的方式对外部的变化做出反应和调整（Rodríguez-Pose，1998a）。虽然一些经济因素（如资本和技术）由于相对较高的流动性，更能适应外部挑战（如欧洲一体化），然而社会结构往往并非如此灵活。因此，特定的结构条件将与不同水平的经济绩效相关联。如第 4 章所讨论的，在分析基础设施禀赋和投资的影响时，需要考虑不同地区劳动力的特征、本地资源的利用水平、人口结构以及人力资本的变化或积累和质量，因为两个不同区域对相同基础设施的投资，可能会因基础设施与本地经济条件的互动水平差异而产生不同的效果。

　　此外，由于交通基础设施具有连通性，因此任何对其经济影响的分析都需要从空间角度进行，以同时考虑内部和邻近区域条件的影响。交通基础设施禀赋（及投资）对经济活动产生的影响，不受区域边界的限制。一个区域交通基础设施的影响可能会外溢到另一个区域，对其经济绩效产生显著影响，甚至从中受益：正如 Puga（2002，第 400 页）强调的，"有时一个区域的项目可能会产生强大的福利效应并扩散到多个区域"。然而，这种溢出效应受到距离衰减的影响，在空间上往往是有边界的，通常只对邻近地区有利或产生影响（Seitz，1995；Chandra 和 Thompson，2000）。由于交通基础设施的 "影响可能容易外溢到小型经济区之外"（Chandra 和 Thompson，2000，第 458 页），因此需要在实证分析中评估这种溢出效应，且基于较小区域尺度的评估可能导致有偏估计（Holl，2006）。依此而言，不仅需要捕捉基础设施支出的短期凯恩斯主义效应或经济活动因运输成本变化而重新布局的效应，当交通基础设施与邻近区域的经济主体进

行更密切的互动并可能扩散集聚效益时，还需要全面评估因此产生的网络效应
（Rosenthal 和 Strange，2003）。出于这些原因，与第 2 章提出的概念框架一致，
我们拓展了标准"新增长理论"的外部性视角（见 Vanhoudt 等，2000），以解释
交通基础设施对本地现有不同想法、组织和产品之间保持联系的可能性、概率或
频率的影响，从而通过提供新增知识源直接或间接影响增长（Crescenzi，2005）。
因此，我们通过考虑邻近区域创新投入的强度来解释交通基础设施产生的空间外
部性。第 5 章指出知识溢出存在空间边界（Audretsch 和 Feldman，2004；Cant-
well 和 Iammarino，2003；Sonn 和 Storper，2008），即使存在足够良好的区际连通
性，高可达性的核心区域从邻近的创新活动中受益更多，同时阻止溢出到边缘的
偏远区域。

7.3　模型

　　根据前面章节构建的框架，本章实证研究将促进欧盟经济增长的基础设施纳
入考虑了其余本地因素以及外部因素的模型中。
　　根据表 7-1 确定了模型中使用的实证变量。

表 7-1　促进欧盟经济增长的内外部因素

	内部因素	外部因素（溢出效应）
基础设施禀赋和投资	高速公路里程 （水平和年度变化）	邻近地区的基础设施建设
R&D 投入	R&D 投入	邻近区域 R&D 投入
相对财富水平	人均 GDP	邻近区域人均 GDP
集聚经济	区域 GDP 总量	邻近区域总 GDP
社会过滤	使区域"创新易发"的结构特征，包括： ● 教育 ● 部门组成 ● 资源利用（失业率） ● 人口结构	邻近区域相同结构特征

续表

	内部因素	外部因素（溢出效应）
人力资本流动	迁移率	邻近地区迁移率
国家效应	全国增长率	

实证模型如下：

$$y_{i,t} = \alpha_i + \beta \ln GDP0_{i,t} + \gamma Inf_{i,t} + \delta x_{i,t} + \zeta SpillInf_{i,t} + \vartheta Spillx_{i,t} + \kappa \ln Nay_{i,t} + \varepsilon_{i,t} \tag{7.1}$$

其中，y 是区域人均 GDP 增长率；$\ln GDP0$ 是人均 GDP 的初始水平；Inf 是基础设施禀赋和投资；x 是区域 i 的一组结构特征或增长决定因素；$Spill$ 是邻近区域上述因素的水平；Nay 是成员国区域 i 人均 GDP 的全国增长率；ε 是误差项。

接下来，我们详细地描述模型中包含的变量。

（1）区域人均 GDP 增长率：区域 GDP 的年增长率是因变量，用来衡量该区域的经济绩效。

（2）人均 GDP 水平：依据区域增长绩效决定因素文献的惯例，在模型中引入了人均 GDP 的初始水平，以反映该区域的初始财富。这一变量系数的大小及显著性能够检验是否存在区域人均收入趋同，并测算其速度。

（3）交通基础设施禀赋的现有存量和年度变化：交通基础设施可能通过各种机制影响经济绩效，这些机制不仅与交通基础设施对区域公共资本存量的贡献有关，还与交通基础结构对经济活动空间组织的影响有关。为了捕捉交通基础设施对区域增长的直接影响，模型包括交通基础设施存量和地区年度新增投资的具体指标。前者用该区域高速公路里程表示（Canning 和 Pedroni，2004；关于变量定义的更多细节，见附录中的表 A.1），并用区域人口进行标准化处理①，后者用年度变化表示。

虽然其他指标也可捕捉交通基础设施的作用，但用区域高速公路长度（及其变化）指代区域基础设施的原因如下：第一，区域数据可得性上受到限制②（这

---

① 按人口划分是为了解释区域的不同规模。基础设施禀赋的代表变量也已根据该区域的总面积及 GDP 进行了标准化。如附录所示，当使用这些替代变量时，分析结果没有发生显著变化。

② 有关数据来源、数据可得性和不足的讨论，参见附录 A。

阻止了我们考虑可替代的指标)。第二，它能够以直接的方式捕捉更高可达性的影响，而不必考虑不同区域和国家差异且难以量化的可达性成本。与其他运输方式（如铁路）相比，高速公路在货物运输中的使用更为普遍，因而对经济活动的空间布局产生的影响更大（Button, 2001; Puga, 2002）。此外，在转向高铁之前，欧盟对交通基础设施发展（TEN-T）的优先支持计划的首要重点是高速公路。因此，这种交通方式在足够长的时间内受益于政策支持，满足对一个政策有意义评估的条件。

除了基础设施这一我们感兴趣的变量外，我们还将区域经济绩效的一些其他驱动因素作为自变量。其中包括：

（4）R&D 支出：R&D 占 GDP 的百分比是衡量每个区域用于产生创新的经济投入主要指标。从内生增长角度来看，这一变量被视为区域间生产力和收入长期不同的关键因素之一。本地 R&D 支出也经常被用于代表本地适应其他地方创新的能力（Cohen 和 Levinthal, 1990; Maurset 和 Verspagen, 1999）。然而，需考虑这一变量的测量问题，因为其可能导致部分地掩盖 R&D 对经济绩效的贡献。首先，R&D 活动对生产力和增长的影响的时滞是未知的，并且可能因部门而不同（Griliches, 1979）。其次，正如 Bilbao-Osorio 和 Rodríguez-Pose（2004）在欧洲区域案例中指出的那样，公共和私人 R&D 投入的回报可能存在显著差异。此外，并非所有在公司层面开展的创新活动都被归类为正式的"R&D"，这可能进一步导致估计存在偏差。在承认了这些事实后，我们假设 R&D 支出指代"根据感知到的获益机会，将资源分配给研究和其他信息生成活动"（Grossman 和 Helpman, 1991，第6页），以捕捉公共和私营部门中针对有意创新活动的激励体系。

（5）社会经济条件：与本书其他章节一样，通过综合指数将结构性社会经济条件引入分析，该指数结合了一组描述区域社会经济条件的变量。在上一节的讨论框架中，区域的结构动力是新的交通基础设施投资引起可达性变化进而受益的关键前置条件。前几章的分析表明，塑造一个区域的应变能力最相关的两个社会经济特征分别为教育成就（Lundvall, 1992; Malecki, 1997）和人力资源的生产性就业（Fagerberg 等, 1997; Rodríguez-Pose, 1999）。前者以受教育程度来衡量，即完成高等教育的人数分别占劳动力和总人口的比例（劳动力和人口中的人力资本积累）。后者用农业就业劳动力的百分比和长期失业率来衡量。我们采用主成分分析（PCA）处理多重共线性问题，以防这些变量同时包含在模型中。主成分分析可使上述变量合并为一个单一指标（称为"社会过滤指数"），该指标尽可能多地保留初始数据的变异性（见附录 C）。当查看主成分分析[1]的输出结果时，在欧盟 15 国和欧盟 25 国，相关矩阵的特征值表明，仅第一主成分就约占总方差的 57% 和 58%（见表 7-2）。

表 7-2　主成分分析结果

相关矩阵的特征分析

组成成分	特征值	差异	占比	累计占比
欧盟 15 国				
Comp1	2.274	1.307	0.569	0.569
Comp2	0.968	0.233	0.242	0.811
Comp3	0.734	0.710	0.184	0.994
Comp4	0.024	.	0.006	1
欧盟 25 国				
Comp1	2.303	1.338	0.576	0.576
Comp2	0.965	0.250	0.241	0.817
Comp3	0.715	0.697	0.179	0.996
Comp4	0.017	.	0.004	1

主成分系数

变量	PC1	PC2	PC3	PC4
欧盟 15 国				
农业劳动力	-0.394	0.337	0.855	0.010
长期失业	-0.255	0.851	-0.454	0.070
受教育人口	0.632	0.233	0.191	0.714
教育从业人员	0.617	0.329	0.163	-0.697

---

[1]　主成分分析结果（面板数据）。

变量	PC1	PC2	PC3	PC4
欧盟 25 国				
农业劳动力	−0.401	0.347	0.848	0.005
长期失业	−0.266	0.839	−0.470	0.069
受教育人口	0.627	0.248	0.191	0.713
教育从业人员	0.613	0.338	0.155	−0.698

通过从原始变量的标准化值计算第一主成分得分，得出 PC1 的系数。这些系数表明教育成就具有很大权重；这是各区域社会经济结构的主要组成部分。相反，长期失业率和农业劳动力百分比被赋予了负的权重。第一主成分（PC1）解释了原始指标总方差的 58%，构成了我们所说的"社会过滤指数"，作为每个区域社会经济状况的总指标引入回归分析。鉴于理论和实证的相关性（主成分分析中较大的权重），将在回归分析中单独引入人力资本积累这一特定指标。

除了内部变量，该模型还包括了代表邻近区域可能影响区域经济绩效的潜在溢出效应的变量。这些溢出变量是：

（6）邻近区域的基础设施（禀赋和投资）：为了尽可能全面地评估基础设施对区域经济增长的影响，该模型需要解释每个区域和整个欧盟的发展，因为重要的不仅是区域边界内基础设施的相对密度，还有邻近区域的基础设施禀赋。因此，在我们的框架中，交通基础设施并不仅仅是新古典物质资本"集合"概念的组成部分，还包括个人和企业之间的网络和连接潜力。因此，我们引入邻近区域交通基础设施的禀赋作为区际连通程度的指标。如果内部基础设施禀赋因邻近区域良好的基础设施禀赋而得到加强，本地应具备最有利的基础设施条件。相反，如果内部基础设施没有得到良好的邻近条件补充，可能会出现瓶颈和门槛问题，进而对区域的可达性产生负面影响。根据同样的推理，新投资引起的基础设施禀赋变化可能会对邻近区域的经济绩效产生影响。

邻近区域的基础设施禀赋用邻近区域基础设施强度的平均值代表。计算邻近区域基础设施禀赋 $SpillInf_i$ 的方法如下：

$$SpillInf_i = \sum_{j=1}^{n} Inf_j w_{ij} \qquad (7.2)$$

其中，Inf_j 代表第 j 个区域的基础设施禀赋，w_{ij} 是通用的"空间"权重。为了减少通勤距离权重引起的内生性和由于中心和外围区域邻居数量不同而产生的潜在偏误，我们考虑 k 个最近的邻居（其中 $k=4$)[1]：

$$w_{ij} = \begin{cases} 1/k \text{ 如果 } j \text{ 是 } i \text{ 的 } k \text{ 个邻居之一} \\ 0 \text{ 其他} \end{cases} \qquad i \neq j \qquad (7.3)$$

（7）邻近区域的创新：一个地区的经济成功取决于其内部和邻近连通区域的条件。特别地，当邻近区域开展创新活动对本地经济绩效产生积极影响时，有证据支持区际溢出效应：一个区域产生的知识（通过上一节讨论的机制）溢出到另一个区域，进而影响其经济绩效。溢出变量反映了邻近地区从事创新活动的"总"影响。这一指标的重要性表明，获得邻近区域创新有助于区际知识转移：邻近性有助于知识的扩散，而知识的扩散反过来又对区域增长产生影响。

邻近区域创新活动"可达性"的测量与式（7.2）邻近区域基础设施的可达性测量相同。对于区域 i：

$$SpillR\&D_i = \sum_{j=1}^{n} R\&D_j w_{ij} \qquad (7.4)$$

其中，$R\&D$ 代表区域创新投入，w_{ij} 是通用的"空间"权重。

（8）本地经济的集聚和绝对规模：本地经济的不同地域配置可能会产生不同水平的集聚经济。经济活动的地理集中会影响生产率（Duranton 和 Puga，2003），因此，需要控制生产率以得到基础设施禀赋的差异影响。从这个角度来看，需要考虑财富的相对集中度（集聚经济的"规模"）和集群的绝对规模。这些因素的一个有用代理变量是区域 GDP 总量。

（9）迁移：劳动力内部流动的程度反映在区域迁移率[2]上（即人口迁移导致的人口增加或减少占初始人口的百分比）。正迁移率（即来自其他区域的人口净流入）代表了该区域通过吸引新工人、增加劳动力池的规模以及技能和文化背景

---

① 空间权重矩阵的其他类型：距离权重矩阵（将元素定义为距离的倒数）和其他 0-1 矩阵（rook 和 queen 邻接）。然而，由于中部地区的基础设施密度较高，对 k 近邻加权的方案似乎最适合去捕捉邻近效应，同时最大限度地减少内生性。对参数 k 的不同取值产生了与本书结果相似的结果。

② 欧盟统计局在"移民统计"分类中提供了迁移数据。然而，西班牙和希腊的数据缺失。因此，为了在分析中获得各个国家的一致衡量标准，我们从人口统计数据中计算这一变量。"净迁移数据可以用人口增量加上死亡人数减去出生人数获得。以这种方式得到的净迁移数据还包括外部移民"（Puhani，2001，第 9 页）。净迁移由平均人口标准化得到净迁移率。因此，虽然对于欧盟来说，不能区分国家、欧盟内外部的迁移流动，但对于美国的出入境数据，包括美国境内迁入地和迁出地的流动。

的"多样性",进而增强区域从更高的可达性和交通基础设施中受益的能力。

7.4 结果分析

7.4.1 估计、数据可得性和分析单元

我们利用固定效应面板数据回归进行模型估计[1]。通过明确控制国家增长率减少空间自相关(即邻近观测值误差项之间缺乏独立性)。此外,通过在分析中引入"空间滞后"变量 *SpillInf* 和 *Spillx*,我们考虑了邻近区域之间的相互作用,从而最小化它们对残差的影响。借助 Moran's I(Cliff 和 Ord,1972)检验残差中的空间自相关。在回归所涵盖的大多数年份中,检验统计量并不显著。在所有其他情况下,Moran's I 都很小(见附录 F)。考虑到 Moran's I 检验没有识别出残差存在空间自相关,我们认为"国家"变量和空间滞后解释变量的结合能够捕捉数据总空间变异性的绝大部分。这使我们能够在不依赖空间自回归模型(Elhorst,2010)的情况下得到稳健的参数估计。根据理论分析,这并不完全合理,这是因为无论怎样都会排除当其他条件不变时对估计参数的解释(Anselin,2003,第 158 页)。此外,在文献中,具有固定效应的空间自回归面板数据模型的估计仍存在争议(例如,见 Lee 和 Yu,2010),这阻碍了我们进一步尝试这个方法。另一个是内生性问题,通过将所有解释变量滞后 1 年可以在一定程度上解决该问题。此外,为了解决各变量计量单位不同的问题,每个区域的解释变量用相对 GDP 或人口的百分比表示。

囿于数据可得性,该模型对 1990~2004 年欧盟 15 国和 1995~2004 年新成员国进行了估计。因此,只能对欧盟 15 国的长期影响进行分析。相反,当样本扩展到欧盟 25 国时,分析更容易受经济周期波动影响而产生潜在扭曲。这类分析的理想对象应是 FURs(功能性城市区域)[2],而不是 NUTS(统一地区统计命名

---

① 根据 Breutsch 和 Pagan 检验,由于个体效应高度显著,必须优先进行固定效应估计。
② FURs 的概念是一种能够最小化因通勤模式产生偏差的方法。一个 FUR 包括一个就业集中的核心城市和一个可以通勤到中心的腹地。关于这个概念的详细分析见 Cheshire 和 Hay(1989)。

法）行政区域，因为这可以更准确地将功能一体化地区边界内基础设施供应的影响与增加不同功能区之间连通性的影响分开。遗憾的是，如附录 A 所述，由于缺乏许多相关解释变量的数据，无法考虑功能区域。因此，与本书的其他所有章节一样，我们使用附录 A 中列出的 NUTS1 和 NUTS2 区域组合，选择这些区域的理由是组织结构接近可以最大化它们的同质性，同时可以兼顾数据可得性。从每个国家选择了制度最为相似的区域作为分析单元，这些区域与发展新的交通基础设施的决定相关，或是作为国家政府和欧盟委员会交通基础设施投资的目标领域。因此，该分析对比利时、德国[1]和英国使用 NUTS1 区域，对所有其他国家使用 NUTS2 区域（欧盟 15 国的奥地利、芬兰、法国、意大利、荷兰、葡萄牙、西班牙和瑞典，以及欧盟 25 国的捷克共和国、匈牙利、波兰和斯洛伐克）。在分析中，由于需要控制国家增长率，没有同层级区域的国家（丹麦[2]、爱尔兰、卢森堡为欧盟 15 国，塞浦路斯、爱沙尼亚、拉脱维亚、立陶宛和马耳他为欧盟 25 国）被优先排除在分析之外[3]。希腊在欧盟统计局和国家当局缺乏有关基础设施的区域数据，也被排除在分析之外。

　　整个数据集以欧盟统计局区域数据为基础，但受教育水平的统计数据除外，这些数据依据欧盟统计局通过欧洲投资银行提供的劳动力调查数据。在可比数据完全可获得的情况下，欧盟统计局区域中缺失的数据由国家统计局数据来补充。附录 A 提供了分析中所包含变量的详细定义，进一步补充了欧盟统计局数据来源的详细信息。在少数情况下，如果所有来源都缺少特定年份和区域的信息，则通过线性插值或外推法计算相应的值。

7.4.2　特征事实

　　图 7-1a、图 7-2a 和图 7-3a（欧盟 15 国）以及图 7-1b、图 7-2b 和图 7-3b

---

　　①　NUTS2 层面对应于比利时的省份和德国的政府区域。在这两地区，这些统计分析单位没有行政和制度意义。这两个国家制度区域分别是地区和州，编码为 NUTS1 区域。NUTS2 层面和实际行政单位之间缺乏对应关系，这是两国缺乏关于低于 NUTS1 层面的许多变量（包括 R&D 支出）的统计信息的原因。

　　②　即使丹麦在 2007 年 1 月 1 日根据 NUTS2 分类引入了地方当局层面以上的区域，区域统计数据无法从欧盟统计局获取。

　　③　就具体区域而言，没有法国圣凯佩罗斯（FR9）的数据。特伦蒂诺—上阿迪杰（IT31）在 NUTS2003 分类中没有对应项。由于分析的性质，以及空间滞后变量的计算问题，未考虑岛屿（PT2 亚速尔群岛、PT3 马德拉群岛、FR9 圣凯佩罗斯、ES7 加那利群岛）和休达—梅利亚岛（ES63）。

（欧盟 25 国）为要分析的现象提供了一个可视化呈现。

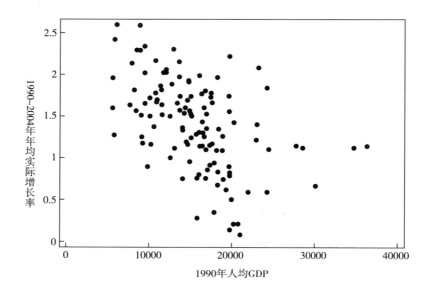

图 7-1a　欧盟 15 国：1990~2004 年的初始 GDP 水平和区域增长率

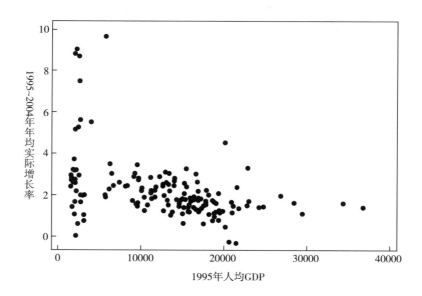

图 7-1b　欧盟 25 国：1995~2004 年初始 GDP 水平和区域增长率

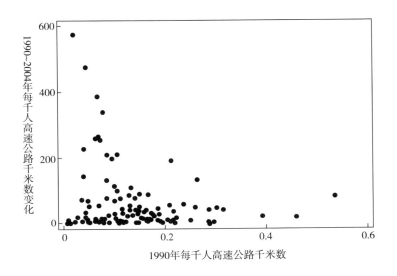

图 **7-2a** 欧盟 **15** 国：**1990~2004** 年每千人高速公路的禀赋和变化

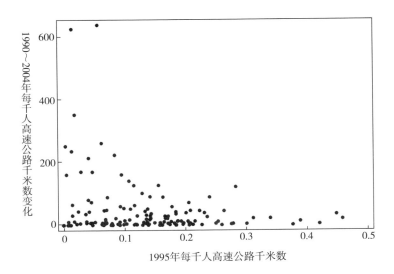

图 **7-2b** 欧盟 **25** 国：**1995~2004** 年每千人高速公路的禀赋和变化

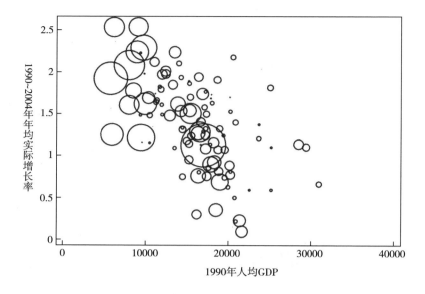

图 7-3a　欧盟 15 国：1990～2004 年初始 GDP 水平、区域增长和基础设施发展

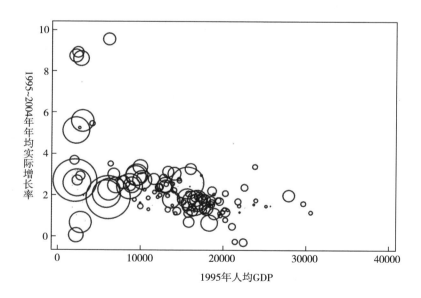

图 7-3b　欧盟 25 国：1995～2004 年初始 GDP 水平、区域增长和基础设施发展

图 7-1a 和图 7-1b 分别绘制了 1990～2004 年和 1995～2004 年每个区域初始

人均 GDP 及其增长率的关系。这两个图都显示出一定程度的（微弱的）区域趋同，也证实了首都城市（如布鲁塞尔、巴黎和斯德哥尔摩）和创新活动高度集中区域（如巴伐利亚、不来梅、乌得勒支和英格兰东南部）积极的经济表现。欧盟 15 国中，西班牙和葡萄牙一些初始处于弱势地位的区域以及欧盟新成员国的一些区域（特别是首都布拉迪斯拉发、布达佩斯和华沙地区，以及在较小程度上的布拉格）都出现了快速增长。相反，每个图中很多增长更低的地区要么无法赶上欧盟其他地区（左侧），要么表现出较低活力的经济绩效。回归分析将为观察到的区域增长格局提供一些解释，并为交通基础设施（及其发展）的潜在作用提供一些新线索。

图 7-2a、图 7-2b 分别显示了欧盟 15 国和欧盟 25 国区域基础设施禀赋及其随时间的变化情况。图 7-2a 强调了目标 1 区域主要交通网络的发展情况，尤其是在西班牙和葡萄牙，还有奥地利（布尔根兰州）、瑞典（中北部地区）和目标 2 区域的下诺曼底（法国）。图 7-2b 也展示了新成员国的一些区域为开发新的交通基础设施所做的投入，其中波兰西部地区、匈牙利（西外多瑙河和北部）和斯洛伐克（西部和东部）尤为成功。这些区域的交通基础设施的改善与欧盟 25 国中很多交通基础设施密度仍然很低（图左下角）的落后区域形成对比。总的来说，"就交通网络而言，欧盟 15 国和新成员国之间的高速公路密度差异持续存在：除斯洛文尼亚和立陶宛外，它们的得分都低于欧盟平均水平的 50%"（欧盟委员会，2007a，第 60 页）。

图 7-3a、图 7-3b 将区域增长和基础设施发展放在同一个图中。两图绘制了初始区域人均 GDP（X 轴）、年均实际增长率（Y 轴）以及相应交通基础设施禀赋变化等信息，圆圈面积大小和高速公路密度（每千人口千米数）的增长百分比成正比。在图 7-3a（以及，在更小范围的图 7-3b）中，观察期内似乎交通基础设施投资更高的区域表现出明显 "趋同" 趋势。换言之，这些图表明基础设施投资与区域趋同之间存在一定的相关性。然而相关性远非完美，需要更仔细地探究调节两者关系的因素，即促使基础设施投资提高区域经济绩效的一组本地条件。

7.4.3　欧盟的交通基础设施和区域增长

实证分析模型的估计结果如表 7-3a、表 7-4a 及表 7-5a（1990～2004 年欧盟 15 国）和表 7-3b、表 7-4b 及表 7-5b（1995～2004 年欧盟 25 国①）所示。

表 7-1a 和 7-1b 的回归 1-2 中，在控制了初始条件和空间自相关（即人均 GDP 水平和国家增长率）的情况下，优先引入了基础设施禀赋和投资的指标。回归 3～4 中，评估了邻近区域相同指标的影响。回归 5 中，我们引入本地创新投入和知识溢出的代理变量，从"新增长理论"的角度拓展了分析。从回归 6 开始，依次引入了社会经济条件（"社会过滤指数"）、人力资本积累和本地经济的地域组织（迁移和集聚）等相关变量。

表 7-3a 和表 7-3b 中的回归 1，人均 GDP 水平的系数显著为负（尽管很小），表明区域存在较弱的趋同趋势。在欧盟 15 国（长期效应）和欧盟 25 国（较短时间跨度），本地交通基础设施密度的系数都显著为正，并且该系数在引入其他控制变量（第 2～8 列）的回归中仍是稳健的。这与 Aschauer 的分析具有同样的结论：本地交通基础设施的禀赋是经济增长重要且稳健的预测因素。然而，当对基础设施投资的作用进行进一步估计时，这种区域增长机制情况发生了变化。在欧盟 15 国，基础设施禀赋的年度变化并不显著（见表 7-3a，回归 2），在欧盟 25 国，该系数则显著为负（见表 7-3b，回归 2）。

这些结果在一定程度上与现有文献的看法一致：虽然 GDP 水平和基础设施禀赋之间似乎存在明显的相关性，但交通基础设施投资解释经济增长的尝试却没有那么成功（Vickerman 等，1997）。我们的研究结果发现，经济财富的变化与基础设施禀赋水平之间存在相关性，但没有任何证据表明交通基础设施的增量与经

---

①　数据可得性方面的限制迫使我们使用相对较短的时间跨度，是一个"大 N 小 T"的面板数据，数据集的横截面样本量（N）明显大于时间跨度（T）。在这种情况下，数据低的时间序列变异性避免了非平稳性产生的虚假相关性影响我们的估计。平稳性假设通过三种不同的面板数据单位根检验（Im-Pesaran-Shin 检验、增广 Dickey-Fuller 检验和 Phillips-Perron 检验）得到证实，正如预期的那样，这些检验拒绝了传统显著性水平下的非平稳性假设（附录 D 中的表 D.1 和表 D.2）。

R^2 给出了所有回归的总体拟合优度。根据 Wooldridge（2002，第 275～276 页），基于"稳健方差矩阵估计量在存在任何异方差或序列相关性（……）的情况下的有效估计，前提是 T 相对于 N 较小"。大样本也使我们能够依靠渐近理论来考虑检验统计量的分布。此外，为了最大限度地减少空间自相关，所有公式中都纳入了国家增长率。

表7-3a 欧盟15国：1990~2004年区域增长和运输基础设施

因变量：地区人均国内生产总值（年增长率）	简单模型：基础设施禀赋	简单模型：基础设施禀赋和投资	加入基础设施网络效应		加入创新活动和溢出	加入进一步的社会经济控制变量		
	1	2	3	4	5	6	7	8
每千人高速千米数	0.093*** (0.015)	0.117*** (0.017)	0.049*** (0.018)	0.046** (0.018)	0.058*** (0.018)	0.043* (0.017)	0.045*** (0.017)	0.042** (0.017)
人均GDP的对数	−0.47*** (0.008)	−0.049*** (0.008)	−0.076*** (0.009)	−0.079*** (0.009)	−0.086*** (0.009)	−0.171*** (0.015)	−0.145*** (0.013)	−0.220** (0.034)
全国年增长率	0.005*** (0.000)	0.004*** (0.000)	0.004*** (0.000)	0.004*** (0.000)	0.004*** (0.000)	0.004*** (0.000)	0.004*** (0.000)	0.004*** (0.000)
每千人高速公路千米数的变化		−0.075 (0.052)	−0.054 (0.048)	−0.048 (0.046)	−0.046 (0.045)	−0.039 (0.043)	−0.032 (0.042)	−0.035 (0.042)
每千人高速公路千米数的空间加权平均值			0.169*** (0.023)	0.186*** (0.024)	0.210*** (0.026)	0.185*** (0.025)	0.202*** (0.026)	0.213*** (0.027)
每千人高速公路千米数变化的空间加权平均值				−0.180*** (0.067)	−0.194*** (0.067)	−0.162*** (0.060)	−0.151** (0.061)	−0.151** (0.060)
区内R&D支出总额（所有部门）占GDP的百分比					0.001*** (0.000)	0.001*** (0.000)	0.001*** (0.000)	0.001*** (0.000)
R&D总支出的空间加权平均值					0.001* (0.001)	0.000 (0.000)	0.000 (0.001)	0.000 (0.000)

续表

因变量：地区人均国内生产总值（年增长率）	简单模型：基础设施禀赋	简单模型：基础设施禀赋和投资	加入基础设施网络效应		加入创新活动和溢出	加入进一步的社会经济控制变量		
	1	2	3	4	5	6	7	8
受过高等教育的就业人员比例							0.002*** (0.000)	0.002*** (0.000)
总增加值（水平）的对数								0.074*** (0.028)
迁移率								-0.001*** (0.000)
社会过滤指数						0.013*** (0.002)		
常数项	0.447*** (0.075)	0.468*** (0.074)	0.708*** (0.084)	0.732*** (0.084)	0.794*** (0.088)	1.626*** (0.140)	1.327*** (0.116)	1.297*** (0.118)
观测数	1680	1560	1560	1560	1560	1560	1560	1560
组数（NUTS区域）	120	120	120	120	120	120	120	120
R^2	0.14	0.16	0.18	0.19	0.20	0.25	0.24	0.25
组内 R^2	0.14	0.16	0.18	0.19	0.20	0.25	0.24	0.25
总 R^2	0.04	0.05	0.05	0.05	0.04	0.05	0.05	0.01
组间 R^2	0.13	0.10	0.13	0.13	0.12	0.19	0.17	0.02

注：括号内数字为稳健标准误，*、**和***分别表示10%，5%和1%的显著性水平。

表 7-3b　欧盟 25 国：1995~2004 年区域增长和运输基础设施

因变量：地区人均国内生产总值（年增长率）	1	2	3	4	5	6	7	8
每千人高速千米数	0.066** (0.020)	0.107** (0.025)	0.107*** (0.030)	0.104*** (0.030)	0.110*** (0.029)	0.111*** (0.029)	0.109*** (0.029)	0.104*** (0.028)
人均 GDP 的对数	-0.070*** (0.009)	-0.101** (0.012)	-0.101*** (0.013)	-0.102*** (0.013)	-0.106*** (0.013)	-0.103*** (0.015)	-0.113*** (0.016)	0.027 (0.037)
全国年增长率	0.003** (0.000)	0.003*** (0.000)	0.003** (0.000)	0.003* (0.000)	0.03*** (0.000)	0.03*** (0.000)	0.003*** (0.000)	0.002** (0.000)
每千人高速公路千米数的变化		-0.107*** (0.037)	-0.107*** (0.038)	-0.103*** (0.038)	-0.100*** (0.038)	-0.100** (0.038)	-0.101*** (0.038)	-0.098 (0.039)
每千人高速公路千米数的空间加权平均值			0.001 (0.036)	0.018 (0.038)	0.023 (0.039)	0.031 (0.038)	0.016 (0.038)	0.061 (0.038)
每千人高速公路千米数变化的空间加权平均值				-0.100 (0.070)	-0.079 (0.068)	-0.083 (0.068)	0.069 (0.067)	-0.093 (0.067)
区内 R&D 支出总额（所有部门）占 GDP 的百分比					0.002 (0.001)	0.002 (0.002)	0.002 (0.002)	0.002** (0.001)
R&D 总支出的空间加权平均值					0.004** (0.002)	0.005** (0.002)	0.004*** (0.002)	0.004*** (0.002)
受过高等教育的就业人员比例							0.000* (0.000)	0.001** (0.000)

续表

因变量：地区人均国内生产总值（年增长率）	1	2	3	4	5	6	7	8
总增加值（水平）的对数					-0.142*** (0.033)			
迁移率					-0.000 (0.000)			
社会过滤指数							-0.001 (0.002)	
常数项	0.659** (0.082)	0.941** (0.108)	0.942** (0.118)	0.955** (0.120)	0.976** (0.122)	0.950*** (0.139)	1.040** (0.141)	1.126*** (0.142)
观测数	1449	1288	1288	1288	1288	1288	1288	1288
组数 (NUTS区域)	161	161	161	161	161	161	161	161
R^2	0.15	0.19	0.19	0.20	0.20	0.20	0.20	0.22
组内 R^2	0.15	0.19	0.19	0.20	0.20	0.20	0.20	0.22
总 R^2	0.08	0.06	0.06	0.06	0.06	0.06	0.06	0.02
组间 R^2	0.17	0.12	0.12	0.12	0.12	0.12	0.13	0.05

注：括号内数字为稳健标准误，*、** 和 *** 分别表示 10%、5% 和 1% 的显著性水平。

表 7-4a 欧盟 15 国:1990~2004 年年度滞后的区域增长和运输基础设施

因变量:地区人均国内生产总值(年增长率)	1	2	3	4	5
所有变量的年度滞后数	2	3	4	5	6
每千人高速公路千米数	0.046** (0.023)	0.019 (0.020)	0.028 (0.023)	0.053*** (0.015)	0.026 (0.020)
每千人高速公路千米数的变化	0.014 (0.031)	-0.043* (0.024)	-0.048* (0.028)	-0.012 (0.029)	0.049 (0.033)
每千人高速公路千米数的空间加权平均值	0.233*** (0.033)	0.083*** (0.025)	0.048 (0.030)	0.038 (0.023)	-0.073** (0.029)
每千人高速公路千米数变化的空间加权平均值	-0.075 (0.049)	-0.108** (0.046)	-0.114** (0.047)	0.002 (0.044)	0.017 (0.054)
人均 GDP 的对数	-0.256*** (0.043)	-0.123*** (0.043)	-0.161*** (0.035)	-0.049 (0.051)	0.163*** (0.043)
区内 R&D 支出总额(所有部门)占 GDP 的百分比	0.000** (0.000)	-0.000 (0.000)	-0.000 (0.000)	0.000** (0.000)	0.000 (0.000)
R&D 总支出的空间加权平均值	-0.001 (0.000)	-0.002*** (0.000)	-0.001** (0.001)	0.001*** (0.000)	0.001** (0.000)
受过高等教育的就业人员比例	0.002*** (0.000)	0.001*** (0.000)	0.001*** (0.000)	0.000 (0.000)	0.001** (0.000)
总增加值(水平)的对数	0.089** (0.036)	0.011 (0.038)	0.042 (0.029)	-0.029 (0.046)	-0.184*** (0.039)
迁移率	-0.000*** (0.000)	-0.000** (0.000)	-0.000 (0.000)	0.000 (0.000)	0.001*** (0.000)
全国年增长率	0.001*** (0.000)	0.000 (0.000)	-0.000 (0.000)	-0.001*** (0.000)	-0.000 (0.000)
常数项	1.498*** (0.132)	1.061*** (0.106)	1.122*** (0.128)	0.763*** (0.131)	0.332** (0.149)
观测数	1440	1320	1200	1080	960
组数(NUTS 区域)	120	120	120	120	120
R^2	0.18	0.13	0.13	0.13	0.15
组内 R^2	0.18	0.13	0.13	0.13	0.15
总 R^2	0.00	0.02	0.01	0.03	0.00
组间 R^2	0.01	0.07	0.03	0.08	0.01

注:括号内数字为稳健标准误,*、**和***分别表示 10%、5%和 1%的显著性水平。

表 7-4b   欧盟 25 国：1995~2004 年年度滞后的区域增长和运输基础设施

因变量：地区人均国内生产总值（年增长率）	1	2	3	4	5
所有变量的年度滞后数	2	3	4	5	6
每千人高速公路千米数	0.073 ** (0.033)	0.025 (0.028)	0.032 (0.032)	−0.010 (0.039)	0.111 * (0.062)
每千人高速公路千米数的变化	−0.015 (0.034)	0.003 (0.041)	−0.044 (0.051)	0.036 (0.038)	−0.118 * (0.068)
每千人高速公路千米数的空间加权平均值	0.024 (0.044)	0.063 (0.048)	−0.129 *** (0.045)	0.022 (0.051)	0.063 (0.083)
每千人高速公路千米数变化的空间加权平均值	0.022 (0.067)	0.033 (0.061)	−0.128 * (0.066)	−0.018 (0.054)	−0.080 (0.093)
人均 GDP 的对数	0.048 (0.044)	−0.075 * (0.043)	−0.079 * (0.045)	0.178 ** (0.080)	0.060 (0.110)
区内 R&D 支出总额（所有部门）占 GDP 的百分比	0.001 (0.001)	−0.000 (0.001)	−0.002 (0.002)	−0.002 (0.002)	0.003 ** (0.002)
R&D 总支出的空间加权平均值	0.006 *** (0.001)	0.010 *** (0.003)	−0.009 *** (0.003)	0.001 (0.003)	0.002 (0.003)
受过高等教育的就业人员比例	0.000 (0.000)	−0.000 (0.000)	0.000 (0.000)	0.000 (0.000)	0.000 (0.000)
总增加值（水平）的对数	−0.176 *** (0.041)	−0.018 (0.039)	0.039 (0.038)	−0.121 * (0.072)	0.104 (0.101)
迁移率	0.000 (0.000)	−0.000 *** (0.000)	0.000 ** (0.000)	0.001 *** (0.000)	−0.000 (0.000)
全国年增长率	−0.002 *** (0.000)	−0.003 *** (0.000)	−0.002 *** (0.001)	−0.001 ** (0.000)	−0.001 *** (0.000)
常数项	1.289 *** (0.180)	0.890 *** (0.136)	0.399 *** (0.128)	−0.451 ** (0.186)	−1.585 *** (0.185)
观测数	1127	966	805	644	483
组数（NUTS 区域）	161	161	161	161	161
R^2	0.22	0.21	0.12	0.12	0.37
组内 R^2	0.22	0.21	0.12	0.12	0.37
总 R^2	0.02	0.08	0.05	0.01	0.19
组间 R^2	0.04	0.13	0.07	0.01	0.29

注：括号内数字为稳健标准误，* 、** 和 *** 分别表示 10%、5% 和 1% 的显著性水平。

表7-5a 欧盟15国：1990～2004年区域增长及其对运输基础设施的影响

因变量：地区人均国内生产总值（年增长率）	1	2	3	4	5	6	7
每千人高速公路千米数	0.042** (0.017)	0.044** (0.020)	0.044** (0.022)	0.078*** (0.026)	0.109*** (0.026)	0.114*** (0.031)	0.101*** (0.030)
每千人高速公路千米数的变化	-0.035 (0.042)	-0.028 (0.043)	-0.013 (0.036)	-0.077** (0.038)	-0.096** (0.037)	-0.083** (0.037)	-0.063* (0.037)
每千人高速公路千米数的空间加权平均值	0.213*** (0.027)	0.203*** (0.032)	0.104** (0.029)	0.112*** (0.033)	0.079** (0.036)	0.105*** (0.036)	0.123** (0.043)
每千人高速公路千米数变化的空间加权平均值	0.151* (0.060)	-0.166** (0.063)	-0.024 (0.048)	-0.059 (0.066)	-0.075 (0.062)	-0.030 (0.064)	-0.039 (0.072)
人均GDP的对数	-0.220*** (0.034)	-0.205*** (0.040)	-0.124*** (0.039)	-0.154*** (0.039)	-0.071 (0.050)	-0.092** (0.039)	-0.121** (0.048)
区内R&D支出总额（所有部门）占GDP的百分比	0.001*** (0.000)	0.001*** (0.000)	0.001 (0.000)	0.00 (0.001)	0.004*** (0.001)	0.003* (0.002)	0.002* (0.001)
R&D总支出的空间加权平均值	0.000 (0.000)	-0.000 (0.001)	-0.003*** (0.001)	-0.003 (0.002)	0.002** (0.001)	0.002* (0.001)	0.002 (0.001)
受过高等教育的就业人员比例	0.002*** (0.000)	0.002*** (0.000)	0.001*** (0.000)	0.001*** (0.000)	0.001*** (0.000)	0.001*** (0.000)	0.001*** (0.000)
总增加值（水平）的对数	0.074*** (0.028)	0.057* (0.033)	-0.011 (0.034)	0.013 (0.033)	-0.072 (0.044)	-0.110*** (0.033)	-0.144*** (0.045)

续表

因变量：地区人均国内生产总值（年增长率）	1	2	3	4	5	6	7
迁移率	-0.001*** (0.000)	-0.000*** (0.000)	0.000 (0.000)	-0.000 (0.000)	-0.000 (0.000)	0.000 (0.000)	0.000 (0.000)
全国年增长率	0.004*** (0.000)	0.004*** (0.000)	0.002** (0.000)	0.002*** (0.000)	0.002*** (0.000)	0.001*** (0.000)	0.000 (0.000)
Lag 2 每千人高速公路千米数的变化		0.026 (0.027)	0.012 (0.027)	-0.010 (0.039)	-0.053 (0.036)	-0.075** (0.035)	-0.042 (0.034)
Lag 2 每千人高速公路千米数变化的空间加权平均值		-0.048 (0.048)	-0.068 (0.043)	-0.124** (0.052)	-0.078 (0.059)	-0.120** (0.059)	-0.106 (0.068)
Lag 3 每千人高速公路千米数的变化			-0.037 (0.024)	-0.036 (0.025)	-0.030 (0.024)	-0.052 (0.039)	-0.039 (0.041)
Lag 3 每千人高速公路千米数变化的空间加权平均值			-0.099** (0.046)	-0.125*** (0.046)	-0.051 (0.057)	0.069 (0.061)	0.013 (0.064)
Lag 4 每千人高速公路千米数的变化				-0.041* (0.022)	-0.067*** (0.020)	-0.056** (0.022)	-0.047 (0.036)
Lag 4 每千人高速公路千米数变化的空间加权平均值				-0.114** (0.048)	-0.175*** (0.045)	-0.167*** (0.048)	-0.201*** (0.069)
Lag 5 每千人高速公路千米数的变化					-0.020 (0.024)	-0.036 (0.023)	-0.005 (0.033)

续表

因变量：地区人均国内生产总值（年增长率）	1	2	3	4	5	6	7
Lag 5 每千人高速公路千米数变化的空间加权平均值					-0.045 (0.044)	-0.052 (0.044)	-0.102** (0.049)
Lag 6 每千人高速公路千米数的变化						0.016 (0.026)	-0.001 (0.021)
Lag 6 每千人高速公路千米数变化的空间加权平均值						-0.111** (0.047)	-0.132*** (0.046)
Lag 7 每千人高速公路千米数的变化							0.011 (0.029)
Lag 7 每千人高速公路千米数变化的空间加权平均值							-0.023 (0.045)
常数项	1.297*** (0.118)	1.331*** (0.130)	1.273*** (0.112)	1.325*** (0.134)	1.376*** (0.149)	1.976*** (0.150)	2.595*** (0.162)
观测数	1560	1440	1320	1200	1080	960	840
组数 (NUTS 区域)	120	120	120	120	120	120	120
R^2	0.25	0.22	0.17	0.19	0.23	0.36	0.44
组内 R^2	0.25	0.22	0.17	0.19	0.23	0.36	0.44
总 R^2	0.01	0.01	0.03	0.03	0.02	0.02	0.02
组间 R^2	0.02	0.02	0.11	0.08	0.06	0.05	0.04

注：括号内数字为稳健标准误，*、**和***分别表示 10%、5%和 1%的显著性水平。

表7-5b 欧盟25国：1995~2004年区域增长及其对运输基础设施的影响

因变量：地区人均国内生产总值（年增长率）	1	2	3	4	5	6	7
每千人高速公路千米数	0.104** (0.028)	0.107*** (0.035)	0.089*** (0.032)	0.078* (0.043)	0.100 (0.061)	0.128 (0.103)	0.219*** (0.080)
每千人高速公路千米数的变化	-0.098** (0.039)	-0.079* (0.041)	-0.094** (0.040)	-0.086* (0.052)	-0.157** (0.066)	-0.203* (0.115)	-0.298*** (0.088)
每千人高速公路千米数的空间加权平均值	0.061 (0.038)	0.012 (0.046)	0.008 (0.049)	-0.047 (0.063)	0.131 (0.082)	0.360** (0.145)	0.587*** (0.110)
每千人高速公路千米数变化的空间加权平均值	-0.093 (0.067)	-0.017 (0.066)	0.032 (0.077)	0.072 (0.104)	-0.256** (0.120)	-0.400** (0.188)	-0.666*** (0.171)
人均 GDP 的对数	0.027 (0.037)	0024 (0.044)	-0.025 (0.046)	-0.107** (0.047)	-0.167** (0.081)	-0.378*** (0.138)	-0.386*** (0.116)
区内 R&D 支出总额（所有部门）占 GDP 的百分比	0.001*** (0.001)	0.001 (0.001)	0.001 (0.001)	-0.000 (0.000)	-0.001 (0,000)	-0.000 (0.000)	0.000 (0.000)
R&D 总支出的空间加权平均值	0.004** (0.002)	0003** (0.002)	0.002* (0.001)	0.000 (0.001)	0.000 (0.001)	0.001 (0.001)	-0.001* (0.001)
受过高等教育的就业人员比例	0.001** (0.000)	0.001*** (0.000)	0.001*** (0.000)	0.001** (0.000)	0.002** (0.000)	0.001 (0.001)	0.003*** (0.001)
总增加值（水平）的对数	-0.142*** (0.033)	-0.143*** (0.041)	-0.089** (0.044)	-0.000 (0.045)	0.115 (0.082)	0.437** (0.134)	0.166 (0.117)

续表

因变量：地区人均国内生产总值（年增长率）	1	2	3	4	5	6	7
迁移率	−0.000 (0.000)	−0.000 (0.000)	0.000 (0.000)	0.000 (0.000)	0.000 (0.000)	0.001*** (0.000)	0.000* (0.000)
全国年增长率	0.002*** (0.000)	0003** (0.001)	0.002*** (0.001)	0.000 (0.000)	−0.001** (0.000)	0.000 (0.001)	0.008*** (0.001)
Lag 2 每千人高速公路千米数的变化		−0.039 (0.036)	−0.020 (0.033)	−0.044 (0.036)	−0.092 (0.058)	−0.212* (0.113)	−0.304*** (0.085)
Lag 2 每千人高速公路千米数变化的空间加权平均值		−0.010 (0.067)	0.074 (0.061)	0.104 (0.068)	−0.043 (0.101)	−0.378** (0.181)	−0.607** (0.151)
Lag 3 每千人高速公路千米数的变化			−0.020 (0.046)	−0.029 (0.051)	−0.002 (0.052)	−0.083 (0.105)	−0.292*** (0.083)
Lag 3 每千人高速公路千米数变化的空间加权平均值			0.057 (0.065)	0.114* (0.063)	0.169** (0.081)	−0.018 (0.157)	−0.536*** (0.133)
Lag 4 每千人高速公路千米数的变化				−0.052 (0.049)	−0.006 (0.047)	−0.059 (0.090)	−0.139* (0.077)
Lag 4 每千人高速公路千米数变化的空间加权平均值				−0.153** (0.076)	−0.091 (0.073)	0.063 (0.149)	−0.300* (0.153)
Lag 5 每千人高速公路千米数的变化					0.046 (0.041)	−0.089 (0.093)	−0.170* (0.077)

因变量：地区人均国内生产总值（年增长率）	1	2	3	4	5	6	7
Lag 5 每千人高速公路千米数变化的空间加权平均值					0.027 0.066	0.106 (0.128)	-0.375** (0.146)
Lag 6 每千人高速公路千米数的变化						-0.094 (0.094)	-0.165* (0.088)
Lag 6 每千人高速公路千米数变化的空间加权平均值						0.044 (0.127)	-0.378** (0.149)
Lag 7 每千人高速公路千米数变化的							-0.076 (0.051)
Lag 7 每千人高速公路千米数变化的空间加权平均值							0.217** (0.082)
常数项	1.126*** (0.142)	1.168*** (0.179)	1.092*** (0.176)	0.996*** (0.213)	0.372 (0.267)	-0.881** (0.377)	1.804*** (0.380)
观察数	1288	1127	966	805	644	483	322
组数（NUTS 区域）	161	161	161	161	161	161	161
R^2	0.22	0.22	0.18	0.13	0.14	0.35	0.80
组内 R^2	0.22	0.22	0.18	0.13	0.14	0.35	0.80
总 R^2	0.02	002	0.05	0.10	0.00	0.03	0.10
组间 R^2	0.05	0.05	0.10	0.15	0.00	0.05	0.11

注：括号内数字为稳健标准误，*、**和***分别表示10%、5%和1%的显著性水平。

济增长之间存在系统性关联。在解释这一现象时，需要注意的是，由于基础设施发展的代理指标——按区域人口标准化的高速公路千米数——不是投资数据，只能捕捉到建设阶段有限的凯恩斯主义乘数效应。该指标反映了在不同自然和制度条件下，无论成本如何，实际建造基础设施的"数量"。此外，由于新增基础设施只有在最终完工后才录入官方统计数据，因此我们的指标本质上能够更好地捕捉交通基础设施对可达性、流动模式和经济活动空间重组的最终影响。

由于"传统"的微观经济对生产率的影响，一旦基础设施禀赋达到适宜水平，经济增长就变得更容易。然而，这一水平更可能是一个地区经济繁荣的结果，而不是原因，其先前的增长模式可能支持和刺激了地方基础设施禀赋的增加（Vanhoudt等，2000），因而使得基础设施是伴随区域发展过程中的一个方面，而不是引擎。这一观点在基础设施的新增投资不太重要，甚至对经济增长产生负向影响的结论上得到了印证：实际上，高速公路新增一千米的作用取决于连通性和地区特征相关的一系列条件。例如，Vickerman 等（1997，第 3 页）认为，"只有在交通发展突破瓶颈时，其才会对区域发展产生显著正向的影响"，而Chandra 和 Thompson（2000，第 487 页）发现，只有在"公路直接穿过"的美国县，新修建的州际公路才会产生正向的直接影响。在不满足适宜条件的情况下，进一步发展基础设施可能不会产生直接影响。如第 7.2 节所述，如果基础设施的改善增加了经济组织薄弱地区的外部竞争，还可能会产生负向影响。

除非充分考虑区域间溢出效应，否则事实并不全面，如回归 3~4 所示，我们分别考虑了邻近区域基础设施禀赋水平及其变化的影响。实证分析表明，邻近区域的基础设施禀赋对本地经济绩效产生了正向影响（回归 3），这种影响在欧盟 15 国是显著的（见表 7-3a），但在欧盟 25 国不显著（见表 7-3b）。当良好的内部基础设施禀赋与邻近区域相同良好的禀赋互补时，连通性和可达性得到增强，防止了出现瓶颈和区域间低效连通的情形。因此，随之会带来更好的经济绩效。相反，与之前讨论的证据一致，邻近区域交通基础设施的新增投资对本地经济绩效有负面影响：基础设施溢出指标系数在欧盟 15 国显著为负（见表 7-3a，回归 4），在欧盟 25 国不显著（见表 7-3b，回归 4）。邻近区域基础设施投资可能会像内部投资一样对本地经济产生负面影响。正如 Chandra 和 Thompson（2000）在美国案例中所观察到的那样，邻近区域交通基础设施的进一步发展不仅可能增强了本地经济的外部竞争力，而且可能促使本地经济活动向更富裕的邻近地区转移（极化效应/虹吸效应）。

现在，我们要更准确地考虑区域增长的决定因素，根据"内生增长"方法，引入地方创新投入和知识溢出的指标（回归5）。研究结果表明，在欧盟15国（见表7-3a），地方创新活动是经济增长的重要预测因素，在欧盟25国（见表7-3b）却不显著。在这两个样本中，知识溢出都是显著的。这一知识流动的作用与其他关于欧盟区域增长和创新动态的分析相一致（Crescenzi 等，2007；Rodríguez-Pose 和 Crescenzi，2008）。从知识流动中受益的能力是欧盟各区域竞争优势的一个关键来源，以此来弥补其内部创新能力的不足。交通基础设施如何为这些以知识为基础的经济增长做贡献呢？实证结果证实了我们先前结论的稳健性：内外部基础设施禀赋在起作用，但其增量不起作用。在知识经济中，其他因素可能更为重要。

回归6和回归7为此提供了一条重要线索，将内部社会经济条件的指标引入分析，从而呈现了完整的实证模型。根据欧盟15国样本的长期视角，各地区的社会经济条件——如第7.3节中讨论的社会过滤指数——是经济绩效的一个重要决定因素（见表7-3a，回归6），而这种影响在欧盟25国不那么显著（见表7-3b，回归6）。然而，区域社会经济结构最重要的组成部分——人力资本积累——在欧盟15国和欧盟25国中的回归系数都是正向显著的（见表7-3a 和表7-3b，回归7）。一般地，本地社会经济条件，特别是当中的人力资本积累，通过克服基础设施发展中不可忽视的副作用（这种副作用往往足以抵消任何短期的积极影响），是更好的经济增长预测因素，因此成为区域发展战略更具说服力的工具。

为了检验这些结果的稳健性，在模型中还加入了其他控制变量（回归8）。特别是，我们控制了本地经济区域组织的一些相关指标：集聚经济的规模和吸引人口流入的能力。本地经济的绝对规模（指代集聚）能够表征欧盟15国的经济绩效（见表7-3a），而当面对欧盟新成员国和更短的时间跨度时，以上指标产生了负向影响（见表7-3b）。净迁移率要么为负（欧盟15国），要么不显著（欧盟25国），这表明在控制了人力资本积累的总体水平后，人口的向内流动本身并不促进经济增长。然而，本书更重要的目的是证明基础设施禀赋的大小和显著性都对控制变量的加入不敏感。

表7-4a、表7-4b和表7-5a、表7-5b呈现了经济绩效与在完整模型设定下其包含的变量之间的动态关系（见表7-3a和表7-3b的回归8）。表7-4a和表7-4b呈现了所有变量的多期滞后，变量基准年与其对区域增长的影响之间最多5年。这强调了每个因素对经济表现产生影响所需的不同时间跨度。在表7-5a和表7-5b中，通过依次引入基础设施禀赋和投资指标的多期滞后对模型进行估计，这只是为了具体捕捉它们随时间的动态累积（如表7-3a和表7-3b所示，所有其他变量进行时间t-1的固定）。表7-4b和表7-5b对欧盟25国的讨论仅出于比较的目的，因为1995~2004年时间跨度较短，多期时间滞后不会影响总的显著性水平。在此情形下，欧盟15国和欧盟25国的动态分析结果是相似的。

表7-4a和表7-4b的结果呈现出基础设施禀赋和投资与经济增长之间有趣的动态关系。研究结果表明，在控制其他变量的情况下，一个区域基础设施禀赋和投资的影响是短暂的。如表7-3a和表7-3b所示，高速公路对于任何给定区域人口的禀赋最初都是显著的，但其与增长的显著关联在滞后两年后消失，这表明三年后，当前的基础设施禀赋不再是经济绩效的有效预测指标（见表7-4a和表7-4b，回归2）。同样地，当欧盟15国样本滞后四年时（见表7-4a），上述表7-3a和表7-3b中新增交通基础设施投资与增长之间的负显著关联消失了，这意味着，在本地经济开始对新的竞争环境做出反应后，某些情况中基础设施投资的所有负面影响都会迅速消失，与分析中包含的其他变量相比，基础设施对经济增长的预测作用较小（Rodríguez-Pose和Fratesi，2004）。

邻近地区基础设施对经济增长的溢出效应通常持续时间略长，但往往会随着时间的推移而减弱：欧盟其他地区的交通基础设施禀赋对特定区域经济增长的显著积极影响在三年后消失，而邻近地区基础设施投资和经济增长之间稳健的消极影响在四年后才消失（见表7-4a）。相比之下，模型中其他变量时间跨度依然重要。例如，邻近区域R&D总投资的溢出效应，它不仅在整个分析期保持显著，而且对区域增长的影响从短期的负向转变为正向（见表7-4a）。迁移对增长的影响也发生了类似的从负到正的转变，而教育水平系数在整个分析期间一直显著为正（见表7-4a），尽管在扩大后的欧盟并非如此（见表7-4b）。从中期来看，依赖人力资本和邻近区域创新潜力的经济发展，最初表现出的区域趋同会减弱，并逐渐趋异（见表7-4a）。人力资本禀赋较好且被创新型区域包围的区域往往不仅能够变得更富裕，而且在中期表现会更好。

表7-5a和表7-5b中，相对于人力资本和R&D变量，基础设施投资与欧盟区域经济绩效之间缺少中期相关性的总体情况被进一步证实。表7-5a、表7-5b以累积的方式分析了一个区域内交通基础设施投资与欧盟其他地区经济增长间的动态关联。研究结果表明，尽管任何特定地区的基础设施投资往往不会长期稳定地与经济绩效相关，但欧盟其他区域的基础设施投资通常与任何给定区域的增长呈负相关。这一结果表明，存在"双向"效应，即人力资本禀赋较低、创新能力较弱的地区越来越容易受到欧盟其他地区新交通基础设施投资的影响，变得更加暴露且脆弱。

7.5 结论

在基础设施对经济增长影响的重要理论和实证证据支持下，欧盟应着力投资基础设施——特别是交通基础设施，并将其作为重要发展轴。这一战略不仅是为了实现更高水平的经济增长，还可以促进更强的社会和经济凝聚力。基础设施的支出约占欧盟结构和凝聚力支出的一半（Rodríguez-Pose和Fratesi，2004）。需要探讨的问题是，这一重要的投入是否取得了成效，是否带来了更高水平的中长期增长（尤其是在欧盟边缘地区）。

本章通过分析区域增长中交通基础设施禀赋和投资的作用，采用"综合"方法探讨区域增长的成因，回答了上述问题。这种方法直接对比了基础设施对经济增长的影响与其他因素（特别是教育和R&D投入）的影响，并控制了在任何特定区域和欧盟其他地区中与禀赋和投资相关的空间溢出效应；采取静态和动态的方法，辨别不同因素在一段时间内对增长的影响。

结论表明，良好的基础设施禀赋是经济发展的前置条件。拥有发达的初始高速公路网络的区域往往比缺乏这类基础设施的区域表现得更好。但分析也表明，基础设施的影响比Aschauer分析的初步预测要复杂得多。尽管各区域受益于良好的初始基础设施水平，并被同样禀赋良好的区域包围，但对基础设施的新投资似乎与增长绩效完全脱节，且邻近区域的投资总体上与本地区增长呈负相关。此外，基础设施禀赋的积极影响随着时间的推移迅速减弱，相比之下，本地区交通基础设施投资对区域增长潜力的负面影响似乎持续时间更长。

基础设施的禀赋和投资与中期经济增长的相关性似乎也低于人力资本和创新禀赋。教育水平在时间推移中仍然是经济增长的主要预测因素之一，而一个周围区域拥有大量 R&D 投入资金的区域，往往具有更好的经济表现。

欧盟人力资本和 R&D 投入的地理集中引起了静态回归分析中观察到的区域趋同趋势的逆转。由于人力资本和知识溢出比其他因素对经济增长的影响持续时间更长，因此在核心区域拥有更多这些因素的情形下，短期的区域趋同在中期被趋异所取代。总的来说，交通基础设施的新投资有助于增强虹吸效应，因为连接边缘和核心的新道路似乎通过"双向"效应，以牺牲边缘区域为代价，增强核心区域的活力。

从对欧盟区域的分析中可以得出，需要在平衡战略的框架内考虑基础设施政策。如果目标是最大限度地提高区域任何新基础设施投资的经济回报并增强经济凝聚力，那么基础设施投资必须与旨在开发人力资本和区域创新潜力的政策相协调。

基础设施的投资时机也至关重要。交通基础设施投资过早，可能会使缺乏竞争力的区域面临更强地区和市场的威胁，导致更高的集中度；如果投资太晚，则可能会阻碍边缘地区的发展。只有意识到影响增长的因素在时空上的复杂性，我们才能更好地实现欧盟各区域的高可达性和连通性，同时降低经济条件较弱区域的经济和福利风险，因为这些区域往往没有做好在更加一体化市场中竞争的准备。

第8章 欧盟区域政策和区域社会经济劣势

8.1 引言

前面章节的研究强调了社会经济因素将创新转化为经济增长的重要性，并且指出这一结论不论是对内部产生的创新（通过本地创新投入），还是对外部知识流动都是成立的。进而表明，边缘地区的区位劣势（主要是对知识流动的暴露低）可以通过加强知识转化为经济增长的能力来弥补。实证分析表明，弥补的方式需要重视本地社会经济劣势。当有效解决了社会经济竞争劣势的问题时，区域将任何类型创新转化为增长的能力会得到加强。

本章旨在考察欧盟区域政策落实这一任务的能力，即解决欧盟区域社会经济劣势的问题。该分析以欧盟政策的先验结构为重点，以验证其是否（以及在多大程度上）与社会经济因素相一致，因这些因素被证明会降低本地经济以合理速度增长和发展的能力。为实现这一目标，本章将社会经济条件作用的实证结论与欧盟区域政策的分析相结合，以解释区域增长绩效的差异。

本章直接比较区域成功发展的社会经济前置条件与为此实际分配的结构基金。根据前面章节的实证分析，要想最大程度地增加成功的机会，欧盟区域基金应根据竞争劣势的地理区位进行分配。换言之，在已证明社会经济条件是阻碍欧盟许多地区经济成功的因素的情况下，欧盟基金的分配方式应"弥补"援助地区的结构性劣势。

本章评估了 1994~1999 年和 2000~2006 年两个规划期，结构基金的地域分配是否有偏差（目标 1 和目标 2），以阐明目前政策的一致性，为以后的规划期提供参考。

具体研究内容如下：

（1）分析结构支出的空间集中度。发展基金的空间集中度较低，这与 1989 年基金改革引入的地域集中原则相矛盾，而这是发挥其有效性的重要前提。

（2）对比欧盟基金的空间集中度与欧盟区域社会经济的劣势情况。我们能够检验现有欧盟区域政策与区域结构性劣势的一致性，以揭示政策目标（有利于弱势地区）与基金受益地区之间可能存在的错配。

（3）通过实证模型设定，估计现实中区域基金（以统计上显著的方式）与上述竞争劣势的相关度。

（4）趋同分析表明，增加基金的集中度并投资最弱势的地区是促进凝聚力的最佳战略。

区域集中度低，以及基金的地理分配与结构劣势之间的弱相关，表明基金影响较弱的原因与在基金的项目落实为政策之前没有正确地选择目标地区有关，即社会经济劣势更为严重的地区。

本章以下内容共分为四部分。第 1 部分梳理欧盟区域政策分析的有关文献，以找出政策作用效果有限的原因，并为后续分析奠定基础。第 2 部分介绍评估基金和社会经济劣势的空间结构的研究方法，并概述衡量发展基金与社会经济劣势之间相关性的实证模型。第 3 部分讨论实证结果。第 4 部分为区域政策制定提出了一些建议。

8.2　区域政策和结构劣势

8.2.1　欧盟区域政策

《欧洲共同体条约》声明，"（……）共同体应致力于缩小最不受欢迎地区或岛屿等落后地区（包括农村地区）与各类区域发展水平的差距"（第 158 条）。
《欧盟宪法草案》也包含了同样的目标（第Ⅲ-220 条）。

多年来，用于实现这一目标的财政资源大幅增加：从布鲁塞尔欧洲理事会
1988 年分配的 680 亿欧元（按 1997 年价格计算）增加到 2000～2006 年规划期的
1950 亿欧元（按照 1999 年价格计算）①（欧盟委员会网站）。总的来说，许多落
后地区的区域政策支出占 GDP 的比重尤其显著：2000 年，希腊（占 GDP）的比
重为 2.7%，葡萄牙为 2.8%，西班牙为 1%，爱尔兰为 0.7%（欧盟委员会，
2000）。

然而，尽管用于实现欧盟"全面和谐发展"目标的资源数量不容忽视，但
这些资源对提升欧盟实际地域凝聚力水平的效果却喜忧参半。特别是：

（1）目标 1 区域经济发展基本停滞不前，1989～2005 年几乎没有变化（除
少数地区外②）。

（2）欧盟各区域在过去 25 年中，主导欧盟增长的成员国之间没有实现趋同
（Boldrin 和 Canova，2001；Magrini，1999；Puga，2002）。然而，"俱乐部趋同"
的过程似乎在整个欧盟区域都存在，使得不同收入水平的区域集群持续存在
（Canova，2004；Quah，1996、1997）。

这些证据无疑是欧盟经济中一系列复杂力量作用的结果，当中许多力量与政
策行动无关。基于这些证据，一些实证研究试图找出结构基金与区域经济发展之
间的联系，以评估结构基金对区域经济的影响（如果有的话）。

研究指出了一些似乎阻碍区域政策实现其预期效果的因素。Midelfart-Knar-
vik 和 Overman（2002）的分析得出，结构基金扭曲了 R&D 密集型企业的选址决
策。结构基金鼓励企业落户人力资本禀赋较差的援助地区，不利于企业（无法从
本地充足的劳动力池中受益）和工人（由于技能不匹配，无法从劳动力需求的
增加中受益）的发展。因此，欧盟的援助应侧重于"帮助区域改善禀赋，并根

---

① 此外，2000～2006 年，总计 180 亿欧元（按 1999 年价格计算）的凝聚基金每年分配约 25 亿欧元
的资源。

② 阿布鲁佐（意大利）在 1997 年失去了目标 1 的资格。其他一些区域和地区在 2000～2006 年方案
编制期间失去了目标 1 的资格，但在 2000 年 1 月 1 日至 2005 年或 2006 年 12 月 31 日期间根据结构基金目
标 1 获得了过渡支助（委员会第 1999/502/EC 号决定）。

据形成的比较优势进行专业化"（第 352 页）。尽管依据不同的理论①，这一证据与 Cappelen 等（2003，第 640 页）的结果一致，后者得出的结论是，结构基金的影响是积极的，但"关键在于援助地区的接受能力"。这些结论强调了相对有利的地区条件或禀赋的作用，这反过来又产生了一种矛盾，即欧盟基金无法准确地在最需要的地方发挥作用。

Rodríguez-Pose 和 Fratesi（2004）发现，结构基金对区域增长绩效的作用取决于资源在发展轴上的分布。在基金分配倾向于改善地区条件的情况下，人力资本积累的效果往往是正向显著的，而在追求其他目标（即基础设施）时则不然。

以上的证据表明，目前投资作用效果有限的一个原因可能是政策目标与落后区域的实际需求的"动态"不匹配，因为财政资源被划归到不同的轴上，再转化为具体行动。在本章中，我们将结构支出表现较差的两种解释进行了对比：劣势因素集中的地区与资源政策导向地区可能先验地阻碍了基金实现预期收益的地区之间存在"空间"错配。

8.2.2 地区集中及其与结构劣势的相关性

结构基金通过促进落后区域的经济发展（目标 1）和帮助遭遇结构性困难地区的经济和社会转型（目标 2）来增强欧盟的经济实力和社会凝聚力。然而，"自 1994 年以来，贫穷国家与结构支出之间的联系已大为削弱，因为芬兰和瑞典的大部分区域，甚至奥地利的一些区域，以及整个前东德都被指定为援助地区"（Baldwin 和 Wyplosz，2003，第 9.5 节）。正是为资助欧盟东扩而留出预算的压力，使《2000 年议程》的结构基金改革可获得援助地区和社区倡议的援助金都有所减少（Armstrong，2001）。援助金的减少显然受到地域和财政集中原则的指导，即欧盟区域发展政策中相对稀缺的资源更应分配到最需要的地方，以便更好地提高其有效性。随着时间的推移，增加结构基金支出地域集中度的必要性变得越来越明显，"集中原则"已被写入"2007～2013 年凝聚力政策框架"，成为规

---

① Midelfart-Knarvik 和 Overman（2002）关注企业选址的决定因素，而 Cappelen 等（2003）则从熊彼特的角度发展了一个"新增长理论"模型。

划新方案的主要指导原则①。

但是，为什么地域集中原则对政策的作用如此重要？直观地说，较小数量的受益地区可以允许较大数量的资源在选定的地区流动。然而，这不仅与目标区域的基金支出本身相关，而且和邻近区域的基金支出相关（Dall'Erba，2005）。依此，我们认为，需要考虑区域发展方案实施所产生的空间外部性，因为基金的空间"集中度"不足，可能会通过减少外部性在援助地区内的"流动"而削弱其影响。

此外，需要结合援助地区基本的社会经济条件来评估基金的空间结构。为了更好地发挥其作用，基金应投向本地经济潜力的发挥受不利因素持续阻碍的地区，即基金的区位选择应与欧盟区域结构性劣势的地理区位相一致。

8.2.3 哪里最需要基金？现阶段的实证证据

前几章的实证分析表明，本地经济竞争劣势的结构性源于一组特定因素。这与以下证据一致：尽管欧盟落后区域在许多方面存在根本差异，但它们有一组相似的社会条件，欧洲一体化进程加速经济结构调整增强了这些条件的作用（Rodríguez-Pose，1994；Rodríguez-Pose，1998a）。尽管一些经济因素（如资本和技术，由于相对较高的流动性）似乎能够适应欧洲一体化的挑战，但社会条件往往缺乏灵活性。因此，有必要确定一组与糟糕的经济绩效长期相关的特定"结构性"条件，而且内生调整非常缓慢。然而，评估社会经济条件的独特作用必须在一个理论框架内，与《里斯本议程》的目标一致，创新被明确视为经济增长的动力。自2000年以来，欧盟创新型增长模式的目标指导着欧盟结构政策的实施及成效评估。然而，由于"支持增长和就业的凝聚力政策：2007~2013年委员会战略指导方针"的制定，在接下来的方案规划期，该指导方针为新方案制定了框架，"知识、创新和人力资本优化"被明确视为欧盟"重塑竞争力基础、提高增长潜力和生产力以及加强社会凝聚力"的手段（2005年3月欧盟理事会主席结论以及上述共同体战略准则草案的序言）。此外，正如《2007~2013年财政展

---

① 2005年7月5日，在布鲁塞尔，欧盟委员会确立"支持增长和就业的凝聚力政策：2007~2013年委员会战略指导方针"，第8页，COM（2005）0299。

望》强调将支出集中在里斯本目标上（2005 年 12 月，欧洲理事会主席结论），在 2007~2013 年方案规划期间，凝聚力政策增强了在落实《里斯本议程》方面发挥的作用。

在这一政治框架中，迄今为止的实证结果证实了社会经济条件在将创新转化为区域增长过程中的作用，通过引入"区域创新系统"（Iammarino，2005）和"社会过滤"（Rodríguez-Pose，1999）的概念，系统地阐释了这一作用：一系列复杂的经济、社会、政治和制度特征的相互交织，使一些区域"偏好"创新，而另一些区域"厌恶"创新。

根据之前的分析，我们在分析中引入了一组与前几章相一致的欧盟多维的社会经济环境变量。创新厌恶的社会经济条件持续阻碍着一些地区的增长能力，从而揭示了欧盟地域结构劣势的地理区位。因此，从公平和效率来看，区域基金的地理分配遵循这些因素的空间结构似乎是合理的。就公平而言，跨区域的资源分配应该补偿初始条件不利的"弱势"区域；就效率而言，充分关注援助区域竞争劣势的结构性来源，似乎是充分利用当地资源的最有效途径。

8.3 基金实际流向何处？

上一节中，我们从对欧盟结构政策有限作用的讨论转向解释政策与援助地区的错配。此外，我们也讨论了地域集中对于欧盟区域结构劣势的基金地理分布的重要性。本节旨在提出一种实证策略，通过探索欧盟结构基金分配的空间结构及其与上一节中讨论的结构性劣势的关系来证明第二个假设。在对这两种现象进行描述性空间分析后，将设定一个实证分析模型，确定在 1994~1999 年和 2000~2006 年两个方案规划期间的欧盟结构基金（目标 1 和目标 2）分配中社会经济因素的重要性（统计意义），以阐明政策推行的一致性。

在本节中，将简要介绍分析所遵循的方法以及相应的数据集。实证结果将在第 4 节中讨论。

8.3.1　社会经济条件的测量

如第 4 章所述，与刻画区域空间的社会经济劣势直接相关的变量主要包括三个方面：教育成就、人力资源的生产性就业和人口结构。第一个方面，（人口和劳动力）接受高等教育和参与终身学习计划被视为衡量本地技能积累的代理变量。第二个方面，农业劳动力就业的百分比和长期失业率，以反映被排除在生产性就业之外的人力资源数量。长期失业率是指那些因技能不足而无法有效参与劳动力市场的人口。农业就业往往是"隐性失业"[①] 的代名词。第三个方面，15～24 岁人口的百分比被视作劳动力队伍的新资源流动的指标，可以代表"更新"已有的知识和技能存量的能力。这些因素分别被引入分析中，以估计它们各自的重要性。然而，为了估计其与结构基金分配的"整体"关系，同时减少多重共线性[②]问题，社会经济变量与前几章的处理方式一样，通过主成分（PC）分析（Jolliffe，1986）进行合并。因此，上述变量集被"简化"为一个能够尽可能多地保留原始信息（变异性）的单变量（PC 分析结果和技术细节见附录 C）。这样处理使该变量"囊括"了每个地区社会经济条件的多维特征。

8.3.2　跨区域基金分配的实证模型

本节提出了用于分析社会经济劣势在决定结构基金分配中作用的实证模型。该模型旨在估计欧盟政策制定者在跨区域分配结构基金时的"隐性"决策函数。"决策函数"将反映政策的"合理性"，揭示政策制定与已有的结构性劣势的一致性。通过结构基金的人均区域承付对上述社会经济劣势回归，该模型的估计可以使我们能够"衡量"社会经济因素在实际基金分配中的作用。这些因素在分配决策中的权重降低是其作用有限的一个解释，从而反映出：

（1）"权力"因素在政策制定中的主导作用，目前的基金分配方案可能是委员会、中央政府、地方政府和各种权力团体之间谈判达成政治平衡的结果。

（2）在基金分布中，欧盟政策制定者倾向优先考虑相对更有利的地区，这

---

① 在长期失业率持续居高不下、劳动力流动性较低的地方，低技能工人往往会转移到农村，在（通常是家庭所有的）小农场以极低的边际生产力就业，从而更容易获得初级商品。

② 防止它们同时被引入回归方程。

是出于（不确定的，正如我们稍后将讨论的）这类地区将表现出更好的增长和发展潜力的假设。

在实证分析中将对两个模型进行估计。第一个模型分别分析了目标 1 和目标 2 基金分配的情况［式（8.1）和式（8.2）］，而第二个模型则考虑了结构基金总体区域分布情况［式（8.3）］。

因此，实证分析的第一部分基于两阶段的 Heckman 选择模型（赫克曼，1979；格林，2003）。第一阶段确定目标 1（目标 2）的"援助"地区。这一决策的主要考量是应能提高基金的地域集中度，并根据每个目标的"任务"预先选择处境最不利的地区。然而，事实上，由于上述原因，如此决策可能存在偏差。因此，Heckman 选择模型的第一步是，通过 probit 模型估计社会经济劣势因素如何影响一个地区获得援助（或没能获得援助）的概率。在两个规划期中，该模型分别对目标 1 区域和目标 2 区域进行估计。估计模型如下：

$$w_i = Z_i'\gamma + \varepsilon_i \tag{8.1}$$

其中，如果地区 i 是援助区，则 $w_i = 1$，反之 $w_i = 0$。

$$\Pr(w_i = 1) = \Phi(\gamma' Z_i) \text{ 和 } \Pr(w_i = 0) = 1 - \Phi(\gamma' Z_i)$$

其中，$\Phi(X)$ 为正态累积分布函数，Z_i 是上述社会经济解释变量的集合，γ 是一个参数向量，ε_i 是误差项。

在第二步中，承付水平对潜在的决定因素进行回归，同时考虑在样本中援助地区的先验选择产生的选择性偏误。

因此，第二步 H-C OLS 模型估计如下：

$$y_i = \alpha' X_i + \varepsilon_i \tag{8.2}$$

其中，$y_i(>0)$ 是区域 i 的平均承付水平，α 为参数向量，X 为解释变量，ε_i 为误差项。

解释变量集包括社会经济条件、一组国家虚拟变量（用于估计基金分配中潜在的"国家"偏差）和逆米尔斯比率（IMR）。IMR 从第一阶段 probit 模型中计算，并在第二步中用作潜在变量的工具，该潜在变量决定一个区域是否符合条件。换句话说，IMR 将各区域的参与基金分配（第一步）和收到的基金数额（第二步）联系起来。

实证分析的第二部分将侧重于社会经济因素如何推动区域人均总支出水

平：目标 1 和目标 2 的相互作用还可能会进一步"削弱"政策效果。

因此，接下来通过 OLS 模型，估计目标 1 和目标 2 下的社会经济变量和一组国家虚拟变量对人均承付水平的影响。

$$y_i = \alpha' X_i + \varepsilon_i \qquad (8.3)$$

其中，y_i（样本中所有区域）是区域 i 的人均承付水平，α 为参数向量，X 为解释变量（社会经济因素+国家虚拟变量），ε_i 为误差项。

8.3.3 数据集

由于分析的目的是评估结构基金的空间分配与欧盟地区竞争劣势的一致性，因此有必要确定最合适的空间分析尺度，以便在以下方面考虑同质和（尽可能）功能上"独立"的单位接受基金（并为此目的施加政治压力）的能力及其社会经济结构。如果基金被分配到缺乏相应治理能力和功能自洽性较低的地区，泄露效应似乎占主导地位（由于该地区与其他地区的功能联系），从而使我们假设整个区域都是基金的受益者。因此，由于数据可得性的限制，以及上述相关制度层面的同质性和一致性，因此与本书的其余部分一样，分析基于德国、比利时和英国的 NUTS1 区域和所有其他国家（西班牙、法国、意大利、荷兰、希腊、奥地利、葡萄牙、芬兰）的 NUTS2 区域。

结构基金支出承付①的区域分布数据是根据欧盟委员会在其网站（Inforegio）上提供的信息收集而成，并考虑到了所有结构基金②。此外，该分析依赖于欧盟委员会报告《1989~1999 年结构政策对经济和社会凝聚力的影响》的附件。为了保证规划期之间的可比性，1994~1999 年的承付款项将目标 1 和目标 6 的数据以及目标 2 和目标 5b 的数据进行合并。

两个规划期的实施计划（OP）和单一规划文件（SPD）都与相应的 NUTS 区域相关，依此提供了每个区域的承付支出总额。各方案规划期间，承付总额除以区域的平均人口，得到人均承付水平。

---

① 只有承付款数据，而不是支出数据。然而，承付款数据的使用与我们的理论框架是一致的，因为我们的目标是分析政策的先验结构，而不是估计实际支出的影响。

② 欧洲区域发展基金（ERDF）、欧洲社会基金（ESF）、欧洲农业指导和保证基金（EAGGF 指导）的指导以及渔业指导金融工具（FIGS）。

假设 1994 年为社会经济条件变量的参考年，以更好地克服较高（较低）基金和较好（较差）社会经济条件之间任何潜在的内生性。

8.4　实证结果

8.4.1　空间集中：结构基金和社会经济的劣势

通过计算 Moran's I，得出变量空间分布的特征（技术细节见附录 B）。Moran's I 是变量的全局空间自相关系数（Cliff 和 Ord，1981）。当变量的 Moran's I 显著异于零时，则表现出系统的空间格局。该指数为正意味着人均结构支出水平高（低）的地区往往与其他支出水平高（低）的地区相邻。同样的推断也适用于社会经济劣势因素，其指数为正意味着具有相似高值或低值的区域聚类格局。指标的大小表示空间相关性，即相似高值或低值的聚类程度。

表 8-1 显示了目标 1 和目标 2 区域支出以及总结构基金支出的 Moran's I 值。该表显示，在基金和社会经济劣势的分布中，可以识别出明显的空间格局。Moran's I 在所有情况下都是显著为正的，因此显示出正向的空间自相关：支出水平高（低）（社会经济劣势）的地区往往聚集在一起。这一结果符合欧盟委员会一再声称的基金集中原则。然而，如果进一步对比该指数的变动，就可以注意到，正如预期的那样，目标 1 区域的支出往往比目标 2 区域的更为集中，后者似乎对这一集中原则的反应更弱（在两个规划期）。然而，必须指出的是，在《里斯本议程》改革结构基金后，支出的总体地区集中度有所增加：目标 1 和目标 2 区域支出以及总支出的 Moran's I 值从一个规划期到另一个规划期变大。然而，正如我们前面讨论的，基金的地域集中度应该与导致竞争劣势的社会经济因素集聚度进行比较。表 8-1 最后一行的结果，是经前述所有社会经济变量的主成分分析得到的社会经济因素的 Moran's I。通过比较"社会因素"和结构支出的 Moran's I 大小，可以发现社会因素比结构基金在空间上更集中。因此，即使支出的地域集中度随着结构基金的连续改革而增加，但与结构性劣势的空间集中度相比，似乎仍然

不足。这为我们的假设提供了第一个证据，即结构劣势因素与发展基金之间存在"空间错配"，从而激发了我们对基金地理分配的进一步分析。基金本身的地域集中可能不足以使政策产生预期效益，有必要更密切地关注区域结构性劣势。

表 8-1　1994～1999 年和 2000～2006 年目标 1 和目标 2
区域人均基金和社会因素的空间集中度

变量	I	E（I）	sd（I）	z	p-value*
项目期 1994～1999 年					
目标 1	0.102	−0.008	0.009	11.649	0
目标 2	0.039	−0.008	0.009	5.061	0
总支出	0.095	−0.008	0.009	10.929	0
项目期 2000～2006 年					
目标 1	0.142	−0.008	0.009	15.911	0
目标 2	0.094	−0.008	0.009	10.781	0
总支出	0.149	−0.008	0.009	16.658	0
社会因素					
社会因素[a] * 1-tail test	0.223	−0.008	0.009	24.329	0

注：a 表示该变量是书中描述的社会经济变量的线性组合，并通过主成分分析（附录 C）计算得出。

8.4.2　结构基金区域分配的驱动因素

上一节中，对结构基金的空间分布进行了分析。在接下来的部分，我们讨论实证模型的估计结果，其目的是强调观察到的社会经济因素在结构基金区域分配"隐性"决策函数中的权重。根据第 8.3.2 节中的设定，我们估计了目标 1（见表 8-2）和目标 2（见表 8-3）基金分配的两阶段 Heckman 选择模型，表中显示了 1994～1999 年（表左侧）和 2000～2006 年（右侧）规划期的估计结果。对每个规划期，方程（8.1）和方程（8.2）是通过对"社会因素"变量（a）及其一些独立组成部分①（b）的基金进行回归来估计的。

---

①　如前所述，多重共线性防止所有这些变量同时包含在回归中。个别变量的详细说明见附录 A。

表 8-2 Heckman 选择模型（目标 1 人均基金）：1994~1999 年和 2000~2006 年

变量	1994~1999 年		2000~2006 年	
	方程（8.2）			
	系数（a）	系数（b）	系数（a）	系数（b）
社会因素[a]	3622.424 (21602.140)		1218.957 (10951.030)	
受教育人口		−4988.110* (2562.976)		−1913.780 (456.168)
农业劳动力		−1348.160 (1043.342)		−312.165 (222.042)
长期失业率		−574.539 (588.832)		−89.498 (110.882)
年轻人口		−3218.960 (2456.867)		−1067.570** (503.540)
国家虚拟变量				
de	1286.602 (3153.090)	1044.413*** (362.087)	264.608 (1293.069)	291.625 (68.562)
it	10.028 (2446.981)	−119.275 (215.800)	83.118 (1066.923)	49.537 (46.587)
at	198.373 (3683.407)	309.774 (279.037)	142.755 (1579.302)	180.456*** (60.115)
be	498.635 (3469.236)	281.757 (304.094)	100.924 (1514.511)	95.487 (62.363)
pt	−248.376 (2651.336)	−362.557* (186.396)	157.058 (1134.620)	123.390*** (38.629)
nl	512.883 (3378.771)	369.233 (316.798)	122.940 (1487.263)	134.360*** (66.745)
uk	745.684 (3216.694)	398.885* (227.097)	193.867 (1310.763)	129.025*** (43.204)

续表

变量	1994~1999 年		2000~2006 年	
	方程（8.2）			
	系数（a）	系数（b）	系数（a）	系数（b）
es	621.017 (2306.694)	634.080** (288.495)	252.061 (997.515)	319.079*** (59.051)
gr	192.177 (2456.519)	224.270 (187.840)	-21.807 (1054.395)	-1.558 (39.398)
fi	534.090 (2926.159)	233.248 (286.656)	0.205 (1271.065)	-32.958 (57.134)
截距项	3561.730 (14885.260)	2025.470*** (659.441)	1614.260 (11007.220)	574.494*** (137.115)
Probit 选择模型［方程（8.1）］				
社会因素[a]	-1.416*** (0.349)		-1.332*** (0.343)	
受教育人口		5.044* (2.894)		5.755*** (2.826)
农业劳动力		17.330*** (3.535)		15.123*** (3.219)
长期失业率		3.436*** (1.172)		2.609*** (1.091)
年轻人口		5.912 (4.974)		6.069 (4.788)
截距项	0.266 (0.177)	-4.737*** (1.136)	0.167 (0.173)	-4.254*** (1.072)
rho	-1	-1	-1	-0.950
sigma	4846.965	358.795	2111.375	69.352
lambda	-4846.970 (23328.480)	-358.795 (178.600)	-2111.370 (15897.100)	-65.866* (41.526)

注：a 是书中描述的社会经济变量的线性组合，并通过主成分分析计算（见附录 C）。括号内数字为标准误，*、**和***分别表示 10%、5%和 1%的显著性水平。

表 8-3　Heckman 选择模型（目标 2 人均基金）：1994~1999 年和 2000~2000 年

变量	1994~1999 年		2000~2006 年	
	方程（8.2）			
	系数（a）	系数（b）	系数（a）	系数（b）
社会因素[a]	41.248 (979.331)		15.243 (360.152)	
受教育人口		-1473.400 (2604.039)		-219.959** (86.851)
农业劳动力		-2313.080 (5708.642)		146.905 (213.077)
长期失业率		-292.403 (1097.940)		45.709 (53.614)
年轻人口		-2649.940 (4296.254)		-95.100 (299.439)
国家虚拟变量				
de	-14.134 (61.119)	-21.805 (131.956)	-15.2183 (25.859)	-16.543*** (5.622)
it	13.794 (83.215)	18.662 (147.397)	-41.279 (38.368)	-43.870 (7.736)
at	-31.691 (69.258)	42.807 (211.879)	-20.144 (27.394)	-5.563 (9.047)
be	4.400 (124.508)	-54.157 (220.759)	-6.226 (61.192)	-17.420 (11.505)
nl	74.989 (81.388)	116.118 (221.651)	1.863 (43.416)	-1.355 (12.655)
uk	51.927 (82.037)	46.949 (139.890)	15.964 (35.938)	6.897 (6.055)
es	151.602** (72.027)	123.093 (218.112)	25.258 (30.966)	20.994** (10.784)
fi	77.180 (113.693)	70.011 (235.553)	-28.562 (49.594)	-33.292*** (11.581)
截距项	-66.025 (1528.650)	726.915 (291.690)	-34.919 (511.260)	52.246 (67.347)

续表

变量	1994~1999 年		2000~2006 年	
	方程（8.2）			
	系数（a）	系数（b）	系数（a）	系数（b）
Probit 选择模型［方程（8.1）］				
社会因素[a]	1.121 *** (0.331)		1.332 *** (0.343)	
受教育人口		-7.021 ** (2.844)		-3.159 (2.750)
农业劳动力		-16.050 *** (3.350845)		-14.769 *** (3.387)
长期失业率		-3.23574 *** (1.131636)		-3.568 *** (1.135)
年轻人口		-10.283 *** (4.739716)		-19.654 *** (5.100)
截距项	-0.221 (0.174)	5.340 *** (1.115)	-0.385 *** (0.178)	6.029 *** (1.165)
rho	1	1	1	0.112
sigma	214.638	363.290	96.038	13.055
lambda	214.638 (1720.033)	363.290 (714.997)	96.038 (517.842)	1.456 (28.807)

注：a 是书中描述的社会经济变量的线性组合，并通过主成分分析计算（见附录 C）。括号内数字为标准误，*、** 和 *** 分别表示 10%、5% 和 1% 的显著性水平。

当观察 Probit 选择模型的结果（表的下半部分）时，Probit 技术估计的参数值在相应影响程度上没有直接意义。然而，就其符号和显著性而言，这些参数是有价值的。

关于目标 1 基金（见表 8-2），社会因素变量在两个规划期都显示出显著负向作用，意味着有利的社会经济条件（社会因素变量的高值）如预期的那样降低了被视为援助地区的概率（a 列）。这似乎证实了以人均收入为基础的实际援助标准是反映社会经济条件薄弱的一个很好的指标。然而，如果更详细地考虑影响成为援助区域概率的因素（b 列），我们注意到，"传统的"劣势在这一体系中

· 164 ·

得到了更多的"关注"："农业劳动力占比"和"长期失业率"显著增加了那些人均收入低于欧盟人均收入 75% 的地区的机会（从而成为目标 1 区域）。相反，以实际收入为基础的援助标准代替其他因素的准确性较低。"年轻人口百分比"不显著，而"高等教育程度"则显示出正向符号，这意味着在许多情况下，被选中援助的区域并不是人力资本禀赋相对较差的区域。

在模型的第二步中，分析了援助地区收到的基金数量（见表 8-2）。实证结果表明，社会经济因素对地区是否能获得基金援助具有显著影响，但对援助区域受助基金水平的影响并不显著（a 列）。也就是说，基金在援助地区之间的分布似乎并不能反映实际的社会经济地位差异。在考虑具体的社会经济因素（b 列）时，我们注意到，2000~2006 年，只有教育水平变量表现出较高的显著性：高等教育成就相对较高的百分比似乎降低了禀赋较差区域获得援助基金的水平。国家虚拟变量显示出某些成员国在分配基金时得到一定程度的国家偏向（特别是 1994~1999 年的德国和西班牙，以及 2000~2006 年的西班牙），但当社会经济状况完全由社会因素变量解释时，这种偏向似乎消失了。因此，国家偏向可以被认为是这些国家的区域系统性地处于极为不利地位的结果（基金的分配能够反映这一点），而不是对这些国家给予更有利待遇的结果。

这些证据支持这样一种观点：即使目前的援助标准能够缓解那些相对较不利区域的（粗略）歧视，但随后转移到援助地区的基金数额与其实际社会经济劣势并不相关。

表 8-3 以同样的方式给出了目标 2 基金的两步 Heckman 选择模型的估计结果。如预期的那样，Probit 选择模型的结果表明，目标 2 区域倾向于相对有利的社会经济条件：社会经济因素变量为正且显著。此外，目标 2 区域主要是工业区域（较高的农业劳动力比例往往会降低被"选中"的概率），而且与其他地区相比，人口相对年轻。然而，从 2000~2006 年教育变量不显著可以看出，目前的援助标准似乎无法区分熟练劳动力相对稀缺的地区。当我们继续分析分配给这些区域的基金数量的决定因素时，我们发现没有任何迹象表明与援助地区的社会经济条件相关（2000~2006 年的教育变量除外）。这一证据表明，由目标 2 的支出来运作的结构基金与其理想目标之间的一致性全面减弱。相反，如果目标是有利于衰退区域的社会经济"改革"，目标 2 基金应遵循社会经济劣势的地理区位。

表 8-4 评估了目标 1 和目标 2 结构基金的总体分配,从而将重点放在它们之间的相互作用和作为单一欧盟政策行动一部分的"组合效应"上。

表 8-4 异方差一致 OLS 模型(目标 1 和目标 2 人均基金):1994~1999 年和 2000~2006 年

变量	1994~1999 年		2000~2006 年	
	1	2	3	4
社会因素[a]	−327.894 *** (129.862)		−162.214 *** (42.015)	
受教育人口		771.894 (863.661)		−10.064 (231.260)
农业劳动力		1846.892 *** (566.420)		703.018 *** (195.402)
长期失业率		363.475 (264.968)		119.722 (81.182)
年轻人口		3029.142 ** (1395.854)		1200.057 *** (494.649)
国家虚拟变量				
de	294.792 *** (111.133)	205.139 ** (81.836)	65.455 ** (27.480)	35.563 * (20.358)
it	57.387 (80.603)	46.111 (96.240)	−9.096 (27.367)	−22.173 (26.602)
at	−37.874 (63.179)	−71.892 (99.939)	−17.109 (25.621)	−40.727 (37.536)
be	153.135 (100.744)	−15.733 (119.902)	54.429 * (26.196)	−2.240 (30.535)
pt	−58.971 (73.486)	−69.365 (93.026)	179.397 *** (42.187)	167.174 *** (52.879)
nl	91.982 (61.662)	−194.286 * (107.345)	20.238 (19.884)	−95.417 *** (36.322)
uk	214.553 *** (83.539)	60.305 (56.597)	102.642 *** (27.092)	33.967 (22.985)
es	460.823 (87.224)	130.336 (130.649)	173.652 *** (36.878)	50.200 (47.333)

续表

变量	1994~1999 年		2000~2006 年	
	1	2	3	4
gr	348.842 (96.977)	61.272 (152.880)	-9.134 (25.420)	-114.086** (52.043)
fi	233.367*** (83.445)	82.881 (102.407)	-15.293 (10.754)	-78.724*** (27.422)
截距项	247.330 (60.259)	-596.290* (307.503)	111.903*** (18.471)	-178.189** (89.550)
R^2	0.370	0.460	0.460	0.560
F 统计量	8.710***	5.470***	17.380***	7.620***

注：a 是书中描述的社会经济变量的线性组合，并通过主成分分析计算（见附录 C）。括号内数字为标准误，*、** 和 *** 分别表示 10%、5% 和 1% 的显著性水平。

总结构基金的人均水平对社会经济条件的回归结果显示，分配给欧盟地区的基金总额部分地反映了其社会经济条件，即使这些因素解释的总变异的百分比相对较小（R^2 从 1994~1999 年到 2000~2006 年增加了，但仍然相对较小）。在考虑影响基金分配的社会经济因素时，尽管人力资本积累在知识经济背景下尤为重要，但我们注意到农业劳动力作为劣势的"传统"来源，仍然是基金分配的主要依据，代价是牺牲了人力资本积累。国家虚拟变量在最大程度上减弱空间自相关的同时，也突出基金有利于"凝聚力国家"的一定程度的国家偏向。在 1994~1999 年期间，由于这种偏向，德国也因此获利。

总体而言，对结构基金分配的"隐形"决定因素的分析揭示了基金与欧盟地域的结构性劣势之间的弱关联。地域集中原则的引入，不仅提高了基金的空间集中度，而且提高了基金对结构性劣势因素的黏性。然而，分析强调，在这两方面仍有很大的改进空间。此外，虽然基金的分配机制应考虑到每个区域的一般社会经济结构，但在知识经济背景下，一些特定因素应引起更多的关注，尤其是人力资本积累。尽管人力资本积累的不足已被证明对决定区域获得资源的数量无关紧要，但其是目标 1 的发展和目标 2 区域重组竞争优势的关键来源。

8.4.3 社会经济劣势和区域趋同

前一节中，有学者认为，社会经济劣势因素与欧盟地区获得的基金数量之间缺乏相关性的潜在原因，可以从基金分配给禀赋相对较好区域更有优势的角度来解释。这一选择在理论上可以找到理由，因为强调地区经济的接受能力是发展政策成功的前提。这一观点是在新熊彼特主义的框架下发展起来的，相对更有利的社会经济条件是吸引投资的必要条件（Cappellen 等，2003），因此，政策制定者可能会发现，将基金投向更富裕的区域（那些显示出更好的发展潜力的地区）效果更好，以扩大它们的影响。然而，关于目标 1 区域在 1994~2003 年期间（即从 1994~1999 年期间实施的第一年到目前可获得区域 GDP 数据的最近一年）的经济绩效的实证证据显然与这一假设相矛盾。当考虑 σ 收敛性时，通过测算 1994~2003 年地区人均收入总方差的变化，可以发现整个欧盟和目标 1 区域的子集明显缺乏收敛性（见表 8-5）。

表 8-5　检验 σ 收敛性（所有地区和目标 1）：1994~2003 年

σ 收敛性检验	1994 年	2003 年	T_1	P
Sigma^2	所有地区			
	33376384	43887527	0.760498	0.94
Sigma^2	目标 1 地区			
	9532911.8	11726051	0.812969	0.94

然而，将所有欧盟区域与目标 1 区域的 T_1 统计量[①]（初始年方差与最终年方差比率）进行比较，只显示出欧盟整体的区域人均收入差异比目标 1 区域显著增加，从而支持了存在各种"俱乐部"以不同速度发展的观点。表 8-6 所示的 Barro-Sala-i-Martin（1992）的简单 β 趋同分析证实了欧盟区域缺乏普遍（无条件）趋同趋势。

---

① T_1 统计量为：$T_1 = \dfrac{\hat{\sigma}_1^2}{\hat{\sigma}_T^2}$。其中，$\hat{\sigma}_1^2$ 是时期 1 区域人均收入的方差，$\hat{\sigma}_T^2$ 是时期 T 区域人均收入的方差。该统计量为具有（$n-1$；$n-1$）个自由度的 F 分布。

因变量：1994~2003 年地区人均 GDP 增长率

表 8-6 β收敛回归分析

地区	1	2	3	4	5	6	7	8
	全部地区	全部地区	目标 1	目标 1	全部地区	全部地区	目标 1	目标 1
截距项	0.121*** (0.013)	0.070*** (0.020)	0.158 (0.027)	0.137** (0.054)	0.018*** (0.001)	0.013*** (0.001)	0.020*** (0.001)	0.132** (0.065)
LnGDP'94	-0.011*** (0.001)	-0.004* (0.002)	-0.015*** (0.003)	-0.013** (0.006)				
社会因素					-0.001** (0.000)	6.88E-05 (0.001)	-0.002*** (0.001)	-0.000 (0.001)
国家虚拟变量	no	yes	no	yes	no	yes	no	yes
R^2	31.60%	59.50%	33.90%	60.50%	4.00%	58.20%	18.40%	60.50%
调整 R^2	31.10%	55.70%	32.60%	49.90%	3.30%	54.30%	16.80%	48.70%
F	59.63***	15.86***	26.18***	5.71**	5.44**	15.04***	11.51***	5.11***

注：括号内数字为标准误，*、**和***分别表示10%、5%和1%的显著性水平。

回归结果显示，人均 GDP 初始水平对数的系数为负（回归 1）。然而，当在分析中引入一组国家虚拟变量，既控制了"国家增长"效应，又最小化了空间自相关程度时，无条件收敛的迹象变得更弱，几乎不显著（回归 2）。当单独考虑目标 1 区域的子样本时，情况发生了变化：不仅收敛程度更强（回归 3），而且在引入国家虚拟变量后仍然显著（回归 4）。这证实了目标 1 地区之间存在"俱乐部趋同"过程（Quah，1996），这明显违背了相对较富裕地区具有更好增长潜力的观点。相反，最初较弱势的目标 1 区域似乎比其他禀赋较好的区域增长更快。前者与后者的追赶揭示了最贫穷目标 1 区域的增长潜力，如果结构基金高度集中，其潜力将得到更有效的增强。此外，如上文所示，当集中度降低时，基金与结构性不利因素之间缺乏相关性。当从社会经济因素的角度评估劣势时，相对弱势区域的增长潜力得到了印证，当单独考虑目标 1 子集时，劣势变得非常明显（比较图 8-1 和图 8-2，分别为欧盟 15 国区域和仅针对目标 1 区域的增长率与社会经济因素的散点图）。

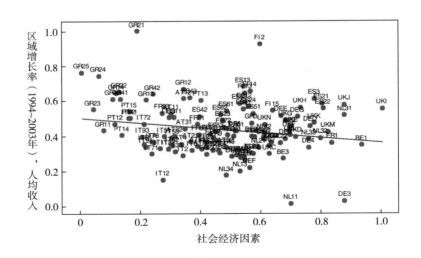

图 8-1　1994~2003 年各地区增长率与社会经济因素的关系

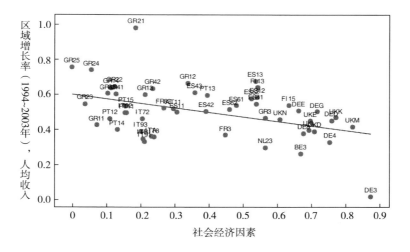

图 8-2 1994~2003 年区域增长率与社会经济因素的关系（目标 1 区域）

然而，当根据社会经济因素评估趋同时（见表 8-6，回归 5~8），有证据表明，在控制国家效应的情况下，许多社会经济劣势地区无法普遍追赶欧盟（回归 7）和目标 1 的"俱乐部"（回归 8）。换句话说，根据区域增长的社会经济前置条件的相关文献，我们发现，这些因素阻碍了目标 1 区域的收敛能力。因此，虽然没有证据鼓励将资源投向禀赋更好的区域（事实恰恰相反），但有大量证据支持欧盟发展基金解决结构性劣势问题的必要性。因此，结构性劣势与基金分配之间的地理相关性已被确认为是其有效性的必要条件。

8.5 结论

本章将区域成功发展的社会经济前置条件（如本书前几章所述）与结构基金的相关分配进行了比较，以探索欧盟结构基金作用下降的原因。已有文献将此归因于欧盟发展政策框架内的政策实施。其中，一些文献强调了 R&D 密集型企业选址的扭曲效应，另一些则强调了资源在各发展轴之间的错配。本章提出了另一种解释：欧盟在实现预期利益方面的发展政策问题根源可能出现在更上游的阶段，即基金的区域分配机制。这一机制不仅导致支出的地域集中度不足，而且还导致基金与一系列社会经济条件之间的相关性不足，前几章的实证分析已经证明，社会经济条件阻碍了许多欧盟区域的经济成功。

我们的实证分析考察了这两个问题，以检验结构基金作用效果有限的原因。结果表明，结构基金的区域分布遵循集中度原则，呈现一定的空间集中度。然而，虽然理论讨论支持欧盟基金的分配是为了"补偿"援助地区的结构性劣势（最大化援助区域的收益）的观点，但实证结果表明，与有关基金相比，结构性劣势在空间上更为集中，可见目前的基金集中度不足。此外，实证模型揭示了区域基金数量与上述竞争劣势之间的弱联系，特别是就人力资本积累而言。

欧盟基金的这种空间分配可能会降低其对援助地区增长绩效影响的能力，加上共同融资机制①，不可避免地会在国家资源分配方面产生偏见。

政策分析表明，这种基金的地理分配可能是政策目标（欧盟政治平衡所要求的）政治稀释的结果，也可能是有意倾向于禀赋更好的区域。然而，实证结果质疑这种倾向的合理性，即因区域有更好的接受能力，而给予这些地区基金支持。在目标1区域中，恰恰是社会经济最不利的区域在过去几年中显示出相对较好的增长潜力。

因此，不仅应尽一切努力促进支出的地域集中（其是提高效果的必要非充分条件），而且还需加强其应对社会经济不利因素的能力。欧盟委员会在评估过去规划期的不足时，明确考虑了这些关键问题（特别是地域集中）。但是，当委员会的分析需要兼顾国家预算平衡的主张和最值得投资地方的错误判断时，具体纠偏方案的实施将变成一个渐进过程。

---

① 2005年5月7日，布鲁塞尔委员会的COM（2005）0299文件显示，"平均而言，欧盟层面通过凝聚力政策支出1欧元都会导致欠发达区域（当前目标1）支出0.9欧元和经历重组区域（当前目标2）支出3欧元"，"支持增长和就业的凝聚力政策：社区战略方针，2007—2013"，第7页。

第9章 主要结论

9.1 区域创新与增长动力研究的主要实证结论

本书重点探讨了创新与区域增长之间的关系，以揭示使一些地区比其他地区从全球化和技术变革过程中受益更多的相关特征（与物理空间和社会经济环境有关）。依此，本书的目标是分析地理（可达性）和社会经济条件（社会过滤）对创新投入转化为区域经济增长的影响作用。

为了达成这一目标，本书将创新过程以及创新如何影响经济的相关理论进行融合。这些理论分支被结合成一个综合实证模型，进而可以系统研究先前那些已被案例研究揭示的现象。事实上，这种"融合"是非常有价值的，因为它能够使得"局限"于不同方法之间"灰色地带"的各种现象得到严格的定量分析。通过对所有章节的回溯，本书主要的实证结论可以归纳为：

（1）研究结果支持这样一种假设，即增加创新投入（如已实现）会提高增长绩效，这在区域层面也成立。然而，增加创新投入不一定会在所有区域产生相同的效果。通过对欧盟区域增长动力的分析发现，创新过程受各种地方化因素的调节和支配。

（2）一个地区的地理可达性降低（即边缘区域），不仅会因互相连通性的降低对本地经济网络结构产生影响，而且知识流动的暴露降低，还会抑制将创新转化为增长的能力，因此，边缘地区和核心地区同样 1 欧元的 R&D 投入会产生不同的效果。依此而言，在实施创新发展政策时要优先考虑到边缘地区先天存在的这一竞争劣势。

（3）社会经济因素（作为区域创新系统的代理变量）是创新过程的基础，决定着本地创新投入的生产率。实证分析确定了一组可以有效刻画欧盟和美国的区域创新系统的特定因素。这些因素主要包括三个方面：教育成就、人力资源的生产性就业和人口结构。当一个地区内部的社会经济条件阻碍创新系统的建立时，就会显著抑制 R&D 对区域增长的影响。此外，分析没有发现 R&D 存在最低门槛效应，因为即使是地方条件的微弱改善，也被证明是有用的。

（4）知识溢出在空间上是有界的。由于溢出效应表现出强烈的距离衰减效应，因此邻近性对经济上的生产性知识的扩散非常重要。在欧盟 25 国，只有在 180 分钟通勤半径内进行的创新投入，才对区域增长绩效产生显著的正向影响。这一证据与知识是公共物品、人人都能瞬时获得的观点相矛盾。区际知识流动的 180 分钟通勤半径符合通过"人际关系"扩散技术的现实，因为它可以保障人与人之间进行充分的面对面交流。在美国，知识溢出往往局限在大都市功能区界内。

（5）当以"系统"方式（正如我们构建的理论框架）考虑前述的几点结论时，我们可以揭示各种机制之间的相互关系。由于知识溢出在空间上是有界的（4），它们倾向于在核心地区（创新投入也集中在核心地区）创建本地化的知识库（1），因此边缘地区的获益变小（2）。对外部知识流动的暴露低，更需要在本地建立成熟的创新系统，以更有效地利用已有知识来弥补（3）。

（6）通过对欧盟和美国的比较，发现美国各地区的创新通常相对独立，这些地区主要依赖自身的 R&D 投入、有利的社会经济条件以及对高技能人才的培育和吸引。在欧盟，创新过程不仅与良好的社会经济条件有关，还与邻近其他创新地区以及吸收知识溢出并将其转化为创新的能力有关。与美国的情况相反，欧盟的人力资本流动没有发挥作用。在欧盟，不完全的市场一体化，以及整个欧洲大陆的制度和文化壁垒阻碍了创新主体从外部经济和本地化互动中获益，而随着欧洲一体化的持续推进，地理过程的补偿形式可能将出现。相比之下，美国资本、人口和知识的高流动性不仅促使研究活动在该国特定地区集聚，而且使各种地区机制能够充分利用本地的创新活动和（信息）协同效应。

迄今为止产生的证据，通过揭示欧盟区域增长动力的一些相关机制（也从与美国的比较来看），为我们理解欧盟区域政策影响这种动力的潜在局限性提供了一套"诊断工具"。特别地：

（7）交通基础设施投资（欧盟区域政策预算的关键项目）的影响分析表明，交通基础设施禀赋良好且与禀赋同样良好的区域连接的区域往往增长更快。然而，对一个区域或邻近区域基础设施的投资似乎使许多边缘地区在竞争中变得更加脆弱。此外，基础设施禀赋对增长的积极影响低于人力资本水平等因素，而且这种影响往往会迅速减弱。

（8）对所有欧盟区域政策基金分配情况的实证研究表明，该政策实际上很难充分改善对任何区域经济成功机会产生负向影响的社会经济因素。在空间上，劣势的来源比用于弥补这种劣势的基金更集中，说明结构性劣势与欧盟基金存在弱关联，这为欧盟区域政策的效果有限提供了一个潜在解释。因此，结构性政策有助于促进欧盟落后地区的发展的前提是，在其分配机制中要引入必要的纠偏措施，以增加基金的地理集中度，并将可用资源合理分配给社会经济条件弱势的地区。

对这些结论的讨论以及由此产生的政策含义表明，区域"综合"框架在创新和区域经济发展过程中是多么地富有成效和前景。深入了解欧盟应对技术变革这一永恒进程的区域增长轨迹，不仅是一项极具吸引力的研究任务，而且对各级政府制定合理的发展政策具有重要参考价值。而欧盟实施有效发展政策的能力，是在地域和个人一体化进程中平衡成本和收益的必要条件。

9.2 对地方和区域经济发展政策的影响

上一节中，我们讨论了区域"综合"框架使我们能够从欧盟执行的区域政策中得出什么启示。我们如何才能从现在开始改进呢？对于地区和区域经济发展政策，是否可以从本书中构建（并经过实证检验）的"综合"概念框架中汲取任何一般性的经验？为了回答这些问题，让我们简要讨论一下"综合"框架如何在作为地方和区域经济发展政策的指南中以及在自上而下和自下而上方法之间的联系桥梁中发挥作用。

9.2.1 作为自上而下和自下而上政策共同平台的区域"综合"框架

当梳理地方和区域经济发展政策的文献时,会发现启发自上而下发展政策的宏观和微观经济理论的一方与指导地方自下而上发展政策的"中观"理论的另一方之间明显是脱节的。

微观经济分析形成了旨在影响劳动力和资本分配的自上而下的微观政策选择,而宏观经济方法为针对区域总收入和支出的自上而下的宏观政策选择提供了理由。根据基本理论的预测,这些政策的目的"是促使资本和劳动力进入通常不会被决策者选择的地区"(Armstrong 和 Taylor,2000,第 234 页)。相反,自下而上的政策强调"地方和区域增长天然的经济潜力来源"(Pike 等,2006,第 155 页),旨在揭示创新与经济增长绩效驱动因素的中观理论着眼于"地域"和"关系"资产,包括地方制度和网络(例如,区域创新系统)、社会资本和地方化隐性知识。就这些政策设计(和评估)的实证概念基础而言,自上而下的政策通常依靠定量或计量分析来进行信息评估,而自下而上的政策则依赖(几乎完全)定性案例研究的证据。图 9-1 的上下部分恰恰展示了这种情况,即宏观和微观经济文献为自上而下的政策提供了理论框架和定量分析的信息输入,而中观区域分析和更多的定性研究构成了自下而上方法的基础。

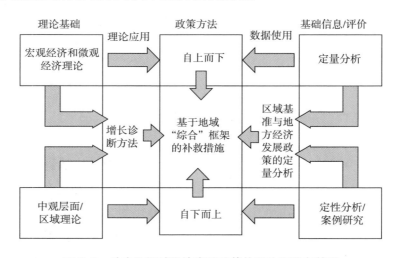

图 9-1　地方和区域经济发展政策的理论和信息基础

然而，在实践中，自上而下（宏观和微观）和自下而上的发展政策并存，相互作用，并对同样的主体（个体和企业）和地区产生影响，尽管学术界、业界和政策制定者一致呼吁进行协调，但它们的协同和融合极为有限。

　　本书认为，这种脱节是因为在基本的经济发展理论方面缺乏共同的理论和概念基础。第 2 章中，我们系统地梳理了关于区域创新和增长不同理论之间的界限划分。我们也展示了宏观、微观和中观层面的不同文献分支是如何相互融合并组合成一个"综合框架"的，为理解"现实世界"中创新和增长的动力开发了一个强大的分析工具。同样，"综合方法"（基本理论的组合）形成了自上而下和自下而上政策的共同概念基础。区域外部过程（以溢出的形式）和内部本地因素的明确概念化——被宏观线性方法（R&D 投入）或中观理论（创新系统）证明是合理的——使我们可以将自下而上的政策解释为地方化地理互动和相互联系的一部分（产生溢出效应），同时，自上而下的政策植根于多样化的异质地区（就其本地特征而言）。根据这一推理，本书构建的综合方法使我们能够识别出发展因素是自上而下和自下而上的区域发展政策的目标，为它们的协调和协同趋同提供了共同基础。正如本书中反复指出的那样，回归分析的定量结论应该被视为对其分析过程和强调的"规律性"特征的揭示，尽管结果是稳健的，但仍需通过理解每个样本的残差（没有解释的）异质性来补充。例如，创新系统方法的理念正朝着这个方向发展，并引导我们考虑创新与增长之间关系的复杂性。本书的定量分析只能确定有利于欧盟区域创新系统当前地理的社会过滤的一些共同特征，还需要额外的定性分析来补充其与"特定地方条件"（Cantwell 和 Iammarino，2003，第 11 页）的相互作用，即"非贸易相互依赖"和非正式的知识流动（Storper，1995）。

9.2.2　区域"综合"框架转化为诊断或政策工具

　　一旦我们假设"综合"概念框架是自上而下和自下而上政策的共同基础，则需要考虑如何将其转化为实际的政策处方。现有的经济文献普遍试图确定发展政策的实际目标，将不同的理论"转化"为政策指导框架。在国际宏观发展文献中，"增长诊断"（Hausmann 等，2008；Rodrik，2010）方法采用与本书综合框架相类似的做法，构建了促进增长政策的"实用"框架，这是各种区域创新和增长理论"折中"融合的结果。"增长诊断基于这样一种观点,即并非所有(经济增长和发展)的制约因素都具有同等的约束力,一个明智而实用的战略应该是确定最关键的制约因素(第6页)(……)并用适合本地的补救措施将其清除。在理论和证据的使用上,诊断需要实用主义和折中主义,而没有为教条主义、进口蓝图或纯实证留余地"(Rodrik,2010,第7页)。然而,基于"增长诊断"方法的已有工作,尽管它们极为关注本地特征,但仍以宏观发展理论为基础,对地域资本的作用保持沉默,不能为自下而上的政策提供任何有价值的信息。相反,在规划研究和区域发展文献中,许多工作试图明确为自下而上的地方发展政策提供信息(定性和定量)和分析支持。"区域基准"研究(Huggins,2009a、2009b)通过系统地比较区域的绩效、流程和政策,"以便了解各区域的特征,进而改善区域的创新和竞争力"(Huggins,2009a,第275页)。这些分析积累了大量关于区域经济的各方面知识,可以有力支持对当地经济状况的诊断,使区域间的比较成为可能(就像本书中制定的综合框架一样),并制定"可量化"的政策目标。然而,由于缺乏一个综合的基本概念框架证明具体所选指标的合理性,使上述方法支持决策的能力受到严重制约,因为不仅要考虑指标在不同背景下的定量差异和相对重要性,还要考虑指标间的功能关系。"区域基准"研究的其他贡献是将重点从"基准"转移到直接寻找"区域竞争力"的"驱动因素",以及寻找将这些驱动因素与区域增长起源联系起来的理论机制。Kitson等(2004)批判性地回顾了这些文献,从波特的竞争优势钻石(以及随后由私人咨询公司、国家政府或欧盟委员会制定的主题变体)到越来越复杂的学术尝试,例如Budd和Hirmis(2004)或Wong(2002),并指出了一些妨碍进行合理政策干预的缺陷。从"增长诊断"的角度来看,关于竞争力的各种驱动因素的理论论证缺乏一致性,但这本身不成问题。正如Kitson等(2004)指出的,"不同的理论似乎隐含在不同的驱动因素中"(第996页)。然而,这确实具有误导性,"据此假设相同的'驱动因素'在任何地方都同等重要,因此不同地区适用相同的基本政策手段"(第996页),这与增长诊断逻辑相矛盾,完全忽视"促成成功模式的不同因素之间存在着(往往是微妙的)相互依存关系,进而为模仿最佳实践做法铺平了道路"(Boschma,2004,第1011页)。

为填补文献中的这一双重空白(图9-1的中间部分),我们将本书提出的区域和地方创新与增长的"综合框架"转变为（自下而上和自上而下）发展政策的概念工具包。一方面，我们主张"综合方法"可以很好地将我们的诊断纳入直接关注区域—地方进程的文献，并将"增长诊断方法"纳入区域和地方决策中（图 9-1 的中间左侧部分）。另一方面，通过务实和折中地融合理论（正如我们在本书中试图根据增长诊断方法所做的那样），而不是简单地将各指标联系起来（如关于区域竞争力的大多数文献所述），我们可以为地方和区域政策确立明确、可衡量、有理论依据的目标，"厘清发展过程中（这些）不同社会经济因素之间的逻辑关系"（Wong，2002，第 1833 页），为本地制定合理的补救措施提供了当地经济情况更准确的信息（图 9-1 的中央右侧部分）。图 9-1 中的箭头显示了综合框架中所有因素的共同指向：区域"增长诊断"方法使我们能够将该框架用作确定政策目标和适合本地补救措施的工具，而我们的理论驱动的"区域基准"方法能够同时收集与自上而下和自下而上政策相关的信息。

9.2.3 因地制宜地方经济发展政策的诊断性政策工具

基于本书中提出的"综合方法"理解区域创新和增长，"增长诊断"方法使我们能够确定一系列发展因素，这些因素同时作为自下而上和自上而下经济发展政策的目标。以"综合"框架为基础，参考区域动力"增长诊断"方法和区域基准文献，我们认为区域和地方经济发展包括五个基石：创新活动、社会经济条件（社会过滤）、地理因素或可达性，国际（跨地方）联系以及地方和区域政策（见图 9-2）。这些要素可以被视为对本地企业和营商有利或不利的区域资产或负债，因此体现区域竞争优势或劣势的主要方面（Kitson 等，2004）。

其中，地方创新活动是区域经济绩效的引擎。从定量上讲，它们是知识生产函数的投入，用于生产并转化为经济增长的新知识。然而，从定性的角度来看，创新活动可以在不同的环境中进行——正如第 6 章中比较欧盟和美国时所讨论的那样——私营公司、研究中心和大学发挥着不同的作用。创新活动对发展的影响主要依赖两种因素：社会经济条件和地理。在本书中，"社会过滤"的概念——作为良好的区域创新系统的结构性社会经济前置条件——被视作促进或阻碍创新过程的本地制度量化指标，使区域和时间维度上的比较和基准成为可能。然而，从自下而上的角度来看，对"社会过滤"条件的评估可以通过捕捉其制度和关

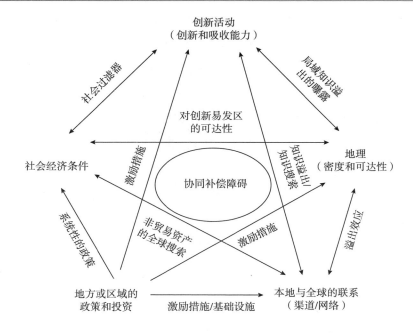

图 9-2　因地制宜发展策略的诊断政策工具及五个基石

系基础的定性分析来补充。图 9-2 中，箭头显示了我们诊断框架中各部分之间的功能关系。此外，因为社会过滤条件将创新投入转化为新的经济可用知识和经济增长，所以应根据创新来对其评估。同样的道理也适用于地理方面：在第 3 和第 5 章，我们的研究表明，不同的量化指标（分别为可达性指数和空间滞后变量）可以捕捉到与经济和创新活动的地理距离对本地经济绩效的影响。知识溢出是欧盟地区经济成功的重要预测因素，其突出了地区互动的两个潜在机制：高度本地化的区内联系（密度）或区际联系（可达性）。然而，在第 6 章中，我们的研究不仅强调了行为主体间的邻近性模式的重要性，而且揭示了密度和邻近性的动力（通常是定性的）过程，及其如何随时间的推移而调整。因此，密度变化的效应受到外来生产要素本质特征的影响。例如，与低技能人才的积累相比，高技能人才的吸引力和聚集对本地经济绩效的影响非常不同。正如第 7 章所强调的，交通基础设施投资对区域可达性的改善水平不仅受到其他地方特征（图 9-2 中的其他基石）的影响，还受到特定基础设施项目自身特征的显著影响。微观分析强调，可达性不足不仅可能是"地理"障碍或基础设施薄弱的结果，还可能是瓶颈或网络故障的结果，而这些问题只能通过对当地可达性受限的定性评估来确定。如图 9-2 中箭头所示，地理区位与创新活动和社会经济条件直接相关，从而影响创新和增长绩效。创新活动的总体可达性（第 5 章）决定了知识溢出的潜在暴露状况，而对创新易发空间的可达性可使创新易发区域能够向其周围地区溢出。

正如本书中广泛讨论的那样，创新和增长动力不仅受到地理可达性的影响，每个地区在"全球网络"中的位置及其对全球知识流动的影响对于诊断当地情况也很重要。本地行动者与其他主体发展组织、制度和社会邻近关系的能力将决定本地经济在全球网络中的位置。在这种情况下，虽然这些网络中每个区域的"中心度"可以用定量的数据来评估（例如，通过研究专利引用或外商直接投资量），但是自下而上的政策设计需要对这种非本地化联系的特征及其支持力量逐个进行定性研究。参与全球网络将对上述所有发展"基石"产生影响。区域创新系统不仅使各地区的全球节点或参与者（如跨国公司）受益，也为它们在全球范围内搜索非交易资产的社会制度环境做出贡献。通过类似的机制，它们将受益于（但也有助于）地方创新投入：地方和全球行为者之间将产生溢出效应，将"全球"知识引导到地方环境中，并将地方创新投入的成果"泵入"全球知识管道。地理可达性也是实现全球网络本地化的关键催化剂，因为良好的可达性通过提高对本地活动产生的内部本地化溢出效应的暴露，吸引这些"节点"的溢出，进而获得区域间更广泛的知识。

最后，如果不考虑（以前的）已有的发展政策——这些政策在不同层面（从国家政策到社区层面的举措）启动和实施，会对地方经济产生影响——对区域经济的任何自上而下或自下而上的评估都是不全面的。这些政策涵盖地方经济发展的一个或多个"基石"：各级政策可以改善"系统性"社会过滤条件，激励或支持 R&D 活动，以及试图提高该地区在地理（例如，通过改善交通基础设施）、社会、组织和制度方面的"中心度"（例如，促进公司或大学之间的国际合作，或对跨国公司或其他"全球"参与者选址的激励）。

正如我们在本书中的陈述，上述五个因素（见图 9-2）相互作用，并共同决定了区域如何促进创新和增长。当它们相互协同时（即，地方经济发展的所有驱动力都朝着同一方向发展），地方经济的增长潜力实现最大化。然而，当一些因素的作用可以弥补其他因素的不足时，良好的经济绩效也可能出现［例如，我们的实证分析表明，即使在次优 R&D 投入的情况下（图 4-4 左上角），只要社会过滤条件和对外部溢出的暴露足够强，也可以实现创新发展］。相反，在没有某种弥补的情况下，一个或多个因素持续不足，或各因素相互制约时，创新和增长将受阻。例如，当在没有事先加强内部社会经济条件的情况下增强可达性，使当地经济面临外部竞争，而本地潜力没有得到充分激发时，就会发生这种情况。良好的治理和制度使协同效应自然产生。然而，地方和区域发展政策有助于在情况并非如此的条件下建立平衡模式。

如果这五个因素（或基石）具有定量意义（正如我们在本书中所做的计量分析那样），它们可以通过允许区域间比较（例如，在使用可用资源时进行机会或代价评估）和明确确定政策目标，成为自上而下政策的目标。相反，如果图 9-2 中的"基石"在定性方面有所不同（正如本书所涵盖的基本文献所允许的那样），那么它们可以作为当地经济状况的诊断工具和自下而上政策的驱动因素。因此，"综合框架"构成了自上而下和自下而上政策行动的共同基础，使两者更容易协调。诚然，自下而上和自上而下的政策受不同的政治进程和集体行动的支配，涉及效率和公平之间的平衡：虽然自上而下的区域政策传统上关注总体效率和地区公平，自下而上的方法倾向于关注地方效率。然而，日益紧缩的公共财政强调自上而下政策的效率，且地方（及社区）间日渐增强的相互联系使地方政府意识到地方绩效受外部环境的影响，因此协调不同政策的行动变得日益重要。

9.3　结束语

最后，让我们对本书前几节中提出的概念框架的主题和地理范围做两点总结，并与本章中的地方和区域经济发展政策相呼应。

就我们分析的主题而言，我们的理论和实证分析都着眼于创新产生及其转化为经济增长的地域过程。在本书的某些章节中，我们的因变量是地区人均 GDP

的增长率，在其他章节，我们将重点直接转到新知识的产生（经济增长的引擎），选择专利强度作为我们的因变量。那么，经济增长和创新强度如何以及在多大程度上影响地方和区域经济发展？"经济增长"和"经济发展"当然不是同义词，不能互换使用。正如 Pike 等（2007）所强调的，"发展的内涵随着时间的推移而变化，由批评、辩论、经验和评估所定义，（而且它）在地理上是有区别的，区域内和区域间的不同也随时间而变化。（此外）历史上对经济发展的主要关注已经扩大，尽管高度不均衡，包括社会、生态、政治和文化问题"（第 1225 页）。因此，经济发展是一个更宽泛的概念，关乎本地的繁荣和福祉，而这只是生产率、收入和就业增加的部分结果（Storper，1997）。经济发展的这些数量特征（在本书中明确阐述的）需要从经济和社会等方面审视，以评估其质量（几乎与上文讨论的要点一致）以及环境可持续性和"质量"相结合情况（Pike 等，2007）。依此而言，我们是否应该关心不同区域的收入差异？根据 Acemoglu（2009）关于跨国差异的结论①，答案无疑是肯定的："高收入水平反映了高生活水平"（第 6 页）。然而，这"既不意味着人均收入不能作为普通公民福利的'充分统计数据'，也不意味着它是我们应该关心的唯一特征。（……）经济增长通常有利于福利，但它往往会产生赢家和输家。约瑟夫·熊彼特著名的创造性破坏概念恰恰强调了经济增长的这一方面：经济增长过程会破坏生产关系、企业生存，甚至个人生计，因为增长是通过引入新技术和创建新企业来实现的，取代了现有的企业和技术"（第 7 页）。出于这个原因，地方和区域促进并支持基于创新的增长应在更广泛的框架内进行，全面的地方和区域发展政策应该系统地考虑地方发展进程的各种层面（社会、生态和政治）。在地方经济发展政策的基础上，"鼓励和促进地方利益相关者参与合作和互动，使联合设计和实施发展战略成为可能"（Canzanelli，2001，第 9 页），是为了确保地方所有层面之间的"社会最优"平衡，以保障地方和区域经济增长的长期可持续性。

　　第二个结论涉及我们分析的地理范围。本书引用的大部分理论和实证文献都是以"发达"世界的国家、地方和区域为依据的。此外，本书各部分相关的实

---

　　①　或者，用保罗·克鲁格曼（1990）的话来说："随着时间的推移，一个国家提高生活水平的能力几乎完全取决于其提高人均产出的能力。"（第 9 页）

证分析仅覆盖了欧盟和美国。那么，"我们从发展中国家可以学到什么？"这个问题的答案在很大程度上仍未得到探索。尽管发展中国家越来越受欢迎（Ne，2001；Rodríguez-Pose，2002a），但在欧盟和美国，地方和区域发展政策工具已经被应用了足够长的时间，并有足够的定量和定性信息，可以对其影响和潜在缺点进行一致的评估。因此，通过放弃"最佳实践"或案例研究方法，并为分析区域和地方创新和增长的动力制定健全的概念框架，本书为我们提供了必要的（尽管还不够）概念工具，以了解发达国家的哪些政策经验可以（以及在什么条件下）成功地转移到发展中国家和新兴经济体。根据新兴经济体的具体特征，对本书构建的框架进行重新设计和概念化，以及通过定量实证分析进行必要验证，是我们未来研究的议程。我们赞同 Scott 和 Storper（2003）的观点："随着全球化和国际经济一体化的发展，过去世界经济地理的主要结构是由单独的集团（第一、第二和第三世界）组成的，每一个都有各自的发展动力，这个结构正在让位于另一种格局。这种格局试图构建一种关于世界各地区和国家发展的共同理论体系，以及新兴国家生产和交换体系的整体架构……区域位列在不同的点上，具有多样的发展特征。"（第 582 页）因此，我们相信，本书构建的综合框架融合的各种理论和证据（Rodrik），将为我们提供有用的指导，以便于因地制宜的政策转移。

参考文献

［1］ Abramovitz M （1956）. Resources and output trends in the United States since 1870. American Economic Review, 46: 523.

［2］ Abramovitz M （1985）. Catching up and falling behind, Economic research report n. 1. Stockholm: Trade Union Institute for Economic Research.

［3］ Abramovitz M （1986）. Catching up, forcing ahead and falling behind. Journal of Economic History, 46 （2）: 386-406.

［4］ Acemoglu D （2009）. Introduction to modern economic growth. Princeton University Press, Princeton, NJ.

［5］ Acs ZJ （2002）. Innovation and growth in cities. Edward Elgar, Northampton, MA.

［6］ Acs ZJ, Audretsch DB （1989）. Patents as a measure of innovative activities. Kyklos ISSN, 42: 171-181.

［7］ Acs ZJ, Audretsch DB, Feldman MP （1992）. Real effects of academic research: Comment. American Economic Review, 82: 363-367.

［8］ Adams JD （2002）. Comparative localization of academic and industrial spillovers. Journal of Economic Geography, 2: 253-278.

［9］ Adams JD, Jaffe AB （2002）. Bounding the effects of R&D: An investigation using matched firm and establishment data. The Rand Journal of Economics, 27: 700-721.

［10］ Aghion P, Howitt P （1992）. A model of growth through creative destruction. Econometrica, 60 (2): 323-351.

[11] Amin A, Thrift N (1995). Institutional issues for the European regions: From markets and plans to socioeconomics and powers of association. Economy and Society, 24: 41-66.

[12] Andersson R, Quigley JM, Wilhehnsson M (2005). Agglomeration and the spatial distribution of creativity. Papers in Regional Science, 84: 445-464.

[13] Anselin L (2003). Spatial externalities, spatial multipliers and spatial econometrics. International Journal of Regulatory Sciences, 26 (2): 153-166.

[14] Anselin L, Varga A, Acs ZJ (1997). Local geographic spillovers between university research and high technology innovations. Journal of Urban Economics, 42: 422-448.

[15] Anselin L, Varga A, Acs ZJ (2000). Geographic and sectoral characteristics of academic knowledge externalities. Papers in Regional Science, 79: 435-443.

[16] Archibugi D, Coco A (2004). A new indicator of technological capabilities for developed and developing countries (ArCo). World Development, 32 (4): 629-654.

[17] Armstrong HW (1995). An appraisal of the evidence from cross-sectional analysis of the regional growth process within the European union. In: Vickerman RW, Armstrong HW (eds.). Convergence and divergence among European regions. Pion, London.

[18] Armstrong HW (2001). European union regional policy. In: El-Agraa AM (eds.). The European union, 6th edn. Prentice Hall, Harlow.

[19] Armstrong HW, Taylor J (2000). Regional economics and policy. Blackwell, Oxford.

[20] Aschauer DA (1989). Is public expenditure productive? Journal of Monetary Economics, 23 (2): 177-200.

[21] Asheim BT (1999). Interactive learning and localised knowledge in globalising learning economies. Geological Journal, 49: 345-352.

[22] Audretsch DB (2003). Innovation and spatial externalities. International

Journal of Regulatory Sciences, 26 (2): 167–174.

[23] Audretsch DB, Feldman MP (1996a). R&D spillovers and the geography of innovation and production. American Economic Review, 86: 630–640.

[24] Audretsch DB, Feldman MP (1996b). Innovative clusters and the industry life cycle. Review of International Organizations, 11: 253–273.

[25] Audretsch DB, Feldman M (2004). Knowledge spillovers and the geography of innovation. In: Henderson JV, Thisse JF (eds.). Handbook of urban and regional economics. Elsevier, Amsterdam, 4: 2713–2739.

[26] Baldwin R, Wyplosz C (2003). The economics of European integration. McGraw-Hill, London.

[27] Barro RJ (1991). Economic growth in a cross section of countries. Journal of Economic Perspectives, 106 (2): 407–443.

[28] Barro RJ, Sala-i-Martin X (1992). Convergence. American Economic Journal-Economic Policy, 100: 223–251.

[29] Bathelt H (2001). Regional competence and economic recovery: Divergent growth paths in Boston's high technology economy. Entrepreneurship and Regional Development, 13: 287–314.

[30] Batty M (2003). The geography of scientific citation. Environment and Planning C-Government and Policy, 35 (5): 761–765.

[31] Becattini G (1987). Mercato e forze locali. Il distretto industriale. Il Mulino, Bologna.

[32] Becattini G (2000). Lo sviluppo locale nel mercato globale: Riflessioni controcorrente. QA-La Questione Agraria, 1: 3–27.

[33] Beeson PE, DeJong DN, Troesken W (2001). Population growth in U.S. counties, 1840–1990. Regional Science and Urban Economics, 31: 669–699.

[34] Beugelsdijk S, de Groot H, van Schaik T (2004). Trust and economic growth, a robustness analysis. Oxford Economic Papers, 56: 118–134.

[35] Biehl D (1991). The role of infrastructure in regional development. In: Vickerman RW (eds.). Infrastructure and regional development. Pion, London, UK.

[36] Bilbao-Osorio B, Rodríguez-Pose A (2004). From R&D to innovation and economic growth in the EU. Growth and Change, 35: 434-455.

[37] Boldrin M, Canova F (2001). Inequality and convergence in Europe's regions: Reconsidering European regional policies. Economic Policy, 16: 207-253.

[38] Borra's S (2004). System of innovation theory and the European Union. Science and Public Policy, 31 (6): 425-433.

[39] Borts GH, Stein JL (1964). Economic growth in a free market. Columbia University Press, New York.

[40] Boschma RA (2004). Competitiveness of regions from an evolutionary perspective. Regional Studies, 38 (9): 1001-1014.

[41] Bottazzi L, Peri G (2003). Innovation and spillovers in regions: Evidence from European patent data. European Economic Review, 47: 687-710.

[42] Breschi S, Lissoni F (2001). Localised knowledge spillovers vs. innovative milieux: Knowledge "tacitness" reconsidered. Papers in Regional Science, 80: 255-273.

[43] Budd L, Hirmis AK (2004). Conceptual framework for regional competitiveness. Regional Studies, 38 (9): 1015-1028.

[44] Burroni L (2001). Allontanarsi crescendo: Politica e sviluppo locale in Veneto e Toscana. Turin, Italy: Rosenberg & Sellier.

[45] Bush V (1945). Science: The endless frontier. Ayer, North Stanford.

[46] Button K (1998). Infrastructure investment, endogenous growth and economic convergence. Annals of Regional Science, 32 (1): 145-162.

[47] Button K (2001). Transport policy. In: El-Agraa AM (eds.). The European union: Economics and policies. Prentice Hall Europe, Harlow, UK.

[48] Cairncross F (1997). The death of distance. Cambridge, Ma: Harvard Business School Press.

[49] Camagni R (1995a). The concept of innovative milieu and its relevance for public policies in European lagging regions. Papers in Regional Science, 74: 317-340.

[50] Camagni R (1995b). Global network and local milieu: Toward a theory of economic space. In: Conti G, Malecki E, Oinas P (eds.). The industrial enterprise

and its environment: spatial perspectives. Aldershot, Avebury.

[51] Camagni R, Capello R (2003). La citta`come "milieu" e i "milieux" urbani: Teoria e evidenza empirica. In: Garofoli G (eds.). Impresa e territorio. Il Mulino, Bologna.

[52] Canning D, Pedroni P (2004). The effect of infrastructure on long-run economic growth. Harvard University, Mimeo.

[53] Canova F (2004). Testing for convergence clubs: A predictive density approach. International Review of Economics & Finance, 45: 49-78.

[54] Cantwell J, Iammarino S (1998). MNCs, Technological innovation and regional systems in the EU: Some evidence in the Italian case. International Journal of the Economics of Business, 5: 383-408.

[55] Cantwell J, Iammarino S (2003). Multinational corporations and European regional systems of innovation. Routledge, London.

[56] Canzanelli G (2001). Overview and learned lessons on local economic development, human development, and decent work. ILO, Geneva.

[57] Capello R (2004). Economia regionale. Il mulino, Bologna.

[58] Cappelen A, Castellaci F, Fagerberg J, Verspagen B (2003). The impact of EU regional support on growth and convergence in the European Union. Journal of Common Market Studies, 41: 621-644.

[59] Carlino G, Chatterjee S (2002). Employment deconcentration: A new perspective on America's postwar urban evolution. Asia-Pacific Journal of Regional Science, 42 (3): 445-475.

[60] Carlino G, Chatterjee S, Hunt R (2001). Knowledge spillovers and the new economy of cities. Working Paper n. 01-14.

[61] Caselli C, Coleman J (2001). The US structural transformation and regional convergence: A reinterpretation. American Economic Journal-Economic Policy, 109 (3): 584-616.

[62] Castro EA, Jensen-Butler C (1999). Regional economic inequity, growth theory and technological change, Discussion paper 9903, Department of Econom-

ics. University of S. Andrews, Scotland.

[63] Chandra A, Thompson E (2000). Does public infrastructure affect economic activity? Evidence from the rural interstate highway system. Regional Science and Urban Economics, 30 (4): 457-490.

[64] Charlot S, Duranton G (2006). Cities and workplace communication: Some quantitative French evidence. European Urban and Regional Studies, 43: 1365-1394.

[65] Cheshire PC (2002). The distinctive determinants of European urban growth: Does one size fit all? Research Papers in Environmental and Spatial Analysis N. 73, Department of Geography and Environment, London School of Economics.

[66] Cheshire PC, Carbonaro G (1995). Convergence-divergence in regional growth rates: An empty black box? In: Armstrong HW, Vickerman RW (eds.). Convergence and divergence among European regions. Pion, London.

[67] Cheshire PC, Hay DG (1989). Urban problems in Western Europe: An Economic analysis. Unwin Hyman, London.

[68] Cheshire PC, Magrini S (2000). Endogenous processes in European regional growth: Convergence and policy. Growth and Change, 31: 455-479.

[69] Cicciotti E, Rizzi P (2003). Capacita` innovativa e sviluppo reginale: Alcune evidenze delle regioni italiane negli anni novanta. In: Garofoli G (eds.). Impresa e territorio. Il Mulino, Bologna.

[70] Ciccone A (2002). Agglomeration effects in Europe. European Economic Review, 46: 213-227.

[71] Ciccone A, Hall RE (1996). Productivity and the density of economic activity. American Economic Review, 86 (1): 54-70.

[72] Cliff A, Ord JK (1972). Testing for spatial autocorrelation among regression residuals. Geogr Anal, 4: 267-284.

[73] Cliff AD, Ord JK (1981). Spatial processes: Models and applications. Pion, London.

[74] Coe NM, Bunnell TG (2003). "Spatialising" knowledge communities: To-

wards a conceptualization of transnational innovation networks. Global Networks—A Journal of Transnational Affairs, 3 (4): 437-456.

[75] Cohen W, Levinthal D (1990). Absorptive capacity: A new perspective on learning and innovation. Administrative Science Quarterly, 35: 128-152.

[76] Cooke P (1997). Regions in a global market: The experiences of Wales and Baden-Wurttemberg. Review of International Political Economy, 4.

[77] Cooke P (1998). Origins of the concept. In: Braczyk H, Cooke P, Heidenreich M (eds.). Regional innovation systems. UCL Press, London.

[78] Cooke P, Gomez UM, Etxeberria G (1997). Regional innovation systems: Institutional and organizational dimensions. Research Policy, 26: 475-491.

[79] Cooke P, Morgan K (1998). The associational economy: Firms, regions and innovation. Oxford, U. K.: Oxford University Press.

[80] Crescenzi R (2004). Le differenziazioni regionali dell' agricoltura in Polonia di fronte alla Pac. QA/La Questione Agraria, 1: 87-120.

[81] Crescenzi R (2005). Innovation and regional growth in the enlarged Europe: The role of local innovative capabilities, peripherality and education. Growth and Change, 36: 471-507.

[82] Crescenzi R (2009). Undermining the principle of territorial concentration? EU regional policy and the socio-economic disadvantage of European regions. Regional Studies, 43 (1): 111-133.

[83] Crescenzi R, Rodríguez-Pose A (2008). Infrastructure endowment and investment as determinants of regional growth in the European union. Eur Investment Bank Pap, 13 (2): 62-101.

[84] Crescenzi R, Rodríguez-Pose A (2009). Systems of innovation and regional growth in the EU: Endogenous vs. external innovative efforts and socioeconomic conditions. In: Fratesi U, Senn L (eds.). Growth and innovation of competitive regions. Springer, Berlin: 167-192.

[85] Crescenzi R, Rodríguez-Pose A, Storper M (2007). The territorial dynamics of innovation: A Europe-United States comparative analysis. Journal of Econom-

ic Geography, 7 (6): 673-709.

[86] Criscuolo P, Verspagen B (2006). Does it matter where patent citations come from? Inventor versus examiner citations in European patents, ECIS Working Papers, 05.06.

[87] D'Antonio M, Scarlato M (2004). Trent'anni di trasformazioni dell'economia italiana: Verso la ripresa dello sviluppo? Economia Italiana, 2: 277-331.

[88] Dall'Erba S (2005). Distribution of regional income and regional funds in Europe 1989-1999: An exploratory spatial data analysis. Annals of Regional Science, 39: 121-148.

[89] Dall'Erba S, Hewings GJD (2003). European regional development policies: The trade-off between efficiency-equity revisited. Discussion Paper REAL 03-T-02, University of Illinois at Urbana Champaign.

[90] De Blasio G (2006). Production or consumption? Disentangling the skill-agglomeration connection, Bank of Italy. Tema di discussione n: 571.

[91] De Bondt R (1996). Spillovers and innovation activities. International Journal of Industrial Organization, 15: 1-28.

[92] De la Fuente A, Dome'nech R (2001). The redistributive effects of the EU budget. Journal of Common Market Studies, 39: 307-330.

[93] Delmas MA (2002). Innovating against European rigidities. Institutional environment and dynamic capabilities. The Journal of High Technology Management Research, 13: 19-43.

[94] Demissie E (1990). Small-scale agriculture in America. Westview, San Francisco.

[95] Desmet K, Fafchmps M (2005). Changes in the spatial concentration of employment across US counties: A sectoral analysis 1972-2000. Journal of Economic Geography, 5 (3): 261-284.

[96] Dicken P (1994). The roepke lecture in economic geography global-local tensions: Firms and states in the global space-economy. Economic Geography, 70 (2): 101-128.

［97］Döring T, Schnellenbach J（2006）. What do we know about geographical knowledge spillovers and regional growth?: A survey of the literature. Regional Studies, 40（3）: 375-395.

［98］Dosi G, Freeman C, Nelson R, Silveberg G, Soete L（eds.）（1988）. Technological change and economic theory. Pinter, London.

［99］Dosi G, Llerena P, Sylos LM（2006）. The relationships between science, technologies and their industrial exploitation: An illustration through the myths and realities of the so-called "European Paradox". Research Policy, 35（10）: 1450-1464.

［100］Drennan M, Lobo J（2007）. Specialization matters: The knowledge economy and United States cities. Los Angeles: UCLA School of Public Affairs, unpublished manuscript.

［101］Duntenam GH（1989）. Principal component analysis. Sage, London.

［102］Duranton G, Puga D（2001）. Nursery cities: Urban diversity, process innovation, and the life cycle of products. American Economic Review, 91: 1454-1477.

［103］Duranton J, Puga D（2003）. Micro-foundation of urban agglomeration economies. In: enderson.

［104］VJ, Thisse JF（eds.）. Handbook of regional and urban economics Vol. 4 cities and geography. Elsevier, Amsterdam.

［105］Duranton J, Storper M（2006）. Agglomeration and growth: A dialogue between economist and geographers. Journal of Economic Geography, 6（1）: 1-7.

［106］Easterly W, Levine R（1997）. Africa's growth tragedy: Politics and ethnic divisions. Quarterly Journal of Economics, 112: 1203-1250.

［107］Edquist C（1997）. Systems of innovation approaches—Their emergence and characteristics. In: Edquist C（eds.）. Systems of innovation: Technologies, institutions and organizations. Pinter Publishers/Cassell Academic, London.

［108］Elhorst JP（2010）. Spatial panel data models. In: Fischer MM, Getis A（eds.）. Handbook of applied spatial analysis, Part 3. Springer-Verlag, Berlin, New York: 377-407.

［109］Engelbrecht H-J（1997）. International R&D spillovers, human capital and productivity in OECD economies: An empirical investigation. European Economic Review, 41 (8): 1479-1488.

[110] Ergas H (1987). Does technology policy matter? In: Guile B, Brooks H (eds.). Technology and global industry. National Academy Press, Washington: 191-245.

[111] European Commission (2000). Real convergence and catching-up in the EU, European Economy 71, Office for Official Publications of the EC. Luxembourg.

[112] European Commission (2001). European Innovation Scoreboard. Office for Official Publications of the EC, Brussels.

[113] European Commission (2002). European report on quality indicators of lifelong learning. Office for Official Publications of the EC, Brussels.

[114] European Commission (2005a). Integrated guidelines for growth and jobs 2005-2008. COM (2005) 141 final2005/0057 (CNS).

[115] European Commission (2005b). Towards a European research area: Science, technology and innovation, key figures 2005. Office for Official Publications of the European Communities, Luxembourg.

[116] European Commission (2005c). EU's higher education achievements and challenges: Frequently asked questions (FAQ), MEMO/05/133, Brussels.

[117] European Commission (2006). The demographic future of Europe—From challenge to opportunity, COM 571 final, Brussels.

[118] European Commission (2007a). Commission staff working document accompanying the green paper "The European Research Area: New Perspectives" COM (2007) 161, Brussels.

[119] European Commission (2007b). Communication from the commission—Trans-European networks: Towards an integrated approach. COM/2007/0135 final.

[120] EUROSTAT (1996). The regional dimension of R&D and Innovation statistics. Regional manual. Official Publication of EC, Luxemburg.

[121] EUROSTAT (2006a). Population statistics. Official Publication of EC, Luxemburg.

［122］EUROSTAT（2006b）．Patent applications to the EPO at national level. Statistics in focus n. 3.

［123］EUROSTAT（2006c）．Patent applications to the EPO in 2002 at regional level. Statistics in focus n. 4.

［124］Evans P，Karras G（1994）．Are government activities productive? Evidence from a panel of United States states. Review of Economics and Statistics，76（1）：1-11.

［125］Fabiani G（eds.）（1991）．Letture territoriali dello sviluppo agricolo. Franco Angeli，Roma.

［126］Fageberg J（1988）．Why growth rates differ. In：Dosi G，Freeman C，Nelson R，Silveberg G，Soete L（eds.）．Technological change and economic theory. Pinter，London.

［127］Fagerberg J（1994）．Technology and international differences in growth rates. Journal of Economic Literature，32：1147-1175.

［128］Fagerberg J，Verspagen B，von Tunzelmann N（1994）．The economics of convergence and divergence：An overview. In：Fagerberg J，Verspagen B，von Tunzelmann N（eds.）．The dynamics of technology，trade and growth. Edward Elgar，Cheltenham.

［129］Fagerberg J，Verspagen B，Caniels M（1997）．Technology，growth and unemployment across European regions. Regional Studies，31（5）：457-466.

［130］Faulconbridge JR（2006）．Stretching tacit knowledge beyond a local fix? Global spaces of learning in advertising professional service firms. Journal of Economic Geography，6：517-540.

［131］Feldman M（1994）．The geography of innovation. Kluwer，Boston.

［132］Feldman M，Audretsch DB（1999）．Innovation in cities：Science-based diversity，specialisation and localised competition. European Economic Review，43（2）：409-429.

［133］Feldman MP，Florida R（1994）．The geographic sources of innovation-technological infrastructure and product innovation in the US. American Association of

Geographers, 84 (2): 210-229.

[134] Fischer MM (2010). A spatial Mankiw-Romer-Weil model. Annals of Regional Science. doi: 10.1007/s00168-010-0384-6.

[135] Fischer MM, Varga A (2003). Spatial knowledge spillovers and university research. Annals of Regional Science, 37: 303-322.

[136] Fischer M, Scherngell T, Jansenberger E (2009a). Geographic localisation of knowledge spillovers: Evidence from high-tech patent citations in Europe. Annals of Regional Science, 43 (4): 839-858.

[137] Fischer MM, Bartkowska M, Riedl A, Sardadvar S, Kunnert A (2009b). The impact of human capital on regional labor productivity. Letters in Spatial and Resource Sciences, 2 (2-3): 97-108.

[138] Fischer MM, Scherngell M, Reismann T (2009c). Knowledge spillovers and total factor productivity: Evidence using a spatial panel data model. Geometric Analysis, 41 (2): 204-220.

[139] Freeman C (1987). Technology policy and economic performance: Lessons from Japan. Pinter, London.

[140] Freeman C (1994). Critical survey: The economics of technical change. Cambridge Journal of Economics, 18: 463-512.

[141] Freeman C, Soete L (1997). The economics of industrial innovation. MIT, Cambridge (MA).

[142] Fritsch M (2002). Measuring the quality of regional innovation systems: A knowledge production function approach. International Journal of Regulatory Sciences, 25 (1): 86-101.

[143] Fritsch M (2004). Cooperation and the efficiency of regional R&D activities. Cambridge Journal of Economics, 28 (6): 829-846.

[144] Fujita M, Thisse J-F (2002). Economics of agglomeration. University Press, Cambridge.

[145] Furman JL, Porter ME, Stern S (2002). The determinants of national innovative capacity. Research Policy, 31 (6): 899-933.

[146] Gambardella A, Malerba F (1999). The organization of innovative activity in Europe: Toward a conceptual framework. In: Gambardella A, Malerba F (eds.). The organization of economic innovation in Europe. Cambridge University Press, Cambridge: 1-2.

[147] Gertler MS, Wolfe DA, Garkut D (2000). No place like home? The embeddedness of innovation in a regional economy. Review of International Political Economy, 7: 688-718.

[148] Glaeser E (1998). Are cities dying? Applied Economic Perspectives and Policy, 12: 139-160.

[149] Glaeser E, Kohlhase J (2004). Cities, regions and the decline of transport costs. Papers in Regional Science, 83 (1): 197-228.

[150] Glaeser E, Kallal H, Scheinkman J, Schleifer A (1992). Growth in cities. Journal of Political Economy, 100 (6): 1126-1152.

[151] Glomm G, Ravi-Kumar B (1994). Public investment in infrastructure in a simple growth model. Journal of Economic Dynamics & Control, 18 (6): 1173-1187.

[152] Gordon IR (2001). Unemployment and spatial labour markets: Strong adjustment and persistent concentration. In: Martin R, Morrison P (eds.). Geographies of labour market inequality. Routledge, London.

[153] Gramlich E (1994). Infrastructure investment: A review essay. Journal of Economic Literature, 32 (3): 1176-1196.

[154] Green WH (2003). Econometric analysis. Prentice Hall, Upper Saddle River.

[155] Greenbaum RT, Bondonio D (2004). Losing focus: A comparative evaluation of spatially targeted economic revitalisation programmes in the US and the EU. Regional Studies, 38 (3): 319-334.

[156] Gregersen B, Johnson B (1996). Learning economies, innovation systems and European integration. Regional Studies, 31: 479-490.

[157] Greunz L (2003). Geographically and technologically mediated knowledge

spillovers between European regions. Annals of Regional Science, 37: 657-680.

［158］ Griliches Z (1979). Issues in assessing the contribution of research and development to productivity growth. Bell Journal of Economics & Management Science, 10 (1): 92-116.

［159］ Griliches Z (1986). Productivity, R&D, and basic research at the firm level in the 1970s. American Economic Review, 76: 141-154.

［160］ Griliches Z (1990). Patent statistics as economic indicators: A survey. Journal of Economic Literature, 28: 1661-1707.

［161］ Grossman GM, Helpman E (1991). Innovation and growth in the global economy. MIT, Cambridge (MA).

［162］ Grossman GM, Helpman E (1994). Endogenous innovation in the theory of growth. Journal of Economic Perspectives, 8: 23-44.

［163］ Guerrieri P, Iammarino S, Pietrobelli C (eds.) (2001). The global challenge to industrial districts: Small and medium-sized enterprises in Italy and Taiwan. Edward Elgar, Cheltenham.

［164］ Guiso L, Sapienza P, Zingales L (2004). The role of social capital in financial development. American Economic Review, 94: 526-556.

［165］ Hart DM (2001). Antitrust and technological innovation in the US: Ideas, institutions, decisions, and impacts, 1890-2000. Research Policy, 30: 923-936.

［166］ Hausmann R, Rodrik D, Velasco A (2008). Growth diagnostics. In: Stiglitz J, Serra N (eds.). The Washington consensus reconsidered: Towards a new global governance. Oxford University Press, New York.

［167］ Heckman J (1979). Sample selection bias as a specification error. Econometrica, 47: 153-161.

［168］ Held D, McGrew A, Goldblatt D, Perraton J (1999). Global transformations: Politics, economics and culture, Stanford: Stanford University Press.

［169］ Henderson JV (1999). Marshall's economies National Bureau of Economic Research. Working Paper, 7358.

［170］ Henderson JV (2003). Marshall's scale economies. Journal of Urban Economics, 53: 1-28.

[171] Henry N, Pinch S (2000). Spatialising knowledge: Placing the knowledge community of Motor Sport Valley. Geoforum, 31: 191-208.

[172] Hirch F (1977). Social limits to growth. Routledge, London.

[173] Holl A (2006). A review of the firm-level role of transport infrastructure with implications for transport project evaluation. Journal of Planning Literature, 21 (1): 3-14.

[174] Holtz-Eakin D (1993). Solow and the states. Capital accumulation, productivity, and economic growth. National Tax Journal, 46 (4): 425-439.

[175] Howells J (1999). Regional systems of innovation? In: Archibugi D, Howells J, Michie J (eds.). Innovation policy in a global economy. Cambridge University Press, Cambridge.

[176] Huggins R (2009a). Regional benchmarking in a global context: Knowledge, competitiveness and economic development. Economic Development Quarterly, 23 (4): 275-293.

[177] Huggins R (2009b). Regional competitive intelligence: Benchmarking and policy-making. Regional Studies, First Published on Line Jan, 2009.

[178] Iammarino S (2005). An evolutionary integrated view of regional systems of innovation: Concepts, measures and historical perspectives. European Planning Studies, 13 (4): 497-519.

[179] Institute for Higher Education (2006). Academic ranking of world universities-2006, Shanghai Jiao Tong University (http: //ed. sjtu. edu. cn/rank/2005/AR-WU%202005. pdf).

[180] IRPUD (2000). European peripherality indicators (E. P. I). IRPUD GIS database. Institute of Spatial Planning, Dortmund.

[181] Jaffe AB (1986). Technological opportunity and spillovers of R&D: Evidence from firms' patents, profits and market share. American Economic Review, 76: 984-1001.

[182] Jaffe AB (1989). The real effects of academic research. American Eco-

nomic Review, 79 (5): 984-1001.

[183] Jaffe AB, Lerner J (2004). Innovation and its discontents. Princeton University Press, Princeton.

[184] Jaffe AB, Trajtenberg M, Henderson R (1993). Geographic localisation of knowledge spillovers as evidenced by patent citations. Journal of Economic Literature, 108: 577-598.

[185] Jolliffe IT (1986). Principal component analysis. Journal of International Business Studies, 32 (4): 641-665.

[186] Kaldor N (1978). The case for regional policy. In: Targetti F, Thirlwall AP (eds.). Further essays on economic theory. Duckworth, London.

[187] Keeble D, Offord J, Walker S (1988). Peripheral regions in a community of twelve member states. Office for Official Publications of the European Community, Luxembourg.

[188] Kendall M (1990). Rank correlation methods. Edward Arnold, Oxford.

[189] Kitson M, Martin R, Tyler P (2004). Regional competitiveness: An elusive yet key concept? Regional Studies, 38 (9): 991-999.

[190] Knack S, Keefer P (1997). Does social capital have an economic impact? A cross-country investigation. Quarterly Journal of Economics, 112: 1252-1288.

[191] Kristensen PH (1992). Industrial districts in West Jutland, Denmark. In Industrial districts and local economic regeneration, ed. F. Pyke and W. Sengenberger, 122-73. Geneva: International Institute for Labour Studies, International Labour Organization.

[192] Leamer EE, Storper S (2001). The economic geography of the Internet age.

[193] Lee L, Yu J (2010). Estimation of spatial autoregressive panel data models with fixed effects. The Econometrics Journal, 154: 165-185.

[194] Lewis BD (1998). The impact of public infrastructure on municipal economic development: Empirical results from Kenya. European Urban and Regional Stud-

ies, 10 (2): 142-155.

[195] Lucas R (1988). On the mechanics of economic development. Journal of Monetary Economics, 22 (1): 3-42.

[196] Lundvall BA° (1992). National systems of innovation: Towards a theory of innovation and interactive learning. Pinter, London.

[197] Lundvall BA° (2001). Innovation policy in the globalising learning economy. In: Archibugi D, Lundvall BA° (eds.). The globalising learning economy. Oxford University Press, Oxford.

[198] Maclaurin WR (1953). The sequence from invention to innovation and its relation to economic growth. Journal of Economic Literature, 67 (1): 97-111.

[199] Maggioni MA, Nosvelli M, Uberti E (2006). Space vs networks in the goegraphy of innovation: A European analysis, Working Paper, 2006.153, Fondazione Eni Enrico Mattei.

[200] Magrini S (1999). The evolution of income disparities among the regions of the European union. Regional Science and Urban Economics, 29: 257-281.

[201] Malecki E (1997). Technology and economic development: The dynamics of local, regional and national competitiveness, 2nd edn. Addison Wesley Longman, London.

[202] Malerba F (2000). Economia dell' innovazione. Carocci, Roma.

[203] Mankiw NG, Romer D, Weil D (1990). A contribution to the empirics of economic growth. NBER Working Paper, 3541.

[204] Mariani M (2002). Next to production or to technological clusters? The economics and management of R&D location. Journal of Management and Governance, 6: 131-152.

[205] Marshall A (1948). Principles of economics. Macmillan, London.

[206] Martin P (1998). Can regional policies affect growth and geography in Europe? World Economics, 2: 757-774.

[207] Martin P (1999a). Are European regional policies delivering? EIB Working Papers, 4 (2): 10-23.

［208］ Martin R（1999b）. The new geographical turn in economics: Some critical reflections. Cambridge Journal of Economics, 23（1）: 65-91.

［209］ Martin P, Rogers CA（1995）. Industrial location and public infrastructure. Journal of the Japanese and International Economies, 39（3-4）: 335-351.

［210］ Maurset PB, Verspagen B（1999）. Europe: One or several systems of innovation? An analysis based on patent citations. In: Fagerberg J, Guerrieri P, Verspagnen B（eds.）. The economic challenge for Europe. Edward Elgar, Cheltenham.

［211］ Midelfart KH, Overman HG, Redding S, VenablesA J（2002）. The location of European industry. European Economics, 2: 216-273.

［212］ Midelfart-Knarvik H, Overman HG（2002）. Delocation and European integration: Is structural spending justified? Oxford Review of Economic Policy, 17（35）: 322-359.

［213］ Moreno R, Paci R, Usai S（2005a）. Spatial spillovers and innovation activity in European regions. Environment and Planning, 37: 1793-1812.

［214］ Moreno R, Paci R, Usai S（2005b）. Geographical and sectoral clusters of innovation in Europe. Annals of Regional Science, 39（4）: 715-739.

［215］ Morgan K（1997）. The learning region: Institutions, innovation and regional renewal. Regional Studies, 31: 491-503.

［216］ Morgan K（2004）. The exaggerated death of geography: Learning, proximity and territorial innovation systems. Journal of Economic Geography, 4: 3-21.

［217］ Mowery DC（1992）. The US national innovation system: Origins and prospects for change. Research Policy, 21: 125-144.

［218］ Mowery DC（1998）. The changing structure of the US National Innovation System: Implications for international conflict and cooperation in R&D policy. Research Policy, 27（6）: 639-654.

［219］ Munnell AH（1990）. How does public infrastructure affect regional economic performance? New England Economic Review, September: 11-32.

［220］ Myrdal G（1957）. Economic theory and underdeveloped regions. Duckworth, London.

［221］ Neary JP （2001）. Of hype and hyperbolas: Introducing the new economic geography. Economics Literature, 39 （2）: 536-561.

［222］ Nel E （2001）. Local economic development: A review and assessment of its current status in South Africa. European Journal of Urban and Regional Studies, 38 （7）: 1003-1024.

［223］ Nelson RR, Rosenberg N （1993）. Technical innovation and national systems. In: Nelson RR （eds.）. National systems of innovation: A comparative study. Oxford University Press, Oxford.

［224］ Nelson RR, Winter SG （1982）. An evolutionary theory of economic change. Belknap, Cambridge （MA）.

［225］ NTSC National Science and Technology Council （1999）. Annual report 1998. The White House, Washington.

［226］ OECD （2001）. Using patent counts for cross-country comparisons of technology output. Index to Scientific Reviews, 27: 129-146.

［227］ OECD （2006）. Compendium of patent statistics. OECD, Paris.

［228］ Olson M （1982）. The rise and decline of nations: Economic growth, stagflation and social rigidities. Yale University Press, New Haven.

［229］ Oõhuallachain B, Leslie TF （2007）. Rethinking the regional knowledge production function. Journal of Economic Geography, 7: 737-752.

［230］ Ottaviano G, Peri G （2006）. The economic value of cultural diversity: Evidence from US cities. Journal of Economic Geography, 6 （1）: 9-44.

［231］ Peri G （2005）. Skills and talent of immigrants: A comparison between the European Union and the United States. Institute of European Studies, UC, Berkeley Mimeo.

［232］ Pike A, Rodriguez-Pose A, Tomaney J （2006）. Local and regional development. Routledge, London.

［233］ Pike A, Rodríguez-Pose A, Tomaney J （2007）. What kind of local and regional development and for whom? Regional Studies, 41 （9）: 1253-1269.

［234］ Piore M, Sabel C （1984）. The second industrial divide. New York: Basic Books.

［235］ Psaltopoulos D, Thomson KJ, Efstratoglou S, Kola J, Daouli A (2004). Regional social accounting matrices for structural policy analysis in lagging EU rural regions. European Review of Agricultural Economics, 31: 149-178.

［236］ Puga D (2002). European regional policy in the light of recent location theories. Journal of Economic Geography, 2: 373-406.

［237］ Puhani AP (2001). Labour mobility-An adjustment mechanism in Euroland? Empirical evidence for Western Germany, France, and Italy. German Economic Review, 2 (2): 127-140.

［238］ Putnam R (1993). Making democracy work: Civic traditions in modern Italy, Princeton: Princeton University Press.

［239］ Quah D (1996). Regional convergence clusters across Europe. European Economic Review, 40: 951-958.

［240］ Quah D (1997). Empirics for growth and distribution: Stratification, polarisation and convergence clubs. Journal of Economic Growth, 2: 101-120.

［241］ Rebelo ST (1991). Long-run policy analysis and long-run growth. Journal of Political Economy, 99 (3): 500-521.

［242］ Richardson HW (1973). Regional growth theory. Macmillan, London.

［243］ Rodríguez-Pose A (1994). Socioeconomic Restructuring and regional change: Rethinking growth in the European community. Economic Geography, 70 (4): 325-343.

［244］ Rodríguez-Pose A (1998a). The dynamics of regional growth in Europe: Social and political factors. Oxford University Press, New York.

［245］ Rodríguez-Pose A (1998b). Social conditions and economic performance: The bond between social structure and regional growth in Western Europe. International Journal of Urban and Regional Research, 22: 443-459.

［246］ Rodríguez-Pose A (1999). Innovation prone and innovation averse societies. Economic performance in Europe. Growth and Change, 30: 75-105.

［247］ Rodríguez-Pose A (2000). Economic convergence and regional development strategies in Spain: The case of Galicia and Navarre. EIB Papers, 5 (1): 89-115.

［248］Rodríguez-Pose A (2001). Is R&D investment in lagging areas of Europe worthwhile? Theory and Empirical evidence. Advanced Research in Environmental Science, 80: 275-295.

［249］Rodríguez-Pose A (2002a). The European Union. Economy society and polity. OUP, Oxford.

［250］Rodríguez-Pose A (2002b). The role of the ILO in implementing local economic development strategies in a globalised world. ILO, Geneva.

［251］Rodríguez-Pose A, Crescenzi R (2008). R&D, spillovers, innovation systems and the genesis of regional growth in Europe. Regional Studies, 42 (1): 51-67.

［252］Rodríguez-Pose A, Fratesi U (2004). Between development and social policies: The impact of structural funds in objective 1 regions. Regional Studies, 38 (1): 97-114.

［253］Rodríguez-Pose A, Storper M (2006). Better rules or stronger communities? On the social foundations of institutional change and its economic effects. Economic Geography, 82 (1): 1-25.

［254］Rodrik D (2010). Diagnostics before prescription. Journal of Economic Perspectives, 24: 33-44.

［255］Romer PM (1986). Increasing returns and long-run growth. Journal of Political Economy, 94 (5): 1002-1037.

［256］Romer PM (1990). Endogenous technological change. Journal of Political Economy, 98 (5): 97-103.

［257］Romer PM (1994). The Origins of Endogenous Growth. The Journal of Economic Perspectives, 8 (1): 3-22.

［258］Rosenberg N (1994). Exploring the black box: Technology, economics, and history. Cambridge University Press, New York.

［259］Rosenthal S, Strange WC (2003). Geography, industrial organisation, and agglomeration. Review of Economics and Statistics, 85 (2): 377-393.

［260］ Rossert B (2000). Contributing to regional development through project selection. EIB Papers, 5 (1): 137-148.

［261］ Schürmann C, Talaat A (2000). Towards a European Peripherality Index. Final Report. Report for General Directorate XVI (Regional Policy) of the European Commission. Institute of Spatial Planning, Dortmund.

［262］ Scott A, Storper M (2003). Regions, globalization, development. Annals of Regional Science, 37: 579-593.

［263］ Sedgley N, Elmslie B (2004). The geographic concentration of knowledge: Scale, agglomeration and congestion in innovation acress US states. Regional Science Review, 27 (2): 111-137.

［264］ Seitz H (1995). The productivity and supply of urban infrastructures. Annal Regional Science, 29 (2): 121-141.

［265］ Seitz H, Licht G (1995). The impact of public infrastructure capital on regional manufacturing cost. Regional Studies, 29 (3): 231-240.

［266］ Semlinger K (1993). Economic development and industrial policy in Baden-Württemberg: Small firms in a benevolent environment. European Planning Studies, 1: 435-463.

［267］ Smith K (2007). Does Europe perform too little corporate R&D? In: Paper presented at the DRUID Summer Conference 2007. Copenhagen CBS, Denmark.

［268］ Solow R (1957). Technical change and the aggregate production function. Review of Economics and Statistics, 39: 312-320.

［269］ Sonn JW, Storper M (2008). The increasing importance of geographical proximity in technological innovation: An analysis of US patent citations, 1975 - 1997. Environment and Planning A, 40 (5): 1020-1039.

［270］ Stein JA (2004). Is there a European knowledge system? Science and Public Policy, 31 (6): 435-447.

［271］ Stiglitz JE (1986). Economics of the public sector. Norton, New York, London.

[272] Storper M (1995). Regional technology coalitions. An essential dimension of national technology policy. Research Policy, 24: 895-911.

[273] Storper M (1997). The regional world: Territorial development in a global economy. Guilford, New York.

[274] Storper M, Venables AJ (2004). Buzz: Face-to-face contact and the urban economy. Journal of Economic Geography, 4: 351-370.

[275] Trajtenberg M (1990). Economic analysis of product innovation. Cambridge University Press, Cambridge.

[276] Trigilia C (1992). Sviluppo senza autonomia. Effetti perversi delle politiche nel Mezzogiorno Bologna: Il Mulino.

[277] Vandamme F (2000). Labour mobility within the European union: Findings, stakes and prospects. International Labour Review, 139 (4): 437-455.

[278] Vanhoudt P, Mathä T, Smid B (2000). How productive are capital investments in Europe? EIB Papers, 5 (2): 81-106.

[279] Varga A (1998). University research and regional innovation. Kluwer, Boston.

[280] Varga A (2000). Local academic knowledge spillovers and the concentration of economic activity. Journal of Regulatory Economics, 40: 289-309.

[281] Verspagen B (1991). A new empirical approach to catching up and falling behind. Structural Change and Economic Dynamics, 12: 374-397.

[282] Vickerman RW (1995). Regional impacts of Trans - European Networks. Annals of Regional Science, 29 (2): 237-254.

[283] Vickerman R, Spiekermann K, Wegener M (1997). Accessibility and economic development in Europe. Regional Studies, 33 (1): 1-15.

[284] Waters R, Lawton SH (2002). Regional development agencies and local economic development: Scale and competitiveness in high-technology Oxfordshire and Cambridgeshire. European Planning Studies, 10 (5): 633-649.

[285] Wieser R (2005). Research and development productivity and spillovers: Empirical evidence at the firm level. Journal Economics Survey, 19 (4): 587-621.

[286] Wong C (2002). Developing indicators to inform local economic development in England. Urban Studies, 39: 1833-1863.

[287] Wooldridge JM (2002). Econometric analysis of cross section and panel data. MIT, Cambridge (MA), USA.

[288] Wooldridge JM (2003). Cluster-sample methods in applied econometrics. American Economic Review, 93: 133-138.

[289] Wooldridge JM (2003). Introductory econometrics: A modern approach. Thomson, Mason.

[290] Zak P, Knack S (2001). Trust and growth. Economic Journal, 111: 295-321.

[291] Zimmermann K (1995). Tackling the European migration problem. Journal of Economic Perspectives, 9: 45-62.

[292] Zimmermann K (2005). European labour mobility: Challenges and potentials. The Economist, 127 (4): 425-450.

附录 A　数据可得性和变量描述

正如该研究领域几乎所有学者所指出的那样，缺乏欧盟地区级的统计数据，严重限制了深入了解社会经济动态的可能。即使在过去十年中，随着政界和学术界对各地区的日益关注，情况有了显著改善，但至少在三个方面，情况仍然严峻。第一，大多数统计数据只能追溯到几年前，因此不能做长时间段分析。第二，因为一些区域或国家缺失很多变量（例如，瑞典的 R&D 支出数据没有在区域一级收集），所以现有数据的空间覆盖率不足。第三，在区域一级收集的变量数量非常有限，因此往往无法分析更广泛的社会经济进程。此外，2004年5月1日新成员国加入欧盟后，欧盟各地区的统计情况变得更加分散。对于欧盟的 10 个新成员国，可获得的数据很少，而且在绝大多数情况下，只能从1995 年起。

本书中概述的理论概念必须经过实证检验时，在数据可得性的约束下，选择适当的分析尺度变得至关重要。在我们的分析中，重点是"制度定义的区域"，即次国家层面，它最大限度地提高了社会制度特征方面的内部一致性水平，同时与有意义的政治决策单元相关联。

通过将这些标准连贯地应用于欧盟 25 国，在我们的实证分析中，我们将重点关注德国、比利时和英国的 NUTS1 地区，以及所有其他国家（西班牙、法国、意大利、荷兰、希腊、奥地利、葡萄牙、芬兰、捷克共和国、匈牙利、波兰、斯洛伐克）的 NUTS2 地区。没有相关区域归属的国家（塞浦路斯、丹麦、爱沙尼亚、爱尔兰、拉脱维亚、立陶宛、卢森堡、马耳他和斯洛文尼亚）必然被排除在分析之外①。总体而言，25 个国家中有 9 个被排除在分析之外，这不可避免地发生在所有以欧盟地区为重点的实证研究中，这些研究采用了相同的方法。然而，即使应该明确承认这一限制，我们也不认为这会影响我们结果的普遍性，因为分析中包括的国家占欧盟总人口的 95.6%，占欧盟国内生产总值的 95.8%，占欧盟 R&D 支出总额的 96.9%（1999 年欧盟统计局数据）。

在我们的欧盟分析中，Eurostat 数据（存储在 REGIO 数据库中，我们在很大程度上依赖该数据库进行实证分析）由剑桥经济计量学（CAMECON）的 GDP 数据进行了补充。表 A.1 提供了分析中包含的变量的详细定义。

此外，要考虑的是使用 NUTS② 区域作为分析单位所产生的偏误。正如 Cheshire 和 Magrini（2000）所指出的，NUTS 区域可能会对回归分析产生偏差，因为它们的边界往往是任意的和不均匀的。正如这些作者所建议的那样，应该通过将分析重点放在 FUR（城市功能区）③ 上而不是放在 NUTS 上，从而捕捉这些区域的功能结构，来有效地解决这种偏差问题。不幸的是，由于缺乏许多相关解释变量的可得数据（先验），我们无法在分析中考虑功能区。

美国的分析基于 266 个 MSA/CMSAs④，涵盖美国所有大陆州（和哥伦比亚特区），而阿拉斯加、夏威夷或美国其他非大陆地域的 MSAs 不包括在分析范围内。缺乏子州层面的 R&D 支出数据的问题依靠标准普尔 Compustat⑤ 北美公司层面的数据得以解决，该数据代表了 266 个 MSAs 中 145 个 MSAs 的私人 R&D 支出。代理变量是通过汇总企业在每个 MSA 中的 R&D 支出来计算的。尽管很粗

---

① 就具体地区而言，没有法国外联部（Fr9）的数据。由于缺乏社会经济变量的数据，赫尔辛基（Fi16）和埃特拉·索米（Fi17）被排除在分析之外。埃特拉·索米（Fi17）和特伦蒂诺—上阿迪杰（IT31）被排除在分析之外，因为它们在 NUTS2003 分类中没有对应项，因此我们无法匹配仅在新的 NUTS 分类中可得的数据。由于无法获得计算空间滞后变量所需的时间—距离信息，因此将岛屿（阿科雷斯岛 PT2、马德拉岛 PT3、默外伸省 FR9、加那利群岛 ES7）和休达—梅利亚岛（ES63）也排除在分析之外。

② 欧盟统计局在 25 年前建立了地域统计单元命名法，目的是为欧盟编制区域统计数据提供统一的地域单位分类，这些区域的定义主要用于行政目的。

③ FURs 的概念是一种能够最小化因通勤模式产生偏差的方法。一个 FUR 包括一个就业集中的核心城市和一个可以通勤到中心的腹地。关于这个概念的详细分析见 Cheshire 和 Hay（1989）。

④ 管理和预算办公室（1993）发布的 1993 年都市地区和组成部分 MSA/CMSA 列表及其对应的 FIPS 代码。

⑤ 标准普尔北美 Compustat 是涵盖美国和加拿大上市公司的财务、统计和市场信息的数据库。它分别提供超过 340 份和 120 份年度和季度的利润表、资产负债表、资金流动和补充数据项目，涉及超过 1 万家活跃公司和 9700 家非活跃公司。

略，但这是唯一可用的衡量标准，在有关 MSA 创新活动的文献中也普遍使用了类似的指标（例如，Feldman，1994）。所有其他美国变量均基于 1998 年美国各州光盘中的美国人口普查数据。

表 A.1 变量说明：欧盟

变量	定义
因变量	
因变量	区域 GDP 的年增长率（欧盟 15 国 1990~2004 年；欧盟 25 国 1995~2004 年）
因变量（第 6 章）	区域专利申请年增长率
创新	
R&D	R&D 支出（所有部门）占 GDP 的百分比
社会过滤	
终身学习	终身学习参与率——参与教育和培训的成年人（25~64 岁）的百分比
受教育从业人员	受过高等教育的就业人员占比（1997 年《国际教育标准分类法》5~6 级）
受教育人口	受过高等教育的人口占比（1997 年《国际教育标准分类法》5~6 级）
农业劳动力	农业就业占总就业的百分比
长期失业率	长期失业占总失业的百分比
年轻人口	15~24 岁人口占总人口的百分比
社会过滤指数	该指数通过主成分分析合并了描述该区域社会经济条件的变量
本地经济结构	
迁移率	净迁移率是根据人口变化加上死亡人口数减去出生人口数来计算的，然后用平均人口进行标准化，从而获得净迁移率
人口密度	基准年的平均人口/区域表面（平方千米）
区域 GDP 占比	区域 GDP 总量占全国 GDP 的百分比
克鲁格曼专业化指数	该指数是根据"经济活动分类——NACE 修订版 1.1 A17"分支分类的地区就业数据计算的，如文中所述
交通基础设施（第 7 章）	
高速公路（人）	每千人高速公路千米数
高速公路（GDP）	每百万欧元 GDP 高速公路千米数
高速公路（区域地区）	每平方千米高速公路千米数
高速公路增量（人）	每千人高速千米数的年度变化
高速公路（GDP）	每百万欧元 GDP 高速千米数的年度变化
高速公路（区域地区）	每平方千米高速公路千米数的年度变化

续表

变量	定义
其他控制变量	
人均 GDP 对数	t 时期区域人均 GDP 的自然对数
国家增长率	国家 GDP 的年增长率（欧盟 15 国 1990~2004 年；欧盟 25 国 1995~2004 年）。

注：①高速公路的定义："专门为汽车交通而设计和建造的道路，不服务于与其相似的交通工具。除在特殊地点或临时用途外，还设有多车道、中央分隔带，将往返交通完全隔开；禁止行人和非机动车在路上行走，与其他线路采用立体交叉、行人跨线桥或地道通过；设有齐全的标志、标线、信号及照明装置；全线封闭，出入口控制，只准汽车在规定的一些立体交叉口进出公路。"（欧盟统计局区域指南，2006）

②意大利：2000 年以后所有区域的数据缺失。缺失部分用可比的 ISTAT dataGreece 替代：1996 年开始缺失。分析波兰时希腊被排除在外：在欧盟统计局数据库中缺失的数据没有得到解释说明。波兰国家统计研究所数据库也缺少数据。通过检查波兰的高速公路地图（2004 年），发现这些地区的高速公路千米数几乎为零。葡萄牙：1990~2002 年，缺失中部、里斯本和阿连特茹的数据。2003 年的区域面积已用于计算交通基础设施的密度，以避免由于区域面积计算的变化在密度变量中产生误差。1990 年和 1995 年的地区 GDP 和平均人口分别用于欧盟 15 国和欧盟 25 国回归中包含变量的标准化。

表 A.2 变量说明：美国（第 6 章）

变量	定义
创新	
R&D	私人 R&D 支出占 GDP 的百分比是根据标准普尔公司北美公司级数据计算得出的
社会过滤	
教育：学士、研究生或专业学位	25 岁及以上的人口——一些大学或副学士学位占总人口的百分比
教育：大学水平教育	25 岁及以上的人口——学士、研究生或专业学位占总人口的百分比
农业劳动力	农业就业占总就业的百分比
失业率	失业率
年轻人口	15~24 岁人口占总人口的百分比
本地经济结构	
国内迁移	国内净迁移率
人口密度	计算为基准年/区域表面（平方千米）的平均人口（单位）
区域 GDP 占比	区域 GDP 占总 GDP 的百分比
克鲁格曼专业化指数	该指数是根据 1990 年人口普查分类报告的 13 个主要产业类别计算的，并根据 1987 年《标准行业分类手册》制定

附录 B 权重矩阵和 Moran's I

Moran's I 根据以下公式计算：

$$I = \frac{\sum\limits_{i=1}^{n} \sum\limits_{j=1}^{n} (x_i - \overline{x}) w_{ij} (x_j - \overline{x})}{\sum\limits_{i=1}^{n} (x_i - \overline{x})^2}$$

其中，w_{ij} 是将观测值 i 与数据中所有其他观测值 j 相邻的行标准化权重的元素，I 值大于（小于）预期 $E(I) = -1/(n-1)$ 表示存在正（负）空间自相关。

在我们的实证应用中，标准化权重矩阵的元素 w_{ij} 的计算公式如下：

$$w_{ij} = \frac{\dfrac{1}{d_{ij}}}{\sum\limits_{j} \dfrac{1}{d_{ij}}}$$

其中，d_{ij} 是由 IRPUD（2000）计算的区域 i 和 j 之间的平均通勤时间长度（分钟），由欧盟委员会提供，用于计算边缘化指数。

附录 C　主成分分析方法及欧盟与美国的结果

主成分分析（PCA）是"一种统计技术，它将一组原始变量线性地转换为一组更少的不相关变量，以反映该组原始变量的大部分信息：（……）一组更少的不相关变量比一组较多的相关变量更容易理解，并在进一步分析中使用"（Duntenam，1989，第9页）。采用主成分分析，原始变量（在我们的案例分析中，文献里代表欧盟地区社会经济劣势的变量）通过计算的一组"权重"（a_1，a_2，…，a_k）进行线性组合，以最大化（在权重平方和等于1的约束下）结果指标（即主成分——社会因素变量）的变异性。

因此，第 i 个主成分是：

$$y_i = a_{i1}x_1 + a_{i2}x_2 + \cdots + a_{ip}x_p$$

其中，a_{i1}，a_{i2}，…，a_{ip} 是权重，x_1，x_2，…，x_k 是 k 个变量。

在与先前变量不相关的约束下，可以计算出与原始变量一样多的主成分。无论如何，主成分能够解释原始变量的总方差的量逐渐减少。因此，该过程能够使我们的注意力集中在第一个和有限个的主成分上，它们最能够代表所分析的现象。

表 C.1 呈现了相关矩阵的特征分析。仅第一个主成分就占总方差的 42.8%，特征值显著大于 1，第二个主成分占总变异性的 22.2%，特征值仍大于 1。因此，前两个主成分解释了总变异性的很大部分（65%）。

表 C.1　欧盟地区：相关矩阵的特征分析

特征值	2.566	1.331	0.885	0.654	0.538	0.026
比例	0.428	0.222	0.147	0.109	0.09	0.004
积累	0.428	0.65	0.797	0.906	0.996	1

　　第一个主成分的系数（见表 C.2）显示人口（0.576）和劳动力（0.551）的教育成就以及参与终身学习计划（0.383）占据了很大的权重。正如预期，农业劳动力（-0.446）和长期失业（-0.139）都为负权重，后者系数的绝对值较小。年轻人口的权重（0.006）更小却为正。第一主成分为我们提供了每个区域社会经济条件的"联合测度"。因此，表 C.2 中第一主成分的权值是通过原始数据标准化[①]后 PC1 的权重系数计算得到的。

表 C.2　欧盟区域：主成分系数

变量	主成分 1	主成分 2	主成分 3
受教育人口	0.576	-0.218	-0.043
教育劳动力	0.551	-0.318	0.05
终身学习	0.383	0.326	0.355
农业劳动力	-0.446	-0.227	0.068
长期失业	-0.139	-0.505	0.802
年轻人口	0.006	0.662	0.471

表 C.3　美国 MSAs：相关矩阵的特征分析

特征值	1.698	1.051	1.031	0.950	0.270
比例	0.34	0.21	0.206	0.19	0.054
积累	0.34	0.55	0.756	0.946	1

表 C.4　美国 MSAs：主成分系数

变量	主成分 1	主成分 2
有大学学历的人	0.413	0.491

---

① 标准化，范围从 0 到 1。

续表

变量	主成分 1	主成分 2
有学士学位的人	0.682	−0.105
失业率	−0.203	0.856
农业劳动率	0.174	0.119
年轻人	0.542	0.04

附录 D　分析中包含的区域列表

表 D.1　欧盟 NUTS 区

国家	NUTS 代码	中文名
AT	AT11	布尔根兰
AT	AT12	下奥地利州
AT	AT13	维也纳
AT	AT21	克恩滕
AT	AT22	施泰尔马克
AT	AT31	上奥地利州
AT	AT32	萨尔斯堡
AT	AT33	蒂罗尔州
AT	AT34	福拉尔贝格州
BE	BE1	布鲁塞尔
BE	BE2	弗拉芒大区
BE	BE3	瓦隆地区
CZ	CZ01	布拉格
CZ	CZ02	中波希米亚
CZ	CZ03	西南地区
CZ	CZ04	西北地区
CZ	CZ05	东北地区
CZ	CZ06	东南地区
CZ	CZ07	中摩拉维亚
CZ	CZ08	俄斯特拉发

国家	NUTS 代码	中文名
DE	DE1	巴登—符腾堡州
DE	DE2	拜恩州
DE	DE3	柏林
DE	DE4	勃兰登堡
DE	DE5	不来梅港市
DE	DE6	汉堡
DE	DE7	黑森州
DE	DE8	梅克伦堡—前波美拉尼亚州
DE	DE9	下萨克森州
DE	DEA	北莱茵—威斯特法伦
DE	DEB	莱茵—法尔茨州
DE	DEC	萨尔州
DE	DED	萨克森
DE	DEE	萨克森—安哈尔特州
DE	DEF	石勒苏益格—荷尔斯泰因
DE	DEG	图林根
ES	ES11	加利西亚
ES	ES12	阿斯图里亚斯
ES	ES13	坎塔布里亚
ES	ES21	巴斯克自治区
ES	ES22	纳瓦拉
ES	ES23	里奥哈葡萄酒
ES	ES24	亚拉贡
ES	ES3	马德里
ES	ES41	卡斯提利亚—莱昂
ES	ES42	卡斯蒂利亚—拉曼恰
ES	ES43	埃斯特雷马杜拉
ES	ES51	卡塔卢纳
ES	ES52	巴伦西亚
ES	ES53	巴利阿里
ES	ES61	安达卢西亚
ES	ES62	穆尔西亚自治区

续表

国家	NUTS 代码	中文名
FI	FI13	伊塔—索米
FI	FI14	芬兰中部
FI	FI15	北芬兰
FI	FI2	奥兰
FR	FR1	法兰西岛
FR	FR21	香槟—阿尔德
FR	FR22	皮卡第
FR	FR23	上诺曼底
FR	FR24	中部
FR	FR25	下诺曼底
FR	FR26	勃艮第
FR	FR3	北加莱海峡
FR	FR41	洛林
FR	FR42	阿尔萨斯
FR	FR43	弗朗什孔泰大区
FR	FR51	卢瓦尔河地区
FR	FR52	布列塔尼
FR	FR53	普瓦图—夏朗德
FR	FR61	阿基坦
FR	FR62	米迪—比利牛斯
FR	FR63	利穆赞
FR	FR71	罗讷—阿尔卑斯
FR	FR72	奥弗涅
FR	FR81	朗格多克—鲁西永
FR	FR82	阿尔卑斯—蓝色海岸省
FR	FR83	科西嘉岛
GR	GR11	阿纳托利基马其顿
GR	NUTS12	中马其顿大区
GR	GR13	马其顿
GR	GR14	塞萨利亚
GR	GR21	伊佩罗斯
GR	GR22	爱奥尼亚尼西亚

国家	NUTS 代码	中文名
GR	GR23	西希腊大区
GR	GR24	斯特雷亚—埃拉达
GR	GR25	伯罗奔尼撒半岛
GR	GR3	阿提卡
GR	GR41	沃雷奥—阿伊盖奥
GR	GR42	南爱琴区
GR	GR43	克里特岛
HU	HU01	科泽普—马基亚罗萨格
HU	HU02	科泽普—杜南图尔
HU	HU03	西部杜南图尔
HU	HU04	德尔—杜南图尔
HU	HU05	埃扎克—马基亚罗萨格
HU	HU06	埃扎克—阿尔福德
HU	HU07	德尔—阿尔弗雷德
IT	IT11	皮德蒙
IT	IT12	瓦莱达奥斯塔
IT	IT13	利古利亚
IT	IT2	伦巴蒂大区
IT	IT32	威尼托
IT	IT33	弗留利—威尼斯·朱利亚大区
IT	IT4	艾米利亚—罗马涅区
IT	IT51	托斯卡尼
IT	IT52	翁布里亚
IT	IT53	马尔凯
IT	IT60	拉齐奥
IT	IT71	阿布鲁佐
IT	IT72	莫利塞
IT	IT8	坎帕尼亚
IT	IT91	普利亚区
IT	IT92	巴斯利卡塔
IT	IT93	卡拉布利亚
IT	ITA	西西里岛

续表

国家	NUTS 代码	中文名
IT	ITB	萨丁岛
NL	NL11	格罗宁根
NL	NL12	弗里斯兰
NL	NL13	德伦特
NL	NL21	上艾瑟尔
NL	NL22	格尔德兰
NL	NL23	弗莱福兰
NL	NL31	乌特勒支
NL	NL32	北荷兰
NL	NL33	南荷兰
NL	NL34	泽兰
NL	NL41	北布拉班特
NL	NL42	林堡
PL	PL01	下西里西亚
PL	PL02	库亚沃—波莫瑞
PL	PL03	卢布林
PL	PL04	卢布斯卡
PL	PL05	罗兹
PL	PL06	马洛波尔斯基
PL	PL07	马佐维亚
PL	PL08	奥波莱
PL	PL09	波德卡尔帕克
PL	PL0A	波德拉谢
PL	PL0B	波美拉尼亚
PL	PL0C	斯拉斯基
PL	PL0D	斯韦托克日斯基
PL	PL0E	瓦尔明斯科—马祖里
PL	PL0F	维尔科波茨基
PL	PL0G	札克诺波莫瑞
PT	PT11	北部
PT	PT12	中心
PT	PT13	里斯本和特茹河畔

国家	NUTS 代码	中文名
PT	PT14	阿连特茹
PT	PT15	阿尔加韦
SK	SK01	布拉提斯拉瓦
SK	SK02	斯洛伐克西部
SK	SK03	斯洛伐克中部
SK	SK04	东斯洛伐克
UK	UKC	东北部
UK	UKD	西北部
UK	UKE	约克郡与亨伯
UK	UKF	东米德兰
UK	UKG	西米德兰兹
UK	UKH	东英格兰
UK	UKI	伦敦
UK	UKJ	东南部
UK	UKK	西南部
UK	UKL	威尔士
UK	UKM	苏格兰
UK	UKN	北爱尔兰

表 D.2 美国 MSA 区

代码	MSA 名称	代码	MSA 名称
40	阿比林，TX MSA	480	阿什维尔，NC MSA
120	奥尔巴尼，GA MSA	500	雅典，GA MSA
160	奥尔巴尼—斯切克塔迪—特洛伊，NY MSA	520	亚特兰大，GA MSA
200	阿尔伯克基，NM MSA	600	奥古斯塔—艾肯，GA-SC MSA
220	亚历山大市，LA MSA	640	奥斯汀—圣马科斯，TX MSA
240	阿伦敦—伯利恒—伊斯顿，PA MSA	680	贝克尔斯菲市，CA MSA
280	阿尔图纳，PA MSA	730	班格尔，ME MSA
320	阿马里洛，TX MSA	740	巴恩斯特布尔—雅茅斯，MA MSA
450	安尼斯顿，AL MSA	760	巴吞鲁日，LA MSA
460	阿普顿—奥什科什—尼纳，WI MSA	840	博蒙特亚瑟港，TX MSA

续表

代码	MSA 名称	代码	MSA 名称
860	贝灵翰姆，WA MSA	1642	辛辛那提，OH-KY-IN CMSA
870	本顿港，MI MSA	1660	克拉克斯维尔—霍普金斯维尔，TN-KY MSA
880	比林斯，MT MSA	1692	克利夫兰，OH CMSA
920	比洛克西—格尔夫波特—帕斯卡古拉，MS MSA	1720	科罗拉多泉，CO MSA
960	宾厄姆顿，NY MSA	1740	哥伦比亚，MO MSA
1000	伯明翰，AL MSA	1760	哥伦比亚，SC MSA
1010	俾斯麦，ND MSA	1800	哥伦布，GA-AL MSA
1020	布卢明顿，IN MSA	1840	哥伦布，OH MSA
1040	布卢明顿—诺姆，IL MSA	1880	科珀斯克里斯蒂，TX MSA
1080	博伊西市，ID MSA	1900	坎伯兰郡，MD-WV MSA
1122	波士顿—伍斯特—劳伦斯，MA-NH-ME-CT CMSA	1922	达拉斯—沃斯堡，TX CMSA
1240	布朗斯维尔—哈灵根—圣贝尼托，TX MSA	1950	丹维尔，VA MSA
1260	布莱恩学院站，TX MSA	1960	达文波特—莫林—罗克岛，IA-IL MSA
1280	水牛城—尼亚加拉瀑布，NY MSA	2000	代顿—斯普林菲尔德，OH MSA
1305	柏林顿，VT MSA	2020	代托纳海滩，FL MSA
1320	坎顿—马西隆，OH MSA	2030	迪凯特，AL MSA
1350	卡斯帕，WY MSA	2040	迪凯特，IL MSA
1360	锡达拉皮兹，IA MSA	2082	丹佛—博尔德—格里利，CO CMSA
1400	厄巴纳，美国，IL MSA	2120	得梅因，IA MSA 2162
1440	查尔斯顿—北查尔斯顿，SC MSA	2162	底特律—安娜堡—弗林特，MI CMSA
1480	查尔斯顿，WV MSA	2180	多森，AL MSA
1520	夏洛特—加斯托尼亚—罗克希尔，NC-SC MSA	2190	多佛，DE MSA
1540	夏洛茨维尔，VA MSA	2200	迪比克，IA MSA
1560	查特怒加市，TN-GA MSA	2240	德卢斯—苏必利尔，MN-WI MSA
1580	夏延，WY MSA	2290	欧克莱尔，WI MSA
1602	芝加哥—加里—基诺沙，IL-IN-WI CMSA	2320	埃尔帕索，TX MSA
1620	奇科天堂，CA MSA	2330	艾克哈高胜，IN MSA

代码	MSA 名称	代码	MSA 名称
2335	埃尔迈拉，NY MSA	3160	格林维尔—斯帕坦堡—安德森，SC MSA
2340	伊尼德，OK MSA	3240	哈里斯堡—黎巴嫩—卡莱尔，PA MSA
2360	伊利，PA MSA	3280	哈特福特，CT MSA
2400	尤金—斯普林菲尔德，OR MSA	3290	希科里—摩根顿，NC MSA
2440	埃文斯维尔—亨德森，IN-KY MSA	3350	路易斯安那州霍马，LA MSA
2520	法戈—穆尔黑德，ND-MN MSA	3362	休斯敦—加尔维斯顿—布拉佐里亚，TX CMSA
2560	费耶特维尔，NC MSA	3400	亨廷顿—阿什兰，WV-KY-OH MSA
2580	费耶特维尔—斯普林代尔—罗杰斯，AR MSA	3440	亨茨维尔，AL MSA
2650	佛罗伦萨，AL MSA	3480	印第安纳波利斯，IN MSA
2655	佛罗伦萨，SC MSA	3500	艾奥瓦市，IA MSA
2670	科林斯堡—洛夫兰，CO MSA	3520	杰克逊，MI MSA
2700	迈尔斯堡—珊瑚角，FL MSA	3560	杰克逊，MS MSA
2710	圣露西港—皮尔斯堡，FL MSA	3580	杰克逊，TN MSA
2720	史密斯堡，AR-OK MSA	3600	杰克逊维尔，FL MSA
2750	沃尔顿堡滩，FL MSA	3605	杰克逊维尔，NC MSA
2760	韦恩堡，IN MSA	3610	詹姆斯敦，NY MSA
2840	夫勒斯诺市，CA MSA	3620	扬斯维尔—贝洛伊特，WI MSA
2880	加兹登，AL MSA	3660	约翰逊市—金斯波特—布里斯托尔，TN-VA MSA
2900	盖恩斯维尔，FL MSA	3680	约翰斯敦，PA MSA
2975	格伦斯福尔斯，NY MSA	3710	乔普林，MO MSA
2980	戈尔兹伯勒，NC MSA	3720	卡拉马祖—巴特尔克里克，MI MSA
2985	大福克斯，ND-MN MSA	3760	堪萨斯城，MO-KS MSA
3000	大急流城—穆斯基冈—荷兰，MI MSA	3810	基林神庙，TX MSA
3040	大瀑布，MT MSA	3840	诺克斯维尔，TN MSA
3080	绿湾，WI MSA	3850	科科莫，IN MSA
3120	格林斯博罗—温斯顿—塞勒姆—高点，NC MSA	3870	拉克罗斯，WI-MN MSA
3150	格林维尔，NC MSA	3880	拉斐特，LA MSA

代码	MSA 名称	代码	MSA 名称
3920	拉斐特，IN MSA	5082	密尔沃基—拉辛，WI CMSA
3960	查尔斯湖，LA MSA	5120	明尼阿波利斯—圣保罗，MN-WI MSA
3980	莱克兰—温特黑文，FL MSA	5160	莫比尔，AL MSA
4000	兰卡斯特，PA MSA	5170	莫德斯托，CA MSA
4040	密歇根州兰辛—东兰辛，MI MSA	5200	门罗，LA MSA
4080	拉雷多，TX MSA	5240	蒙哥马利，AL MSA
4100	拉斯克鲁赛斯，NM MSA	5280	曼西，IN MSA
4120	拉斯维加斯，NV-AZ MSA	5330	美特尔海滩，SC MSA TX MSA
4150	劳伦斯，KS MSA	5345	那不勒斯，FL MSA
4200	劳顿，OK MSA	5360	那什维尔，TN MSA
4240	刘易斯顿—奥本，ME MSA	5520	新伦敦—诺里奇，CT-RI MSA
4280	列克星敦市，KY MSA	5560	新奥尔良，LA MSA
4320	利马，OH MSA	5602	纽约—新泽西州北部—长岛，NY-NJ-CT-PA CMSA
4360	林肯，NE MSA	5720	诺福克—弗吉尼亚海滩—纽波特纽斯，VA-NC MSA
4400	小石城—北小石城，AR MSA	5790	奥卡拉，FL MSA
4420	朗维尤—马歇尔，TX MSA	5800	敖德萨—米德兰，TX MSA
4472	洛杉矶—河滨—奥兰治县，CA CMSA	5880	俄克拉荷马城，OK MSA
4520	路易斯维尔，KY-IN MSA	5920	奥马哈市，NE-IA MSA
4600	卢博克市，TX MSA	5960	奥兰多，FL MSA
4640	林奇堡，VA MSA	5990	欧文斯伯勒，KY MSA
4680	梅肯，GA MSA	6015	巴拿马城，FL MSA
4720	麦迪逊，WI MSA	6020	帕克斯堡—马里埃塔，WV-OH MSA
4800	曼斯菲尔德城，OH MSA	6080	彭萨科拉，FL MSA
4880	麦卡伦—爱丁堡，TX MSA	6120	皮奥里亚—佩金，IL MSA
4890	梅德福德—阿什兰，OR MSA	6162	费城—威尔明顿—大西洋城，PA-NJ-DE-MD CMSA
4900	墨尔本—泰特斯维尔—棕榈湾，FL MSA	6200	凤凰城—梅萨，AZ MSA
4920	孟菲斯市，TN-AR-MS MSA	6240	派恩布拉夫，AR MSA
4940	默塞德，CA MSA	6280	匹兹堡，PA MSA
4992	劳德代尔堡，FL CMSA	6320	皮茨菲尔德，MA MSA

代码	MSA 名称	代码	MSA 名称
6400	波特兰，ME MSA	7460	圣路易斯奥比斯波—阿塔斯卡德罗—帕索罗伯斯，CA MSA
6442	波特兰—萨利姆，OR-WA CMSA	7480	圣巴巴拉—圣玛丽亚—伦坡克，CA MSA
6480	普罗维登斯—福尔里弗—沃里克，RI-MA MSA	7490	圣达菲，NM MSA
6520	普罗佛—奥瑞姆，UT MSA	7510	萨拉索塔—布拉丹顿，FL MSA
6560	普韦布洛，Co MSA	7520	萨凡纳，GA MSA
6580	蓬塔戈尔达，FL MSA	7560	斯克兰顿—威尔克斯—巴里—黑兹尔顿，PA MSA
6640	罗利—达勒姆教堂山，NC MSA	7602	西雅图—塔科马—布雷默顿，WA CMSA
6660	拉皮德城，SD MSA	7610	莎伦，PA MSA
6680	雷丁，PA MSA	7620	希博伊根，WI MSA
6690	雷丁，CA MSA	7640	谢尔曼—丹尼森，TX MSA
6720	里诺，Nv MSA	7680	什里夫波特—波西尔市，LA MSA
6740	罗诺克，WA MSA	7720	苏城，IA-NE MSA
6760	里士满—彼得堡，VA MSA CMSA	7760	苏福尔斯，SD MSA
6800	罗阿诺克，VA MSA	7800	南本德，IN MSA
6820	罗契斯特市，MN MSA	7840	斯波坎市，WA MSA
6840	罗彻斯特，NY MSA	7880	斯普林菲尔德，IL MSA
6880	罗克福德，IL MSA	7920	斯普林菲尔德，MO MSA
6895	洛基山，NC MSA	8000	斯普林菲尔德，MA MSA
6922	萨克拉门托—约洛，CA CMSA	8050	州立大学，PA MSA
6960	萨吉诺湾市—米德兰，MI MSA	8080	斯图本维尔—韦尔顿，OH-WV MSA
6980	圣克劳德，MN MSA	8120	斯托克顿—洛迪，CA MSA
7000	圣约瑟夫，MO MSA	8140	萨姆特，SC MSA
7040	圣路易斯，MO-IL MSA	8160	锡拉丘兹，NY MSA
7120	萨利纳斯，CA MSA	8240	塔拉哈西，FL MSA
7160	盐湖城—奥格登，UT MSA	8280	坦帕—圣彼得堡—克利尔沃特，FL MSA
7200	圣安吉洛，Tx MSA	8320	特雷霍特，IN MSA
7240	圣安东尼奥，TX MSA	8360	得克萨斯州—得克萨斯卡纳，AR MSA
7320	圣地亚哥，CA MSA	8400	托莱多，OH MSA
7362	旧金山—奥克兰—圣何塞，CA CMSA	8440	托皮卡，KS MSA

续表

代码	MSA 名称	代码	MSA 名称
8520	图森，AZ MSA	8960	博卡拉顿—西棕榈滩，FL MSA
8560	塔尔萨，OK MSA	9000	惠灵，美国，WV–OH MSA
8600	塔斯卡卢萨，AL MSA	9040	威奇托，KS MSA
8640	泰勒，美国，TX MSA	9080	威奇托福尔斯，TX MSA
8680	尤蒂卡—罗马，NY MSA	9140	威廉斯波特，PA MSA
8750	维多利亚，TX MSA	9200	威明顿市，NC MSA
8780	维萨利亚—图拉雷—波特维尔，CA MSA	9260	亚基马，WA MSA
8800	韦科市，TX MSA	9280	约克郡，PA MSA
8872	华盛顿—巴尔的摩，DC–MD–VA–WV CMSA	9320	扬斯敦—沃伦，OH MSA
8920	滑铁卢—锡达瀑布，IA MSA	9340	尤巴市，CA MSA
8940	沃索，WI MSA	9360	尤马，AZ MSA

附录 E　单位根检验（第 7 章）

表 E.1　欧盟 15 国：单位根检验

	IPS	IPS-trend	ADF	ADF-trend	Phillips-Perron	Phillips-Perron-Trend
区域人均 GDP（年增长率）	−17.683***	−12.595***	888.473***	782.099***	1089.491***	807.405***
每千人高速公路千米数	13.291	−1.237*	416.324***	623.802***	377.252***	438.065***
每千人高速公路千米数的变化	−15.674***	−14.025***	1145.003***	1054.442***	1697.867***	1454.490***
空间加权平均的每千人高速公路千米数	16.138	4.132	206.563	249.137	299.115***	447.128***
空间加权平均的每千人高速公路千米数变化	−9.474***	−8.494***	714.773***	733.721***	1547.743***	1323.908***
人均 GDP 的对数	−4.081***	−9.101***	38.722	925.186***	50.357	263.707*
R&D 支出（所有部门）占 GDP 的百分比	−11.139***	−4.071***	260.287*	359.048***	187.576	293.751***
空间加权平均的 R&D 支出	−18.341***	−8.390***	263.937*	379.222***	198.743	272.432***
社会过滤指数	7.123	−3.898***	144.34	311.765***	115.158	328.813***
受过高等教育的就业人员的百分比（ISCED76 的 5~7 级）	5.506	−0.727	96.514	286.352***	115.940	362.169***
GDP 总量的对数	−2.716***	−8.662***	29.039	897.830***	65.681	266.386*

续表

	IPS	IPS-trend	ADF	ADF-trend	Phillips-Perron	Phillips-Perron-Trend
迁移率	−2.606***	1.042	448.617***	258.530*	392.791***	269.980*
全国年增长率	−7.393***	−4.715***	519.446***	385.279***	734.582***	522.976*

注：*、**和***分别表示10%、5%和1%的显著性水平。

表 E.2 欧盟25国：单位根检验

	IPS	IPS-trend	ADF	ADF-trend	Phillips-Perron	Phillips-Perron-Trend
地区人均GDP（年增长率）	−10.192***	−6.750***	749.358***	832.017***	1429.499***	1138.108***
每千人高速公路千米数	10.319	−4.524V	1043.642***	1032.489***	676.329***	440.229***
每千人高速公路千米数的变化	−15.594	−10.331***	859.830***	913.151***	1385.309***	1062.309***
空间加权平均的每千人高速公路千米数	0.900	−2.842***	550.951***	845.092***	699.649***	608.389***
空间加权平均的每千人高速公路千米数变化	−10.863***	−9.132***	975.392***	887.151***	1372.871***	1157.184***
人均GDP的对数	−2.505***	−4.561***	491.640***	714.350***	355.138*	293.509
R&D支出（所有部门）占GDP的百分比	−0.995	−0.131	552.128***	648.797***	809.600V	532.206***
空间加权平均的R&D支出	−2.667***	1.037	615.654***	677.355***	1262.950V	771.988***
社会过滤指数	3.395	−2.854***	271.139	520.475***	228.208	458.883***
受过高等教育的就业人员的百分比（ISCED76的5~7级）	0.999	−3.196***	274.532	462.683***	338.920	549.154***
GDP总量的对数	−5.300***	−5.143***	455.262***	780.086***	349.104	330.516
迁移率	−0.781	1.772	474.736***	460.996***	497.236***	394.054
全国年增长率	−10.666	−3.760	470.747	1143.498	951.645	688.774

注：*、**和***分别表示10%、5%和1%的显著性水平。IPS表示（Im-Pesaran-Shin）单位根检验；在非平稳性的原假设下，W［t-bar］检验统计量是标准正态分布的。ADF表示（增广的Dickey-Fuller）检验；在所有序列非平稳性原假设下组合N个独立的单位根检验。Phillips-Perron表示在所有序列非平稳性的原假设下组合N个独立的单位根检验。

附录 F 回归误差项的空间自相关检验（第 7 章）

　　本书涉及的所有回归残差中，Moran's I 检验并没有发现存在空间自相关："国家"变量和空间滞后解释变量的组合能够捕捉数据的总空间变异性的绝大部分。所有章节中，空间自相关与 Moran's I 检验的结果被一起进行了讨论。作为另外一种检验，在面板数据分析（每 t 年）中，我们绘制了所有方程的 Moran's I 散点图：限于篇幅，并没有把所有的图都在本书中呈现。

　　计算 Moran's I 的权重矩阵与模型中空间滞后变量（邻近区域的溢出和社会过滤条件）的计算一致。除了这种权重形式（基于距离），一阶邻近矩阵也得出了相似的结果。

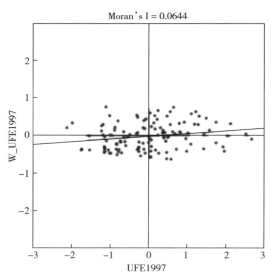

图 F.1 欧盟 15 国：残差的空间自相关，Moran's I（Eq.8，表 7.1a）

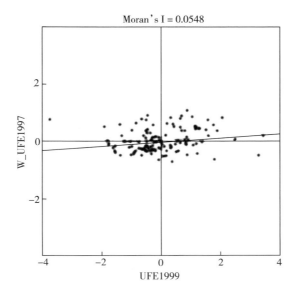

图 F. 1　欧盟 15 国：残差的空间自相关，Moran's I（Eq. 8，表 7. 1a）（续）

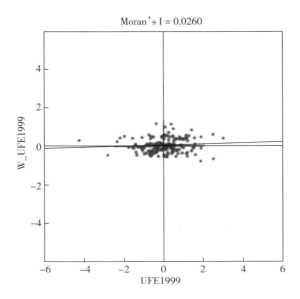

图 F. 2　欧盟 25 国：残差的空间自相关，Moran's I（Eq. 8，表 7. 1b）

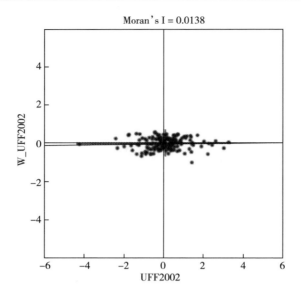

图 F. 2　欧盟 25 国：残差的空间自相关，Moran's I（Eq. 8，表 7. 1b）（续）

术语对照表

A

Absorptive capacity 吸收能力

Access to diversity 接近多样性

Accessibility 可达性

Accounting units 计量单位

Activity function 活动函数

Address 改善

Advanced regions 发达区域

Agglomeration 集聚

Aggregate impact 总影响

Allocation 配置

Appropriate 适宜的

Appropriability 专属权

Area 地区

Assess 估计

Augmenting factor 强化因子

B

Backward and forward linkages 前后向联系

Backward regions 落后区域

Barrier 壁垒

Best practice 最佳实践

Buzz cities 蜂鸣城市

C

Case studies 案例研究

Classical location theory 古典区位论

Club convergence 俱乐部趋同

Co-locate 共同位于

Codified knowledge 编码知识

Codified information 编码信息

Coherent theoretical framework 统一理论框架

Collection action 集体行动

Communication infrastructures 通信基础设施

Competitive advantage 竞争优势

Competitive disadvantage 竞争劣势

Contextual condition 地区条件

Contextual factors 地区因素

Congnitive proximity 认知邻近

Core-periphery patterns 核心—边缘格局

Creative destruction 创造性破坏

Cross-border contacts 跨境交流

Cross-fertilization 融合

D

Data availablility 数据可得性

Decay with distance 随距离衰减

Degree of centrality 中心度

Demographic structure 人口结构

Development axes 发展轴

Duality theory 对偶理论

E

Economic growth 经济增长

Economic development 经济发展

Economic performance 经济绩效

Economically productive innovation 经济生产性创新

Economies of scale 规模经济

Economically-useful knowledge 经济上有用的知识

Educational achievement 教育成就

Empirical analysis 实证分析

Emprical model 实证模型

Endogenous vs external 内部和外部

EU enlargement 欧盟东扩

EU structural fund 欧盟结构基金

European commission 欧盟委员会

Eurostat 欧盟统计局

Evolutionary economics 演化经济学

Exposition 暴露

F

Functional urban regions（FURs）功能性城市区域

Full-time equivalents 全时当量

G

Geographical boundedness 地理边界

Global pipeline 全球管道

Growth diagnostics 增长诊断

Growth-enhancing condition 增长强化条件

H

Heckman selection model 赫克曼选择模型

Hidden unemployment 隐形失业

Home market effect 本地市场效应

Homegeneous availability 同质可得性

Human capital 人力资本

Human capital accumulation 人力资本积累

I

Infrastructure endowment 基础设施禀赋

Innovation averse region 创新厌恶区

Innovation effort 创新投入

Innovation prone region 创新易发区

Innovation prone space 创新易发空间

Innovation index 创新指数

Indigenous innovative activities 本地创新活动

Indigenous innovative efforts 本地创新投入

Institutional proximity 制度邻近

Integrated framework 综合框架

Interconnected regions 连通区域

Inter-regional connectivity 区际联通

Inter-regional spillover effect 区际间知识溢出

Inverse Mills Ratio 逆米尔斯比率

J

Jacobs externality 雅各布斯外部性

K

K nearest neighbours K 最近邻

Knowledge base 知识基础

Knowledge-based economy 知识型经济

Knowledge flows 知识流动

Knowledge production function 知识生产函数

Knowledge spillovers 知识溢出

Krugman index 克鲁格曼指数

L

Labour pool 劳动力池

Lagging regions 落后区域

Leading regions 领先区域

Leakage effect 泄露效应

Learning organizations 学习型组织

Learning regions 学习型区域

Legacy 思想

Less advanced regions 欠发达区域

Life-long learning 终身学习

Local 本地、地方

Local buzz 本地蜂鸣

Localised knowledge spillovers 局域知识溢出

Locally-tailored policy 因地制宜的政策

Locally-suited development strategies 因地制宜发展策略

Location advantage 区位优势

Long term unemployment 长期失业率

M

Meso-level 中观层面

Minimum threshold 最低门槛

Migration 迁移

Migration rate 迁移率

Monopolistic competition 垄断竞争

N

Nation bias 国家偏误

Negative 负向、消极

Neighbouring regions 邻居区域

Neo-Schumpeterian strand 新熊彼特流派

New Economic Geography 新经济地理学

O

Organizational proximity 组织邻近

P

Prerequisite 前提

Performance 绩效

Peripheral regions 边缘地区

Peripherality 边缘化

Physical distance 地理距离

Physical proximity 地理邻近

Physical spatial factors 地理空间因素

Positive 正向、积极

Pre-condition 前置条件

Principal component analysis 主成分分析

Process of innovation 创新过程

Public good 公共物品

Q

Quantitative analyses 定量研究

Qualitative analyses 定性研究

R

Rank correlation 秩相关系数

R&D expenditure R&D 支出

R&D personnel R&D 人员

Reaction capabilities 应变能力

Region 区域

Regional benchmarking 区域基准

Regional disparate 区域差异

Regional economic performance 区域经济绩效

Regional growth dynamics 区域增长动力

Regional growth pattern 区域增长格局

Regional systems of innovation 区域创新系统

Relocation 重新布局

S

Significant 显著的

Social-economic condition 社会经济条件

Social filter 社会过滤

Social filter index 社会过滤指数

Social proximity 社会邻近

Source data 初始数据

Sources 来源

Space 空间

Spatial allocation 空间布局

Spatial configuration 空间格局

Spatial boundedness 空间有界性

Spatial extent 空间范围

Spatial externality 空间外部性

Spatial scope 空间范围

Specification 设定

Specialisation patterns 专业化类型

Strong communities 强大社区

Structural funds 结构基金

System of innovation 创新系统

T

Tacit knowledge 隐性知识

Technological frontier 技术前沿

Technological paradigm 技术范式

Technological progress 技术进步

Territory 地域

Territorial configurations 地域配置

Transport infrastructure 交通基础设施

Translate…into… 将……转化为……

Travel radius 通勤半径

"Two way road" effect 双向效应

The hub-and-spoke effect 轴辐效应

Triadic patent family 三方同族专利

U

Ubiquitous 无处不在的

Underlying diversity 潜在多样性

Unfavourable social filter condition 不利社会过滤条件

Untraded interdependencies 非贸易相互依赖

V

Variability 变异性

Variance inflation factor 方差膨胀因子

W

World economic panorama 世界经济格局

Y

Young people 年轻人

后 记

　　本人组织团队全面、系统地翻译了由里卡尔多和安德烈斯编著的《欧盟的创新与区域增长》一书，这是我多年的心愿，因为该书对社会过滤的提出初衷、定义、测度、模型设定与实证检验、创新系统特征揭示及政策含义等方面都有所提及。在本书中，原作者更多的笔墨是围绕区域创新系统和社会经济条件展开论述的。我们猜测，这可能是由于学术界对于社会过滤理论还比较陌生，社会过滤更多情况下是以一个代名词的身份出现，这样弱化这个词的内涵和现实解释力，实为遗憾。根据我们的研究，我们认为社会过滤可以分解为"社会条件"和"过滤效应"，亦即社会条件会对各种经济要素产生过滤效应，进而影响要素的回报。故而，我们在 2023 年第三期《区域经济评论》的文章中将"Social filter thoery"翻译为"社会过滤理论"。在以往的发展理论中，学者们更多关注有形要素禀赋的作用，而忽略了无形的社会环境要素。其实，无形枷锁产生的束缚对个人、地区乃至国家更为致命。因为对于有形要素的禀赋积累，我们可以通过基础设施投资、人才招引等方式来改善，而对无形要素的营造则需要社会统一力量和健康价值观才能促成，而这自然不可能在短期内改善。国内学者中，陆铭和林建浩等学者在不同场合提出均衡发展的隐形壁垒，这是一种形象化的比喻，社会的种种隐形壁垒会产生过滤效应，进而影响各种要素的自由流动和要素回报。社会过滤主要通过与本地 R&D 投入和外部知识溢出的相互作用影响区域创新。

　　社会过滤之于 R&D 投入就像柴薪之于火柴，想要让区域迸发出创新增长的活力，两者要相互成全，缺一不可。相对而言，社会过滤更为重要，因为 R&D 投入只起到引火的作用，社会过滤的条件和质量可以决定火能烧多旺、烧多久。

过去，我习惯把两者视为土壤与种子或消化系统与饮食的关系。但是创新是一个充满活力和能量的事情，所以我觉得柴薪和火柴的关系更为合理，最近的一些思考更深一步。有些区域把 R&D 投入看得很重，甚至 2% 的 R&D 投入强度成为它们的奋斗目标。其实，R&D 投入强度不是最重要的，应该把改善社会过滤条件作为重心。正如毛主席所说，"星星之火，可以燎原"。

知识溢出是区域创新发展的另一个重要源泉，而社会过滤条件的好坏关乎知识溢出的空间范围及利用效率。如前所述，有形要素禀赋（如基础设施、高楼大厦）只是作为知识生产的场所和载体，社会环境要素对知识溢出的空间范围和有效利用更为关键。社会过滤扮演着一种无形的"结界"，对内形成一种锁定，对外构成屏障，阻隔着内外部信息和知识的流动和交换。良好的社会过滤不仅会激发内部创新活动的潜力，还会对外部知识形成强大吸引力并将其转化为经济增长。可见，社会过滤条件是各区域创新发展的关键内核和重要依托。

依此，创新在空间上的产生及扩散具有复杂性。传统上，创新的同心圆扩散或等级扩散等理论认识可能与现实是不符的。在现实当中，我们发现创新源的诞生及创新扩散在空间中存在不平衡和不平等，存在"创新集聚区""创新廊道""创新多中心"等特征现象。社会过滤理论指出，本地的社会经济条件会对区内 R&D 投入和区际知识扩散产生过滤作用，进而影响区域创新绩效以及创新扩散的辐射方向和范围，这为上述特征现象提供了一定的解释力。与区域创新系统、学习型区域以及创新网络等理论同等重要，社会过滤理论已经成为区域创新理论不可忽视的一个理论分支。

然而，目前学术界对于社会过滤的概念内涵和外延还缺乏统一认识，在不同文献中有"文化的过滤装置""制度过滤"以及制度扮演着"社会过滤"的角色等表述，无论是社会结构、文化还是制度等都是社会过滤的一个维度或侧面，为避免概念的泛化，我们认为可以统一用社会过滤来表征，只是在测度和叙述上做出区别，这样更有利于社会过滤理论体系的构建和发展。尽管对社会过滤理论的研究还处于初步探索阶段，但其思想内核是极具启发性的。作为创新发生的前置条件，社会过滤与创新网络、创新集群、高技能人才流动、地方化知识溢出、边缘地区创新转型等主题相结合必定会产生不一样的收获和学术贡献，进而焕发出更强的理论生命力，逐步进入公众视野，真真切切成为区域创新理论体系中的一员。相信社会过滤理论这个还没有引起学术界足够关注的"睡美人"在创新驱动如此受重视的今天定会焕发新的光彩，在不久的将来迎来学术研究的春天，为区域创新理论添上浓墨重彩的一笔。

在本书翻译过程中，我们得到了全国各地高校老师和同学们的帮助和指导，各章节翻译分工如下：任建辉负责第 1 章、第 2 章、第 8 章、第 9 章和全部附录的翻译及全书的统稿与校对；山东大学郑嘉诚和龙灏负责第 3 章的翻译；宁夏大学马静负责第 4 章的翻译；郑州航空工业管理学院董旭负责第 5 章的翻译；深圳城市职业学院陈丽娟负责第 6 章的翻译；山西财经大学裴彬杰和易金凤负责第 7 章的翻译；此外，赖琳琳同学在后期润色和校对中也付出了很多心血。本书翻译过程中得到暨南大学覃成林、山西大学刘维奇、张信东，南开大学张贵，浙江理工大学陈斐，宁波工程学院赵儒煜，海南师范大学程叶青，广州大学姜磊，苏州大学张敏，山西财经大学郭淑芬、钟顺昌，南京大学乔艺波，汕头大学种照辉，西北民族大学付金存等专家学者的鼓励和帮助。本书得以出版还要感谢国家自然科学基金（项目批准号：42101179）和教育部人文社会科学基金（项目批准号：21YJC790096）的资助。本人自知学养浅陋，虽勉力而为，译文舛误亦恐难免于万一，问责当然一体自负，唯祈日后能得方家匡谬，也希望还能有机会纠偏勘误。

任建辉

2024 年 6 月 4 日